STEIDL

PETER BURKE

Venedig und Amsterdam im 17. Jahrhundert

Aus dem Englischen von Robin Cackett

STEIDL

Titel der englischen Originalausgabe:
»Venice and Amsterdam. A study of seventeenth century élites«,
erschienen bei Maurice Temple Smith Ltd., London 1974
© Copyright Peter Burke 1974

1. Auflage Oktober 1993

© Steidl Verlag, Göttingen 1993
Buchgestaltung: Gerhard Steidl
Alle deutschen Rechte vorbehalten
Satz, Scanlithos, Druck, Bindung:
Steidl Verlag, Düstere Straße 4, D-37073 Göttingen
Printed in Germany
ISBN 3-88243-264-0

Inhalt

Einleitung zur deutschen Ausgabe 9

1 Elitenforschung 23
2 Struktur 33
3 Politische Funktionen 55
4 Wirtschaftliche Grundlagen 77
5 Lebensstil 97
6 Einstellungen und Werte 111
7 Mäzenatentum 131
8 Erziehung und Ausbildung 145
9 Vom Unternehmer zum Rentier 155

Anhang:

Abbildungen 173

Die Investitionen der Amsterdamer Elite 181

Danksagung 183

Bibliographie 184

Abkürzungen 186

Register 187

Ein Kaufmann ist gewohnt, sein Geld hauptsächlich in gewinnreichen Unternehmungen anzulegen, während jemand, der nur Gutsbesitzer ist, gewohnt ist, es hauptsächlich in Ausgaben aufgehen zu lassen. Der eine sieht sein Geld oft fortfließen und mit Profit wieder zurückkehren; der andere erwartet, wenn er sich einmal davon getrennt hat, nur selten etwas davon wiederzusehen. Diese verschiedene Gewöhnung wirkt natürlich auf ihre Sinnesart und Neigung bei allen Geschäften ein. Ein Kaufmann ist gewöhnlich als Unternehmer kühn, ein Gutsbesitzer furchtsam... Überdies macht die Gewöhnung an Ordnung, Sparsamkeit und Achtsamkeit, zu der der Handel den Kaufmann selbst herausbildet, ihn viel tauglicher, um Verbesserungsentwürfe mit Profit und Erfolg auszuführen.

Adam Smith, Eine Untersuchung über Natur und Wesen des Volkswohlstandes, 3. Buch, 4. Kapitel

Einleitung zur deutschen Ausgabe

Rund zwanzig Jahre sind verstrichen, seit ich mit meiner Untersuchung über Amsterdam und Venedig im siebzehnten Jahrhundert begann. In der Zwischenzeit sind zahlreiche neue Bücher und Aufsätze zu diesen beiden Städten und ihrer Umgebung veröffentlicht worden, und, vielleicht wichtiger noch, die Art und Weise der Geschichtsforschung selbst hat sich merklich gewandelt. Die folgende Einführung hat das Ziel, diese Veränderungen aus persönlicher Sicht zu kommentieren und nebenbei auch auf einige der Reaktionen einzugehen, welche die englische Ausgabe bei ihrem Erscheinen auslöste. Ich werde mich der Reihe nach mit dem vergleichenden Ansatz in der Geschichtsschreibung, mit der Elitenforschung und mit der sogenannten »neuen Kulturgeschichte« beschäftigen.

Der vergleichende Ansatz. Die vergleichende Geschichtsforschung war natürlich auch in den siebziger Jahren keine neue Idee. Sie wurde schon früher in unserem Jahrhundert von so bedeutenden Historikern wie Henri Pirenne, Marc Bloch und Otto Hintze propagiert und praktiziert, und bereits 1958 wurde eine Zeitschrift mit dem Namen *Comparative Studies in Society and History* gegründet, die bis heute fortbesteht. Ich halte vergleichende Studien noch immer und im Grunde aus denselben Gründen wie damals für wertvoll. Zum einen wird ein Historiker, der sich mit einer bestimmten Gesellschaft, zum Beispiel den Niederlanden, beschäftigt, durch den Vergleich – das Aufdecken von Unterschieden und Ähnlichkeiten – mit anderen Teilen der Welt auf die An- beziehungsweise Abwesenheit bestimmter Merkmale in dieser Gesellschaft aufmerksam, die ihm andernfalls vielleicht entgingen. Fragen wie »Warum gab es in Afrika keinen Feudalismus?« oder (wie Sombart 1906 formulierte) »Warum gibt es in den Vereinigten Staaten keinen Sozialismus?« erleichtern es uns, die für die untersuchte Gesellschaft spezifischen Merkmale zu begreifen. Zum anderen leistet uns der vergleichende Ansatz bei der Suche nach Erklärungen unschätzbare Dienste. Als ich dieses Buch in Angriff nahm, lehrte ich gleichzeitig Soziologie und Geschichte, und eine der Absichten, die ich damit verfolgte, bestand darin, die Thesen von Elitentheoretikern wie Vilfredo Pareto und C. Wright Mills zu überprüfen.[1] Vergleichende historische Untersuchungen erlauben eine methodisch strengere Analyse, ja sie stellen, um eine namhafte neuere Untersuchung zur Französischen, Russischen und Chinesischen Revolution zu zitieren, »eine ideale Strategie zur Vermittlung von Theorie und Geschichte« dar.[2]

Ich muß zugeben, daß ich erwartet hatte, die vergleichende Geschichtsschreibung werde in den siebziger und achtziger Jahren auf eine breitere Resonanz stoßen und sich schneller entwickeln, als sie es in Wirklichkeit getan hat. *Venedig und Amsterdam* war mein eigener Beitrag zu einer Buchreihe, die ich für den Verleger Maurice Temple-Smith herausgab und in der außerdem eine Studie zum Feudalismus in Nordfrankreich und Japan, ein Vergleich von Byzanz und Bulgarien und eine Untersuchung zur Entwicklung Großbritanniens und der USA seit dem Zweiten Weltkrieg erschienen.[3] Die Reihe wurde zuletzt eingestellt, weil sich keine geeigneten Autoren mehr fanden, und dasselbe Problem tauchte erneut auf, als ich später eine ähnliche Reihe für Oxford University Press konzipierte. Selbst die Aufsätze, die in *Comparative Studies in Society and History* erscheinen, konzentrieren sich im allgemeinen auf nur eine Region und verfolgen lediglich implizit einen vergleichenden Ansatz. Dennoch ist einiges im Fluß. Auf der einen Seite wendet sich eine wachsende Anzahl von Soziologen (wieder) der Geschichte zu, ohne dabei der vergleichenden Analyse nach dem Vorbild Emile Durkheims und Max Webers zu entraten. Auf der anderen Seite beschäftigen sich auch mehr und mehr Historiker mit Vergleichen. Thematisch so unterschiedliche Bücher wie John Elliotts Studie über die beiden rivalisierenden Staatsmänner Kardinal Richelieu und Herzog Olivares und Carlo Ginzburgs Untersuchung zum Mythos des Hexensabbats fühlen sich der vergleichenden Methode verpflichtet, und auch ein Gemeinschaftsprojekt zur Geschichte der Niederlande aus vergleichender Perspektive hat erste Ergebnisse gezeitigt.[4] Insbesondere in der Geschichtsschreibung Afrikas und Asiens zeichnet sich ein Trend zu vergleichenden Untersuchungen ab, vielleicht weil die betreffenden Historiker die Weltgeschichte in der Lehre viel stärker berücksichtigen müssen als ihre hochspezialisierten europäischen Kollegen. Eine neue Buchreihe, die *Cambridge Studies in Comparative World History*, bestätigt und verstärkt diese Entwicklung. Die vergleichende Geschichtsschreibung scheint sich zu guter Letzt von der Peripherie ins Zentrum des historischen Interesses zu bewegen.

Es steht zu hoffen, daß sich bald ein Historiker oder eine Gruppe von Historikern an eine vergleichende Untersuchung Europas und seiner

Regionen heranwagt, eine Geschichte der kulturellen Spaltungen in Ost und West, in Nord und Süd, Spaltungen, die vom materiellen Leben (Öl versus Butter, Wein versus Bier) bis hin zur Familienstruktur, Religion und politischen Kultur reichen. Erst eine solch ausgreifende Studie würde uns zu beurteilen erlauben, ob Alan Macfarlanes berühmter Gegensatz zwischen der bäuerlichen Gesellschaft Englands und des Kontinents nicht besser als ein Gegensatz zwischen Nordwesteuropa auf der einen und Süd- und Osteuropa auf der anderen Seite begriffen wäre.[5] In einem solch umfassenderen Zusammenhang fänden auch die Ähnlichkeiten und Unterschiede zwischen Amsterdam und Venedig einen neuen Rahmen.

Die Elitenforschung. Mehr und mehr Historiker haben sich in den vergangenen zwei Jahrzehnten für das Studium der Eliten im allgemeinen und der Stadtpatriziate im besonderen begeistern können. Die Untersuchungen konzentrierten sich auf Städte in Italien, Deutschland und den Niederlanden, also auf »Städte in jenem Gürtel von Handelsstraßen, die das Mittelmeer mit der Nordsee und dem Baltikum verbanden«, wie der norwegische Politologe Stein Rokkan meinte.[6] Was Deutschland anbelangt, reichen die Veröffentlichungen von vergleichenden Studien bis zur detaillierten Analyse einzelner Kleinstädte wie Paderborn, Kitzingen oder Nördlingen.[7] Die Mehrzahl dieser Studien verwendet, wie im Zeitalter des Kleincomputers nicht anders zu erwarten, quantitative Methoden, und ihre Schlußfolgerungen beruhen vielfach auf der »Prosopographie« oder kollektiven Biographie einer sozialen Gruppe, einem Verfahren, das Anfang unseres Jahrhunderts von deutschen Historikern zur Untersuchung des antiken Rom entwickelt und seither auf viele verschiedene Gegenden und Zeitalter angewandt wurde.[8] Einer der Vorzüge der quantitativen Herangehensweise besteht darin, daß sie Vergleiche zwischen den verschiedenen Eliten vereinfacht.

Problematisch jedoch bleibt, wie ich bereits in der ersten Ausgabe dieses Buchs (S. 25 unten) bemerkte, die Definition der Gruppe, die man mit Hilfe dieser Methoden untersucht. Die Gruppen, die über die größte Macht, den meisten Reichtum und den höchsten Status verfügen, überschneiden sich häufig, sind jedoch selten vollkommen miteinander identisch. Die Tatsache, daß die drei Kriterien für die Zugehörigkeit zur Elite nicht zu derselben Auswahl von Individuen führen, läßt sich dadurch veranschaulichen, daß es sich bei den 563 Personen, mit denen sich die folgende Studie beschäftigt, ausschließlich um Männer handelt. Der Grund hierfür liegt natürlich in dem angenommenen Auswahlkriterium: In Gesellschaften, in denen die Männer ein Monopol auf hochrangige Ämter besaßen, besteht die politische Elite zwangsläufig aus Männern. Die Ehefrauen, Töchter und Schwestern dieser Männer hatten jedoch sowohl an deren Status wie auch, wenngleich in geringerem Umfang, an deren Wohlstand teil und hätten unter diesen Gesichtspunkten eine eingehendere Betrachtung verdient.

Ein weiteres Problem stellt das Kriterium der Macht dar, das weit schwieriger zu fassen ist als Reichtum oder auch Status, da es in aller Regel neben den offiziellen Machtpositionen auch inoffizielle Kanäle der Einflußnahme gibt. Sowohl in Venedig wie in Amsterdam sind daher die »Grenzen des Partriziats« nur schwer abzustecken. Die neuen Adeligen Venedigs aus dem späten siebzehnten Jahrhundert verfügten zweifellos über ein ansehnliches Vermögen, aber die Anerkennung ihres Status und erst recht der Zugang zur Macht ließen oft lange auf sich warten, während umgekehrt nicht alle der einhundert führenden politischen Persönlichkeiten, die ein Zeitgenosse im Jahre 1675 auflistete, besonders wohlhabend waren.[9]

Ähnliche Einschränkungen müßten im Fall Hollands vorgenommen werden. Eine neuere Studie über die Regierenden von Leiden hat gezeigt, daß die politische Elite Statussymbole wie Landbesitz, Landhäuser und Kutschen nicht in demselben Maße monopolisierte wie Macht. Nur die Hälfte der Regierenden besaß ein Landhaus, und die Hälfte der Landhäuser gehörte anderen Bürgern der Stadt.[10] Im Falle Amsterdams darf noch viel weniger vorausgesetzt werden, daß sich die Vermögenselite mit den Mitgliedern des Stadtrats deckte. Man denke nur an einige der sephardischen Juden Amsterdams wie Antonio Lopes Suasso, die mit der Lieferung von Nahrungsmitteln, Sold und Waffen an die kriegsführenden Armeen Europas ein Vermögen machten. Diese Elite von Außenseitern, die über internationale Verbindungen verfügte, verdiente eine eigene prosopographische Studie.[11]

Die Sache wird weiter dadurch kompliziert, daß sich die sozialen Grenzen innerhalb der Eliten im Verlauf der Epoche verschoben. Die Regierenden Amsterdams stellten gegen Ende unseres Untersuchungszeitraums viel eher eine Elite im Sinne einer geschlossenen sozialen Gruppe dar als zu Beginn. Es scheint sehr unwahrscheinlich, daß sie sich 1580 so deutlich von ihren Geschäftskollegen abgrenzten, wie sie dies im späten siebzehnten Jahrhundert taten. Diese Absonderung dürfte einer der wichtigsten Bestandteile jenes Prozesses sein, für den D.J. Roorda den Ausdruck »Aristokratisierung« prägte. Damit ist nicht – wie manche Kritiker unterstellen – gemeint, daß die Herrschenden im wörtlichen Sinn zu Adeligen wurden, sondern lediglich, daß sie bestimmte Aspekte des adeligen Lebensstils imitierten.

Auch in Venedig war die Verlagerung vom Handel auf den Grundbesitz, die im letzten Kapitel dieses Buches beschrieben wird, von einer zunehmenden Ausdifferenzierung des Patriziats begleitet. Die reichen Senatorenfamilien, die eine Elite innerhalb der Elite darstellten, setzten sich mehr und mehr von den restlichen Familien ab.[12] Es war diese Entwicklung, gegen die in den zwanziger Jahren des 17. Jahrhunderts der adelige Demagoge Renier Zen* im Namen republikanischer Gleichheit (der Adeligen) so vehement protestierte.

Eine ähnliche Entwicklung zeichnete sich auch in Venedigs Schwesterrepublik Genua ab, zu der in den letzten Jahren eine Reihe von wichtigen Studien veröffentlicht wurden.[13] In Genua machte sich im frühen siebzehnten Jahrhundert Andrea Spinola, ein Mann von geringerem Adel, der von seinen Zeitgenossen mit dem Spitznamen »der Philosoph« belegt wurde, zum Fürsprecher der traditionellen republikanischen Werte der Freiheit, Gleichheit und Sparsamkeit. Es kann kaum überraschen, daß Spinola nicht nur das alte Rom und Sparta, sondern auch die modernen Republiken Hollands und der Schweiz als Vorbilder rühmte.

Die neue Kulturgeschichte. Die quantitative Geschichtsforschung dürfte in den fünfziger und sechziger Jahren ihre größte Blüte erreicht haben. In den siebziger und achtziger Jahren mehrte sich dann im Rahmen einer allgemeinen Reaktion auf den ökonomischen Determinismus auch der Widerstand gegen rein quantitative Untersuchungen. Sowohl marxistische wie nicht-marxistische Historiker entdeckten die Bedeutung und relative Autonomie der »Kultur« – ein Begriff, der, ehedem auf die Welt der Literatur und Künste beschränkt, zunehmend in einem weiten, anthropologischen Sinn verstanden wurde. Eine wachsende Anzahl von Geschichtswissenschaftlern verlegte sich (teils auf Kosten der Soziologie) auf die historische Anthropologie und die »Mikrohistorie«, das heißt auf Tiefenstudien von Gemeinschaften und Gruppen, die für die Anwendung quantitativer Methoden zu klein waren. Solche Studien zielen weniger darauf, die »Ursachen« als vielmehr die Erfahrung sozialen Wandels zu rekonstruieren, und eine ihrer wichtigsten Voraussetzungen besteht darin, den einfachen Leuten, die zunehmend als Subjekte eher denn Objekte der Geschichte begriffen werden, eine gewisse – obschon natürlich nicht vollständige – Autonomie zuzugestehen.[14] Mit dem Interesse für neue Themen einher ging die Auswertung neuer Quellen, zum Beispiel von Bildern, die nicht mehr nur zur Auflockerung oder Illustration des Textes dienten, sondern in die Argumentation integriert wurden.

In den frühen siebziger Jahren geschrieben, war die vorliegende Studie bereits von den soeben genannten Entwicklungen beeinflußt. Sie ist eine Art Mikrohistorie, insofern sie sich mit einer Gruppe beschäftigt, die mit ihren insgesamt 563 Individuen so klein ist, daß ich jedes einzelne von ihnen genauer untersuchen konnte. Sie arbeitet mit Begriffen aus der Sozialanthropologie, namentlich mit Max Gluckmans Idee eines »Friedens in der Fehde« (S. 61 unten). Sie befaßt sich zumindest stellenweise mit Kultur im weiteren Sinn, etwa wenn in historisch-psychologischer Perspektive auf die Folgen frühzeitigen Abstillens eingegangen wird (S. 149). Sie benutzt quantitative Methoden, aber betrachtet auch Gedichte, Theaterstücke und Gemälde als historische Quellen, vom Porträt des späteren Bürgermeisters Willem van Loon* im Alter von zweieinhalb Jahren bis hin zu den Bildern der Schützengilde von Rembrandt und Bartholomeus van de Helst.

Gemälde als sozialgeschichtliche Quellen zu lesen ist jedoch nicht einfach. Heute bin ich mir weniger sicher als damals, ob aus der bloßen Existenz von Porträts von Kleinkindern (einschließlich einiger Mitglieder der Familie de Graeff, die schon im Kindesalter starben und in Windeln porträtiert wurden) geschlossen werden kann, daß man Kinder als Individuen ernst nahm und nicht nur als Teil der Familie. Bevor man ein Bild mit einiger Verläßlichkeit deuten kann, muß abgeklärt werden, weshalb es gemalt wurde. Im Falle van Loons* beispielsweise könnte es von Bedeutung sein, daß der Knabe Trauerkleidung trug.[15] Bei den Gemälden der Schützengilde, auf denen die Krieger sich mehr dem Besteck und den Weingläsern widmen als ihren Waffen, gilt es zu berücksichtigen, daß hier nicht der militärische Alltag dargestellt wurde, sondern ein besonderes Ereignis, nämlich die Feierlichkeiten zum Westfälischen Frieden von 1648.

Des mittlerweile zwanzigjährigen geschichtswissenschaftlichen Methodenstreits ungeachtet, halte ich an einer mittleren Position fest: Ich möchte die falschen Dichotomien zwischen quantitativen und qualitativen Methoden, Soziologie und Anthropologie, Makrohistorie und Mikrohistorie, Analyse von außen und Verstehen von innen vermeiden und durch Überwindung der Gegensätze zu einer fruchtbaren Synthese gelangen.

Natürlich würde ich dieses Buch heute anders schreiben. Aber von einer Ausnahme abgesehen, bestünde der Unterschied zwischen damals und heute eher in der Weiterentwicklung der bereits 1974 vorhandenen Ansätze als in der Einführung neuer. Die genannte Ausnahme ist die Volkskultur, mit deren Studium ich mich erst zu beschäftigen begann, als ich *Venedig und Amsterdam* 1973 abgeschlossen hatte. Unter Volkskultur verstehe ich die Einstellungen, Werte und Mentalitäten der gewöhnlichen Leute, wie sie in Texten, Artefakten und Praktiken ausgedrückt, verkörpert und symbolisiert wurden.[16]

Da es vielleicht ein wenig seltsam anmutet, in einer Untersuchung über Eliten auf die Volkskultur Bezug zu nehmen, will ich mich etwas eingehender erklären. Es mag durchaus Epochen geben, in denen sich die Kultur der Elite radikal von derjenigen der gewöhnlichen Leute unterscheidet, aber das siebzehnte Jahrhundert gehört nicht dazu. Die europäischen Eliten dieser Zeit könnten guten Gewissens als bikulturell bezeichnet werden. Sie hatten einerseits Zugang zu einer Kultur, an der die gewöhnlichen Leute keinen Anteil hatten, einer Kultur der klassischen Literatur, der barocken Kunst und der »mechanischen Philosophie« (die wir heute »Naturwissenschaft« nennen). Aber sie waren auch an der zweiten, der populären Kultur beteiligt, deren Artefakte und Praktiken sie kannten und schätzten. Ohne diesen Bezug zur zweiten, populären Kultur wäre es ihnen oft schwergefallen, sich mit ihren Ehefrauen und Töchtern zu verständigen, die ja von einem Großteil der »hohen« Kultur ausgeschlossen blieben.

Jedenfalls wissen wir von einigen venezianischen Patriziern, daß sie am Karneval teilnahmen, und von P. C. Hooft (dem Sohn C. P. Hoofts*), daß er Volkslieder liebte. Jacob Cats, ein erfolgreicher Rechtsanwalt, der bis zum Ratspensionär der Staaten von Holland aufstieg, gehörte selbst zur herrschenden Klasse, doch wurden seine Gedichte schon bald zu einem festen Bestandteil der Volkskultur. Die Sammlung von Humoresken, die der im Haag lebende Anwalt Aenout van Overbeke im siebzehnten Jahrhundert zusammentrug, ist ein weiteres schlagendes Beispiel für die bikulturelle Neigung der Elite.[17] In der niederländischen Republik scheint die Grenze zwischen Bildungs- und Volkskultur so durchlässig gewesen zu sein, daß man von einer »Kultur der Mittelklasse« sprechen könnte, liefe man damit nicht Gefahr, das Bild einer besonderen Kultur der Kaufleute heraufzubeschwören, die sich klar gegen die »hohe« und »niedere« Kultur abgrenzt.[18]

Die Geschichte der Volkskultur wiederum steht dem sehr nahe, was man in Deutschland »Alltagsgeschichte« nennt, einem der historischen Anthropologie verwandten Ansatz. Der Alltag kommt in der vorliegenden Studie bereits vor, aber die Ausführungen hätten sich leicht erweitern lassen. Zu den Themen, die so kurz behandelt zu haben ich mittlerweile bedauere (und mit denen ich mich seither eingehender befaßt habe), zählen der demonstrative Konsum, die Manieren, die Sprache, die Gestik und die Geselligkeit.

Was den demonstrativen Konsum anbelangt, so ließe sich das Kapitel über Mäzenatentum leicht ausweiten. Im Falle Venedigs könnte von Interesse sein, daß Marcantonio Barbaro* sich nicht nur persönlich als Mäzen betätigte, sondern daneben als künstlerischer Berater der Regierung wirkte und in dieser Funktion unter anderem für das Grabmal des verstorbenen Nicolò da Ponte* und für den Entwurf der Rialtobrücke verantwortlich zeichnete.[19] Man könnte erwähnen, daß Carlo Ridolfi, dessen Darstellung der venezianischen Kunst eine der wichtigsten Quellen über die Mäzenatentätigkeit der Elite ist, vom Dogen Francesco Erizzo* zu diesem Werk ermuntert wurde oder daß Nicolò Sagredo* nicht nur Poussin bewunderte, sondern auch Salvator Rosa und Carlo Maratta.[20] Im Falle Amsterdams wäre darauf hinzuweisen, daß der Altphilologe J. C. Graevius eines seiner Werke Joannes Hudde* und Joan Corver* widmete; daß der Dramatiker Thomas Asselijn sein Theaterstück *Den Grooten Krieg* (1657), das von zwei »Bürgermeistern« im alten Rom handelt, dem Amsterdamer Bürgermeister Cornelis de Vlaming van Outshoorn* zueignete und *Mas Anjello* (1668), ein Stück über eine städtische Revolte, dem Sohn des Bürgermeisters Cornelis van Vlooswijck*; Bürgermeister Gerrit Reynst* besaß nicht nur ein prachtvolles Haus, sondern überdies eine erlesene Gemäldesammlung, die mehrere italienische Meister enthielt und die, einem Zeitgenossen zufolge, »in der ganzen Stadt berühmt« war.[21] Auch die Stadthäuser, die der Architekt Adriaan Dorsman für verschiedene Mitglieder der Elite baute, verdienten eine Erwähnung.

Aber wichtiger noch als den genannten Beispielen weitere hinzuzufügen, ist die Weiterentwicklung ihrer Deutung. Das wachsende Kunstinteresse der Amsterdamer Elite, zum Beispiel, muß als ein Zeichen fortschreitender Aristokratisierung gedeutet werden, während die Bevorzugung italienischer, französischer und südniederländischer Künstler (wie Artus Quellijn) auf den Rückzug der Elite von der zeitgenössischen Volkskultur hinweist.[22] Ich würde heute im Anschluß an die

Theorien von Norbert Elias stärker betonen, daß die Patrizier zur Wahrung der Familienehre einer »Pflicht zum prunkvollen Leben« (*l'obbligazione di viver con fasto*) nachzukommen hatten, wie ein neapolitanischer Anwalt im siebzehnten Jahrhundert sagte. Und im Anschluß an Pierre Bourdieus Theorien müßte deutlicher herausgestrichen werden, daß dergleichen demonstrativer Konsum bewußt gepflegt wurde, um die eigene Familie gegenüber gleichrangigen (und somit rivalisierenden) wie auch gegenüber sozial unterlegenen Familien auszuzeichnen.[23] Alteingesessene und neureiche Familien waren an diesem Wettbewerb gleichermaßen beteiligt. Man denkt leicht, Vincenzo Fini* habe sich wie ein typischer *nouveau riche* aufgeführt, als er seinen Namen in der Fassade der Kirche von San Moisè in Venedig verewigen ließ, aber in Wirklichkeit folgte er nur dem Beispiel päpstlicher Familien wie den Farnese, Borghese und Aldobrandini. Das Spannungsverhältnis zwischen dem traditionellen republikanischen und merkantilen Ideal der Sparsamkeit und der adeligen Tugend der Prachtentfaltung muß ebenso hervorgehoben werden wie die allmähliche Verschiebung vom ersteren zur letzteren im Laufe des siebzehnten Jahrhunderts. Die vergleichende Untersuchung verschiedener italienischer Städte zeigt, daß die Venezianer in diesem Punkt der allgemeinen Entwicklung hinterherhinkten, was wiederum die Hypothese erhärtet, daß die Entfaltung eines prunkvollen Lebensstiles durch die Anwesenheit von Fürstenhöfen begünstigt wurde.[24]

Die Höfe trugen auch zur Ausbreitung neuer Maßregeln des Benehmens, der Manieren oder der Etikette bei (*civilité* war der seinerzeit selbst außerhalb Frankreichs gebräuchliche Ausdruck). Es war wiederum Norbert Elias, der als erster auf die Bedeutung dieses langwierigen »Prozesses der Zivilisation« (im Sinne von gesteigerter Selbstbeherrschung) und auf die Ausbreitung seiner materiellen Formen wie etwa des Taschentuchs oder der Gabel aufmerksam machte.[25] In jüngster Zeit haben sich eine Reihe von Historikern, angeregt durch Michel Foucault, der Sozialgeschichte des Körpers und seiner »Disziplinierung« nicht nur in den Armeen und Gefängnissen, sondern auch in den Schulen der Eliten zugewandt. Die Geschichte der Gebärden wird in wachsendem Maße als Bestandteil der allgemeinen Sozial- und Kulturgeschichte anerkannt. Dasselbe gilt für die Geschichte des Tanzes, der dazu diente, jungen Edelleuten größere Selbstbeherrschung und eine bestimmte Körperhaltung (oder wie Bourdieu sagen würde, einen »Habitus«) beizubringen, mittels derer sie sich von den sozial tiefer Gestellten abgrenzten.[26]

Die Sozialhistoriker haben mittlerweile von der Soziolinguistik und der Kommunikationsethnographie gelernt, daß es bedeutsam ist, welcher Sprache, welches Dialekts oder welcher Ausdrucksweise man sich zur Verständigung bedient. Die Kleidung wird von den Historikern ernster genommen als früher und – wie andere Aspekte der materiellen Kultur – als eine Form von Kommunikation studiert. Selbst dem Humor billigt man im Rahmen einer allgemeinen Mentalitätengeschichte seine eigene Geschichte zu.[27]

Aufgrund dieser neuen Ansätze in der Sozial- und Kulturgeschichte würde ich den Lebensstil der Eliten Venedigs und Amsterdams heute anders beschreiben als vor fast zwanzig Jahren. Aber nicht ohne Überraschung mußte ich bei der erneuten Lektüre der Erstausgabe feststellen, daß ich viele dieser Themen schon damals gestreift habe. Ich komme auf das Schweigen und auf den gemessenen Gang der venezianischen Patrizier zu sprechen (S. 98, 99), auf den Wandel des Humors (S. 141), auf die Symbolik des Wechsels von schwarzen zu farbigen Roben (S. 103) und auf die berühmt-berüchtigte Sauberkeitsliebe der Holländer (S. 149 f.).

Diese kurzen Hinweise ließen sich natürlich weiter ausführen und werden tatsächlich in einigen neueren Studien vertieft. Pieter Spierenburg, zum Beispiel, hat auf die steigende Auflagenzahl von Manierenbüchern, insbesondere von Antoine de Courtins *Nouveau traité de civilité*, in der niederländischen Republik des siebzehnten Jahrhunderts aufmerksam gemacht. Rudolf Dekker und Herman Roodenburg haben im Rahmen ihrer Geschichte des Humors die Anthologie des Anwalts Aernout van Overbeke als Quelle ausgewertet (man könnte daran auch das Verhältnis von Bildungs- und Volkskultur untersuchen).[28] Simon Schama hat nachzuweisen versucht, daß die holländische Sauberkeitsliebe, insbesondere das Schrubben und Wienern der Häuser und Möbel, eine symbolische Bedeutung besaß und zur »Bekräftigung der eigenen Besonderheit« diente.[29] Auf venezianischer Seite wäre dem die Äußerung eines britischen Besuchers aus dem späten siebzehnten Jahrhundert gegenüberzustellen, daß die Schönheit des Dogenpalastes »sehr durch das viehische Benehmen jener beeinträchtigt wird, die beim Hindurchgehen ihre Markierungen hinterlassen, als handle es sich um eine öffentliche Bedürfnisanstalt und nicht um einen so noblen Palast«.[30]

Die Sprache sollte in einer Studie über Eliten des siebzehnten Jahrhunderts ebenfalls nicht fehlen. Daß sich die Herrschenden Amsterdams – wie die russischen Adeligen im Zeitalter Tolstois – in wachsendem Maße des Französischen befleißigten, dürfte unter anderem auf das

Abgrenzungsbedürfnis der Elite gegenüber den gewöhnlichen Leuten zurückzuführen sein und wäre somit ein weiteres Indiz für die »Aristokratisierung«, die weiter unten im Buch erörtert wird.³¹

In Venedig dagegen hielten die Patrizier, zumindest in einigen sozialen Kontexten, bis ins achtzehnte Jahrhundert an ihrem örtlichen Dialekt fest. Die Gerichte verhandelten in venezianischem Dialekt und nicht in der italienischen Hochsprache, und das Venezianische blieb weiterhin, wie in den Gedichten Antonio Ottobons*, die Sprache der Poesie. Auch dieses Phänomen läßt sich als Bekräftigung der eigenen Besonderheit deuten, als Ausdruck des Widerstands der Venezianer gegen den Verlust ihrer kollektiven Identität.³²

Ein weiterer Bereich, der eine genauere Untersuchung lohnte, wären die sich wandelnden Formen der Geselligkeit (oder *sociabilité*, wie der französische Historiker Maurice Agulhon es nennt), namentlich die verschiedenen freiwilligen Vereinigungen, in denen die Mitglieder der beiden Eliten verkehrten – von literarischen Zirkeln bis hin zu militärischen Verbindungen.³³ In Venedig gab es religiöse Bruderschaften, Schauspielgesellschaften (S. 134 unten) und Akademien (allein im siebzehnten Jahrhundert wurden über sechzig Akademien gegründet, von denen einige die Protektion von Angehörigen der Elite wie Angelo Morosini* und Sebastiano Soranzo* genossen). In Amsterdam müssen wir in diesem Zusammenhang die Schützengilde, die berühmte *schutterij*, erwähnen, aber auch rhetorische Kammern wie De Egelantier, der im frühen siebzehnten Jahrhundert Mitglieder der einflußreichen Patrizierfamilien Corver, Hooft, Huydecoper, Pauw, Reael und Reynst angehörten.³⁴

Ich hege nach wie vor den Verdacht, daß diese Institutionen eher das »spielerische Element in der Kultur« veranschaulichen, wie Johan Huizinga sich ausdrückte: Es waren Herrenklubs, in denen die Geselligkeit und die – durch rituelles Essen und Trinken und Rauchen bekräftigte – »festliche Gemeinschaft« eine mindestens ebenso wichtige Rolle spielten wie der offizielle Zweck der Vereinigung, sei es nun das Verfassen von Gedichten und Dramen oder die Verteidigung der Stadt.³⁵ Das Netzwerk an solchen Klubs, das in einer Stadt wie Amsterdam bestand, wäre selbst wiederum ein spannendes Forschungsthema, und so bleibt, trotz der wachsenden Zahl von Untersuchungen, die in den letzten Jahren über die beiden Städte und ihre Eliten veröffentlicht wurden, nach wie vor eine Menge zu tun.

Anmerkungen zur Einleitung

1 Weiterführende Überlegungen zum Verhältnis zwischen Geschichte und sozialwissenschaftlicher Theorie entwickle ich in P. Burke (1980), *Soziologie und Geschichte*, Hamburg 1989; revidierte Ausgabe *History and Social Theory*, Cambridge 1992.
2 T. Skocpol, *States and Social Revolutions*, Cambridge 1979.
3 A. R. Lewis, *Knights and Samurai*, London 1974; R. Browning, *Byzantium and Bulgaria*, London 1975; D. Snowman, *Kissing Cousins*, London 1977.
4 J. Elliott, *Richelieu and Olivares*, Cambridge 1984; C. Ginzburg (1989), *Hexensabbat*, aus dem Italienischen von Martina Kempter, Berlin 1990; K. Davids, J. Lukassen, J. Luiten van Zanden, *De Nederlandse Geschiedenis als Afwijking van het Algemeen Menselijk Patroon*, Amsterdam 1988.
5 A. Macfarlane, *The Origins of English Individualism*, Oxford 1978.
6 S. Rokkan, »Dimensions of State Formation« in *The Formation of National States in Western Europe*, hg. von C. Tilly, Princeton 1975, S. 576.
7 I. Bátori, »Das Patriziat in der deutschen Stadt« in *Zeitschrift für Stadtgeschichte* 2 (1975):1–30; R. Dekker, *Bürgermeister und Ratsherren in Paderborn*, Paderborn 1977; C. H. Hauptmeyer, »Probleme des Patriziats oberdeutscher Städte vom 14. bis zum 16. Jahrhundert« in *Zeitschrift für Bayerische Landesgeschichte* 40 (1977):39–58; I. Bátori und E. Weyrauch, *Die bürgerliche Elite der Stadt Kitzingen*, Stuttgart 1982; *Bürgerliche Eliten*, hg. von H. Schilling und H. Diederiks, Stuttgart 1985; I. Bátori, »Daily Life and Culture of an Urban Elite« in *History of European Ideas* 11 (1989):621–7.
8 L. Stone, »Prosopographie« in *Daedalus* (Winter 1971):46–73, wiederabgedruckt in ders., *The Past and the Present Revisited*, London 1987, S. 45–73.
9 A. F. Cowan, *The Urban Patriciate: Lübeck and Venice 1580–1700*, Köln 1986; ders., »Rich and Poor among the Patriciate in Early Modern Venice« in *Studi Veneziani*, Neue Folge 6 (1982): 147–60.
10 M. Prak, J. de Jong, L. Kooijmans, »State and Status in the Eighteenth Century« in Schilling und Diederiks [Anm. 7 oben], S. 183–93.
11 Eine kurze Darstellung gibt J. I. Israel, *European Jewry in the Age of Mercantilism*, Oxford 1985, S. 127 ff.
12 M. Scazzoso, »Nobiltà senatoria e nobiltà minore a Venezia fra sei e settecento« in *Nuova Rivista Storica* 69 (1985); G. Cozzi, »Venezia, una repubblica de'principi?« in *Studi Veneziani*, Neue Folge, 2 (1986):139–57.
13 E. Grendi, *Introduzione alla storia moderna della repubblica di Genova*, Genua 1976; C. Costantini, *La repubblica di Genova nell'età moderna*, Turin 1978; R. Savelli, *La repubblica oligarchica*, Mailand 1981; C. Bitossi, »Andrea Spinola« in *Miscellanea Storia Liguria* 7 (1976):115–75.
14 E. Le Roy Ladurie (1975), *Montaillou: Ein Dorf vor dem Inquisitor*, aus dem Französischen von P. Hahlbrock, Frankfurt/Main u. a. 1980 und C. Ginzburg (1976), *Der Käse und die Würmer*, aus dem Italienischen von K. F. Hauber, Frankfurt/Main 1979, dienten als bahnbrechende Vorbilder, denen inzwischen Dutzende (wenn nicht Hunderte) Untersuchungen gefolgt sind.
15 Diesen Hinweis verdanke ich Herman Roodenburg.
16 P. Burke (1978), *Helden, Schurken und Narren. Europäische Volkskultur in der frühen Neuzeit*, aus dem Englischen von S. Schenda, Stuttgart 1981.
17 R. Dekker und H. Roodenburg, »Humor in de zeventiende eeuw« in *Tijdschrift voor Sociale Geschiedenis* 10 (1984): 234–66.
18 Burke [Anm. 16 oben], Kapitel 2; ders., *Dutch Popular Culture in the Seventeenth Century*, Rotterdam 1979; A. T. van Deursen, *Het kopergeld van de Gouden Eeuw*, Bd. 1, Assen 1978–80.
19 F. Gaeta, »M.A. Barbaro« in *Dizionario Biografico degli Italiani*, Bd. 6, Rom 1964, S. 110–2.
20 S. Rosa, *Lettere inedite*, hg. von A. de Rinaldis, Rom 1939, Brief Nr. 22; P. Bellori (1672), *Le vite de'pittori scultori e architetti moderni*, hg. von G. Previtali, Turin 1976, S. 568 ff.
21 Zu Asselijn siehe M. Meier Drees, *De treurspelen van Thomas Asselijn*, Enschede 1989, insbesondere S. 20 ff und 147; ich danke Frau Meier Drees für die Zusendung einer Kopie ihrer Dis-

sertation. Das Zitat stammt von F. van Zesen, *Beschreibung der Stadt Amsterdam,* Amsterdam 1664, S. 361.
22 Vgl. J. L. Price, *Culture and Society in the Dutch Republic during the Seventeenth Century,* London 1974, Kapitel 6.
23 N. Elias (1969), *Die höfische Gesellschaft,* Frankfurt/Main 1983; P. Bourdieu (1979), *Die feinen Unterschiede. Kritik der gesellschaftlichen Urteilskraft,* aus dem Französischen von B. Schwibs und A. Russer, Frankfurt/Main 1982.
24 P. Burke, »Glänzende Fassaden – demonstrativer Konsum im Italien des 17. Jahrhunderts« in ders., *Städtische Kultur in Italien,* aus dem Englischen von W. Kaiser, Berlin 1986, S. 111–29.
25 N. Elias (1939), *Über den Prozeß der Zivilisation,* Frankfurt/Main 1976, Bd. 1.
26 Einen Überblick gibt R. Porter, »The History of the Body« in *New Perspectives in Historical Writing,* hg. von P. Burke, Cambridge 1991, S. 206–32; zur Gestik siehe *Gestures and Mentalities,* hg. von J. Bremmer und H. Roodenburg, Cambridge 1991; Rudolf Braun schreibt an einer entsprechenden Studie über den Tanz in der frühen Neuzeit.
27 Eine Einführung gebe ich in »Die Sozialgeschichte der Sprache« in P. Burke, *Küchenlatein,* aus dem Englischen von R. Cackett, Berlin 1989, S. 7–29; zur Kleidung siehe D. Roche, *La culture des apparences: une histoire du vêtement, 17e–18e siècles,* Paris 1989; zum Humor siehe K. V. Thomas, »The Place of Laughter in Tudor and Stuart England« in *Times Literary Supplement,* 21. Januar 1977.
28 P. Spierenburg, *Elites and Etiquette,* Rotterdam 1981; Dekker und Roodenburg, [Anm. 17 oben].
29 S. Schama, *The Embarrassment of Riches,* London 1987, S. 380 (dt.: *Überfluß und schöner Schein. Zur Kultur der Niederlande im Goldenen Zeitalter,* München 1988).
30 G. Burnet, *Some Letters,* Rotterdam 1686, S. 130.
31 Willem Frijhoff plant eine Untersuchung zu diesem Thema.
32 N. Vianello, »Il veneziano, lingua del foro veneto« in *Lingua Nostra* 18 (1957):67–73; zur Poesie in venezianischem Dialekt siehe M. Dazzi (Hg.), *Il fiore della lirica veneziana,* 3 Bde., Venedig 1956.
33 M. Agulhon, *Pénitents et franc-maçons dans l'ancienne Provence,* Paris 1968, Einleitung.
34 Zur Schützengilde siehe E. Haverkamp-Begeman, *Rembrandt: The Nightwatch,* Princeton 1982, S. 37 f.; über De Egelantier siehe G. Kalff, *Geschiedenis der Nederlandsche Letterkunde,* Bd. 4, Groningen 1909, S. 60.
35 J. Huizinga (1938), *Homo Ludens. Vom Ursprung der Kultur im Spiel,* aus dem Niederländischen, Hamburg 1958; zum Trinken und zur Geselligkeit siehe M. Douglas et al., *Constructive Drinking,* London 1988; zur festlichen Gemeinschaft siehe S. Schama, a.a.O., S. 178 ff.; zum Herrenklub siehe *Männerbande, Männerbünde,* hg. von G. Völger und K. v. Welck, Köln 1990.

1 Elitenforschung

Das vorliegende Buch ist ein Versuch in vergleichender Sozialgeschichte. Die Sozialgeschichte hat sich erst in den letzten Jahren, vor allem in Frankreich, den Vereinigten Staaten und Großbritannien, zu einer ernstzunehmenden und unabhängigen Disziplin entwickelt. Nachdem man sie lange Zeit den Amateuren und Liebhabern überlassen hatte, die in der Manier antiquarischer Sammler einen »alten Trödelladen« voller Kuriositäten zusammentrugen (wie Croker treffend über das berühmte dritte Kapitel von Macaulays englischer Geschichte sagte), steht sie mittlerweile der Wirtschaftsgeschichte an methodischer Strenge nicht nach. Die Geringschätzung beruhte auf einer wesentlich negativen Definition von Sozialgeschichte, die sich bis in die jüngste Vergangenheit hielt. Dieser Definition zufolge war Sozialgeschichte die »Geschichte eines Volkes unter Außerachtlassung der Politik«, wie George Macaulay Trevelyan sarkastisch schrieb.[1] Im Gegensatz dazu bemühen sich die neuen Sozialhistoriker darum, das traditionelle geschichtswissenschaftliche Interesse fürs Detail und für den zeitlichen Wandel mit einem sozialwissenschaftlichen Problembewußtsein und vergleichenden Untersuchungsmethoden zu verbinden. Sie beschäftigen sich mit der Geschichte einer konkreten gesellschaftlichen Gruppe in einer ganz bestimmten Region und verfolgen deren Entwicklung über eine Generation, ein Jahrhundert oder einen noch längeren Zeitraum hinweg. Zu den Pionierleistungen, die einem dazu sogleich einfallen, gehören E. P. Thompsons Untersuchungen zur englischen Arbeiterklasse im neunzehnten Jahrhundert; Lawrence Stones Studie über den englischen Hochadel zwischen 1558 und 1641; Elinor Barbers Forschungen über die französische Bourgeoisie im achtzehnten Jahrhundert; Marc Raeffs Studie über den russischen Adel im neunzehnten Jahrhundert; Hans Rosenbergs Untersuchungen über Junker und Staatsbeamte in Preußen; und Emmanuel Le Roy Laduries Forschungen über die Bauern des Languedoc im sechzehnten und siebzehnten Jahrhundert.

Zumindest wer sich mit der Geschichte von Aristokratien beschäftigt, kann einiges von der soziologischen Elitenforschung lernen. Unter einer »Elite« verstehe ich im folgenden eine soziale Gruppe, die – gemessen an den drei Kriterien Status, Macht und Reichtum – überdurchschnittlich hoch einzustufen ist. Die herausragende Persönlichkeit in der Soziologie der Eliten ist natürlich Vilfredo Pareto, der Autor des *Trattato di Sociologia generale* (1916). Pareto bediente sich recht skrupellos der Geschichte, um seine Thesen zu untermauern, und so dürfen wir Historiker uns getrost seiner Theorien bedienen, wo es uns hilfreich scheint. Paretos Modell beschreibt die Gesellschaft als ein »System« von Teilen oder Elementen, die in der Gesamtheit ihrer Aktionen und Reaktionen ein »gesellschaftliches Gleichgewicht« bewirken. Den Sozialgeschichtler interessiert dabei natürlich vor allem die Wechselwirkung ökonomischer, politischer und kultureller Faktoren im Leben einer bestimmten gesellschaftlichen Gruppe (ohne daß er sich deshalb der Theorie insgesamt anzuschließen bräuchte). Pareto behauptete, daß einer der wichtigsten Mechanismen, die das gesellschaftliche Gleichgewicht erhalten, in der »Zirkulation der Eliten« bestehe. Er unterschied zwischen verschiedenen Typen von Eliten wie etwa den »Löwen« (Militärs) und den »Füchsen« (Politikern) oder den »Rentiers« und den »Spekulanten« (bzw. »Unternehmern«). Die Rentiers sind im wesentlichen Leute, die von einem festen Einkommen leben, während die Unternehmer nach einer Steigerung der Profite streben. Aber ganz im Sinne seiner Theorie, die den Einfluß der verschiedenen Teile des sozialen Systems aufeinander betonte, bezog Pareto diese Kategorien nicht ausschließlich auf die wirtschaftlichen Grundlagen der beiden Eliten, sondern kennzeichnete damit auch eine bestimmte geistige und psychische Verfassung: Unternehmer sind aktiv, phantasievoll und an Neuerungen interessiert – »Spekulanten« im philosophischen wie im ökonomischen Sinn des Worts; Rentiers erscheinen demgegenüber als passiv, einfallslos und konservativ. Die Unterscheidung weist eine gewisse Ähnlichkeit mit Adam Smiths Gegensatz zwischen »Kaufleuten« und »Gutsbesitzern« auf, und auch Smith brachte diese wirtschaftlichen Kategorien mit »Sinnesart und Neigung« in Zusammenhang.[2] Aber anders als Smith, der den Unternehmer favorisierte, legte sich Pareto nicht zugunsten einer der beiden Gruppen fest. Zeiten wirtschaftlicher Konjunktur begünstigen, seiner Ansicht nach, den Unternehmer, während Zeiten der Stagnation dem Rentier zugute kommen. Beide Eliten besitzen in seinen Augen eine gesellschaftliche Funktion: die eine fördert den Wandel, die andere verhindert ihn. Beide Funktionen sind notwendig. Eine von Rentiers beherrschte Gesellschaft würde unweigerlich stagnieren, während eine von Unternehmern beherrschte Gesellschaft im Chaos endete. Daher ist es nötig, die beiden Eliten in einem vernünftigen Gleichgewicht zu halten. Die Eliten selbst verfolgen ihre eigenen Interessen und streben jede für sich genommen kein gesellschaftliches Gleichgewicht an. Das gesellschaftliche Gleichgewicht ergibt sich erst aus ihrer Wechselwirkung. Jede Gruppe verfolgt bewußt bestimmte Ziele, welche sich auf die Gesellschaft als Ganze auswirken, aber keine der beiden Gruppen ist sich ihrer gesellschaftlichen Funktionen – der unbeabsichtigten Folgen ihres zweckgerichteten Handelns – bewußt.[3]

Pareto ist ein brillanter und anregender Theoretiker, bewegt sich jedoch auf einer so allgemeinen Ebene, daß man als Historiker leicht das Gefühl bekommt, es werde einem der Boden unter den Füßen weggezogen. Gleichsam als Korrektiv zur »großen Theorie« schrieb C. Wright Mills 1956 *The Power Elite* und belebte damit das Interesse am Thema neu. In diesem leidenschaftlichen und phantasievollen Buch untersuchte Mills die politische, die wirtschaftliche und die Machtelite in den USA zur Zeit des Koreakriegs. Er kam dabei zu dem Schluß, daß die drei Eliten eng miteinander »verflochten« waren, daß Amerika praktisch von einer einzigen »kompakten und mächtigen« Elite beherrscht wurde, daß die Geschäftsleute und Generäle die wichtigsten politischen Entscheidungen beeinflußten und daß dieser Zustand unhaltbar sei. Mills wußte eine ganze Menge über den Lebensstil und die Einstellungen der Elite zu sagen, und ich habe ihn in dieser Hinsicht zum Vorbild genommen. Doch die Kontroverse, die sich nach der Veröffentlichung der Studie um die Frage entfachte, ob die beschriebene Elite tatsächlich eine geschlossene Gruppe bildete oder nicht, zeigte deutlich, wie schwer sich die Elitentheorie empirisch überprüfen ließ. Robert A. Dahl hat in der Folge die grundlegenden methodischen Schwierigkeiten ebenso luzide wie elegant auseinandergelegt. Er definiert eine »herrschende Elite« als eine Minderheit, deren Präferenzen sich in Konflikten über entscheidende politische Fragen regelmäßig durchsetzen. Demnach benötigt man (1) eine klar definierte Minderheit, (2) Konfliktsituationen und (3) Belege dafür, daß sich die Minderheit regelmäßig durchzusetzen vermag, bevor man den Ausdruck »herrschende Elite« mit Fug und Recht benutzen darf.[4] Wenngleich in Dahls Modell die Fähigkeit von Eliten, potentielle Konflikte schon im Keim zu ersticken, unterschätzt wird, gemahnt es uns doch daran, mit der gebotenen methodischen Strenge zu verfahren.[5] Dahl löste die von ihm aufgezeigten methodischen Schwierigkeiten, indem er sich auf die Entscheidungsprozesse in einer einzigen Stadt, New Haven, konzentrierte. Von 1784 bis 1842 waren dort »sozialer Status, Ausbildung, Reichtum und politischer Einfluß in denselben Händen vereint«, nämlich in den Händen von Männern, die zu den traditionellen und einflußreichen Familien New Havens gehörten und die von Beruf Anwälte waren. Dahl bezeichnete diese Gruppe als »Patrizier«. Die Industrialisierung Amerikas Mitte des neunzehnten Jahrhunderts begünstigte den sozialen Wandel, und so wurden die Patrizier allmählich durch »die Unternehmer« ersetzt, also durch wohlhabende Industrielle, die zunehmend an Macht gewannen, aber keinen entsprechend hohen Status besaßen. Im zwanzigsten Jahrhundert schließlich wurde, Dahls Untersuchung zufolge, die »Oligarchie« durch einen »Pluralismus« abgelöst: Sowohl die »Wirtschaftsnotabeln« als auch die »Gesellschaftsnotabeln« New Havens nahmen Einfluß auf einzelne Entscheidungen, aber Reichtum, Status und Macht überlappten sich nicht mehr so deutlich wie in den Jahren zuvor.[6]

Der Historiker kann von der modernen Elitenforschung und insbesondere von den genannten Ansätzen auch für die Geschichte des siebzehnten Jahrhunderts einiges lernen. Die Untersuchungen von Mills und Dahl legen nahe, genauer abzuklären, inwieweit sich Reichtum, sozialer Status und Macht in bestimmten Gruppen überlappen. Von Pareto können wir die Begriffe »Rentier«, »Unternehmer«, »soziales System« und »soziale Funktion« übernehmen. Dahls Beispiel zeigt weiter, daß es sinnvoll sein kann, sich bei der Erforschung von Eliten auf eine Stadt zu beschränken, statt eine ganze Nation zu untersuchen. Im Europa des siebzehnten Jahrhunderts, gab es nur wenige Städte, die politisch so unabhängig waren, daß man sie als eigenständige Systeme betrachten kann; zu ihnen zählten Amsterdam und Venedig. Zwischen den beiden Städten bestanden offensichtliche Parallelen, die schon den Zeitgenossen auffielen. So bemerkte etwa der Duc de Rohan im Jahre 1600, daß Venedig, was den Wohlstand betreffe, nur eine Rivalin habe, nämlich Amsterdam. 1618 beschrieb der Venezianer A. Donà Amsterdam als »das Abbild des aufsteigenden Venedig« (*l'immagine della già nascente Venezia*). 1650 wurde die mächtige Familie Bicker in Amsterdam in einem anonymen Pamphlet bezichtigt, die Macht in der niederländischen Republik übernehmen und aus ihr ein zweites Venedig machen zu wollen.[7] Inmitten eines überwiegend monarchistischen Europa waren Venedig und Amsterdam jeweils die bedeutendsten Städte einer Republik. Während sich Europas herrschende Klasse tendenziell immer noch als Krieger begriff, verstanden sich die Patrizier Venedigs und Amsterdams überwiegend als Zivilisten. Sie waren Füchse in einer Welt von Löwen, um mit Pareto zu reden. Während die herrschenden Eliten im restlichen Europa auf den Handel herabblickten, ließen sich Handel und Politik in Amsterdam und Venedig, zumindest im frühen siebzehnten Jahrhundert, erfolgreich verbinden. Toleranz und Sparsamkeit standen in den beiden Städten hoch im Kurs, indes dieselben Tugenden bei den anderen Herrschern des siebzehnten Jahrhunderts auf wenig Gegenliebe stießen. Während die herrschenden Klassen Europas sich die meiste Zeit auf ihren Landsitzen aufhielten, verbrachten die Patrizier Amsterdams und Venedigs den größten Teil des Jahres in der Stadt. Und schließlich waren auch die wirtschaftlichen Voraussetzungen, die Gesinnung und der Lebensstil der beiden Gruppen im Laufe des Jahrhunderts einem ähnlichen Wandel unterworfen, der jedoch entgegengesetzt verlief wie in New Haven: Die beiden Eliten begannen als Unternehmer und endeten als Rentiers.

Es bestand jedoch auch eine ganze Reihe von deutlichen Unterschieden. Die venezianische Elite setzte sich aus Adeligen zusammen, während die Amsterdamer Elite aus gemeinen Bürgern bestand. Die Venezianer hingen dem katholischen Glauben an, während die Amsterdamer überwiegend protestantisch waren. In Amsterdam war man einer Kleinfamilie verpflichtet, während sich die Loyalität des einzelnen in Venedig auf die Großfamilie richtete. Aber sowohl Gemeinsamkeiten wie Unterschiede lassen einen systematischen Vergleich der beiden Eliten lohnend erscheinen. An die Geschichte mit einem vergleichenden Ansatz heranzugehen, bringt einige Vorteile mit sich. Er hilft dem Historiker, Dinge zu erkennen, die den Zeitgenossen für gewöhnlich entgingen, zum Beispiel, daß die Gesellschaft ein System wechselseitig voneinander abhängiger Teile ist. So wird der Vergleich der beiden Patriziate im folgenden erhellen, daß die adelige venezianische Elite sich stärker auf die Familie ausrichtete und weniger auf die Leistungen des einzelnen als es die bürgerlichen Amsterdamer taten; daß sie der Selbstpräsentation vor allem der Familie einen hohen Stellenwert einräumte, während die Amsterdamer einen gesteigerten Wert auf Sparsamkeit legten, eine bürgerliche Tugend, die durch den Calvinismus zusätzlich verstärkt wurde. Kinder, die in einer Kleinfamilie erzogen wurden wie in Amsterdam, entwickelten einen größeren Ehrgeiz und Leistungswillen als die adeligen Kinder Venedigs, die in einer Großfamilie aufwuchsen. Die Venezianer, die an der alten Universität Padua studiert hatten und in einer Stadt lebten, die zwar eine ruhmreiche Vergangenheit besaß, aber aufgehört hatte zu expandieren, waren dem Alten gegenüber positiver eingestellt als die Amsterdamer, die an neuen Lehrstätten wie dem Athenaeum oder der Universität Leiden studiert hatten und in einer relativ jungen und schnell wachsenden Stadt lebten. Die venezianische Gepflogenheit, nur einen Sohn in jeder Generation zu verheiraten, läßt sich wiederum nur mit Rücksicht auf die anderen Aspekte des gesamten Systems begreifen, zu dem diese Konvention gehörte: die Notwendigkeit der Geburtenkontrolle, um die Verarmung der Familie zu verhindern; die Tatsache, daß Brüder in der Regel im Familienpalast unter einem Dach zusammenwohnten und Junggesellen daher keine Vereinsamung befürchten mußten; die Karrieremöglichkeiten, die sich den Unverheirateten in Kirche und Marine eröffneten (denn Seeoffiziere heirateten selten oder erst spät).

Die vergleichende Geschichtsforschung hilft einem auch zu erkennen, was fehlt. Die Tatsache, daß Venedig im Lauf des siebzehnten Jahrhunderts nicht expandierte oder daß die Venezianer keine Aktiengesellschaften gründeten, gewinnt angesichts des schnellen Wachstums Amsterdams oder der zentralen Stellung der Ostindischen Kompanie eine ganz neue Bedeutung. Umgekehrt muß man vor dem Hintergrund des venezianischen Beispiels danach fragen, weshalb die Amsterdamer nicht stärker in Land investierten und ob das Verhältnis zwischen Amsterdam und der Provinz Holland als Herrschaftsverhältnis zwischen Stadtstaat und umliegenden Territorium richtig beschrieben ist.

Einem Außenseiter drängt sich ein solch vergleichender Ansatz geradezu auf, die Geschichte Amsterdams und Venedigs wurde aber mehrheitlich von ihren Bürgern geschrieben (häufig von Nachkommen der Patrizier wie Cicogna, Nani Mocenigo, da Mosto und Elias). Die zwei herausragenden Beispiele sind Pompeo Molmentis *La storia di Venezia nella vita privata* (1879) und J. E. Elias' *De Vroedschap van Amsterdam* (1903 bis 1905). Beides sind Lebenswerke ihrer Autoren und gelungene Beispiele ihrer Art. Molmenti befaßte sich hauptsächlich mit der Sozialgeschichte, insbesondere der Patrizier, und obschon er der Gefahr, sich im »alten Trödelladen« zu verlieren, nicht immer ganz entgeht, war er doch ein Pionier seines Faches. Elias dagegen war ein politischer Historiker, der Daten über die Genealogien, Ämter und den Reichtum aller Stadtratsmitglieder zusammentrug; sein Werk ist eine Fundgrube an Daten, die nicht gründlich genug ausgewertet wurden. Beide Autoren schrieben aus Liebe zu ihrer Stadt und weil sie sich mit ihr identifizierten, und so ist es nur billig, daß zumindest in Venedig ein Platz nach Molmenti benannt wurde. Ein Außenstehender wie ich darf nicht hoffen, es diesen beiden Gelehrten gleichzutun. Wenn ich mich für einen anderen Ansatz entscheide, dann weil ich zumindest vermeiden möchte, Wasser in den Canal Grande oder in die Amstel zu tragen.

In den verbleibenden Kapiteln werde ich versuchen, die folgenden Fragen zu beantworten:

Welche Struktur wiesen die Eliten Amsterdams und Venedigs auf? Aus welchen Leuten rekrutierten sie sich? Handelte es sich bei diesen Eliten um einen »Stand« oder eher um eine »Klasse«?

Welches waren ihre politischen Funktionen? In welchem Sinn übten sie Herrschaft aus, über wen und mit welchen Mitteln?

Welches waren ihre wirtschaftlichen Grundlagen? Waren sie reich oder arm, und falls ersteres, woher stammte ihr Reichtum?

Welchen Lebensstil pflegten sie?

Welches waren ihre wichtigsten Einstellungen und Werte?

In welchem Maß betätigten sie sich als Förderer der Künste?

Wie wurden sie erzogen und ausgebildet?

Welchen Veränderungen waren sie im Laufe der Epoche unterworfen?

Die Epoche, mit der sich dieses Buch beschäftigt, umfaßt das gesamte siebzehnte Jahrhundert, angefangen von etwa 1580 bis etwa 1720. Es erscheint sinnvoll, so früh einzusetzen, weil der Amsterdamer Stadtrat 1578 fast vollständig erneuert wurde (die berühmte *Alteratie*), während sich in Venedig 1582 wichtige konstitutionelle Änderungen ergaben, die einen Machtverlust des Rats der Zehn und seiner »Junta« (*Zonta*) bewirkten. Es erscheint nicht weniger sinnvoll, das siebzehnte Jahrhundert etwas später ausklingen zu lassen, weil das erste Jahrzehnt des achtzehnten Jahrhunderts für beide Gruppen die Beendigung ihrer Beteiligung am internationalen Kriegsgeschehen mit sich brachte: 1713 schloß die Niederländische Republik mit Frankreich den Frieden von Utrecht, während die Venezianer 1718 mit den Türken den Frieden von Passarowitz vereinbarten. Bis zum Ende des achtzehnten Jahrhunderts, als die beiden Republiken schließlich untergingen, findet sich kein weiterer, für eine Zäsur so geeigneter Zeitpunkt.

Ich verfolge in diesem Buch einen prosopographischen Ansatz. Das heißt, ich versuche, die acht oben gestellten Fragen zu beantworten, indem ich die kollektive Biographie der beiden Eliten, die Lebensläufe von insgesamt 563 Männern, untersuche. Im Falle Venedigs wählte ich die Dogen und *procuratori di S. Marco* (siehe S. 36 unten) aus, insgesamt 244 Personen; im Falle Amsterdams waren es die 319 Bürgermeister und Mitglieder des Stadtrats. Berücksichtigt wurden in beiden Fällen alle Amtsträger vom Anfang des Jahres 1578 bis 1719 einschließlich. Mitglieder dieser beiden Gruppen sind im Text mit einem Sternchen versehen. Die Grenzen und Gefahren eines solch prosopographischen Ansatzes sind erst kürzlich von einem seiner führenden Vertreter in England, Lawrence Stone, genauer beschrieben worden, und zweifellos gelten seine Warnungen auch für das Studium Amsterdams und Venedigs im siebzehnten Jahrhundert.[8] Die offenkundigste Grenze, an welche die Prosopographie stößt, ist der Mangel an Daten. Bei den 563 Männern, die ich im folgenden untersuche, konnte ich in aller Regel etwas über ihre Familie, ihr Vermögen und ihre politische Laufbahn erfahren, aber auf ihren Bildergeschmack oder ihre Gottesvorstellung findet sich häufig nicht der geringste Hinweis. Nur einige wenige Individuen aus beiden Städten wie zum Beispiel M. A. Barbaro*, Nicolò Contarini*, Lunardo Donà*, Paolo Paruta*, Coenraed van Beuningen*, C. P. Hooft*, Jacob van Neck* und Nicolaes Witsen* haben ein so reiches Zeugnis hinterlassen, daß man sie zum Gegenstand historischer Monographien machen konnte.[9] Die Einstellung einer großen Anzahl von Individuen läßt sich nur aus einigen Anhaltspunkten erschließen, und für eine noch größere Gruppe finden sich gar keine oder nur äußerst spärliche Hinweise. Die offenkundige Gefahr, vor der Stone den angehenden Prosopographen warnt, liegt darin, diejenigen Fälle, in denen wir über hinreichend Kenntnisse verfügen, für eine repräsentative Auswahl aus der gesamten untersuchten Population anzusehen, was sie natürlich nicht sind. Ich werde im folgenden von bekannten Fällen wie den acht genannten ausgehen, mich aber zugleich bemühen, sie nur dann als typische Vertreter der gesamten Elite darzustellen, wenn dies wirklich gerechtfertigt ist. Nehmen wir das Mäzenatentum in Amsterdam als Beispiel. Wir haben gute Gründe anzunehmen, daß die Minderheit, über deren Kunstförderung wir leidlich Bescheid wissen – Andries de Graeff*, zum Beispiel, oder Joan Huydecoper* –, keineswegs für die Mehrheit ihrer Kollegen typisch war. Mit anderen Worten, selbst die Methoden der kollektiven Biographie liefern uns keine absolut sichere Grundlage, auf der sich unbesehen verallgemeinern ließe; aber umgekehrt über eine soziale Gruppe zu sprechen, ohne sich einzelne Mitglieder genauer anzusehen, hieße, ganz ohne Grundlage zu verallgemeinern.

Ich werde die beiden Eliten im folgenden als »Patrizier« bezeichnen. Der Ausdruck *patricii* wurde im alten Rom für die Kinder der ersten Senatoren oder *patres* geprägt und dann zur Kennzeichnung bestimmter, alteingesessener Familien benutzt. Er kam im fünfzehnten Jahrhundert durch die Humanisten wieder in Gebrauch, die ihn auf städtische Aristokratien wie diejenige Nürnbergs oder Venedigs anwandten, und wird seither in diesem Sinn benutzt.[10] Im Venedig des siebzehnten Jahrhunderts wurden alle Edelleute als *patrizii* bezeichnet, während der Ausdruck in Amsterdam gar nicht verwendet wurde. Es bietet sich jedoch an, den Ausdruck »Patrizier« im folgenden auf jene 563 Männer zu beschränken, die der Gegenstand unserer Untersuchung sind. Wie diese 563 in ihre Ämter gewählt wurden, soll im nächsten Kapitel erörtert werden.

Anmerkungen zu Kapitel 1

1 G. M. Trevelyan (1942), *Kultur- und Sozialgeschichte Englands*, aus dem Englischen von W. Trömel u.a., Hamburg 1948, S. 7. Für eine kurze Darstellung der Vorzüge der vergleichenden Geschichtsschreibung siehe F. Redlich, »Toward comparative historiography« in *Kyklos* XI (1958).
2 Vgl. das eingangs zitierte Motto von Adam Smith aus *Eine Untersuchung über Natur und Wesen des Volkswohlstandes*, unter Zugrundelegung der Übersetzung von Max Stirner, neu übertragen von E. Grünfeld, Jena 1923, Bd. 2, S. 181 f. (3. Buch, 4. Kapitel).
3 Die ursprüngliche Fassung seiner Theorie der zwei Eliten veröffentlichte Pareto 1911 in dem Aufsatz »Rentiers und Spekulanten«, aus dem Französischen von C. Busolini und I. Hohenlüchter, in Vilfredo Pareto, *Ausgewählte Schriften*, Frankfurt/Main u.a. 1975. Am bekanntesten sind jedoch die entsprechenden Ausführungen aus dem *Trattato*, dt.: *Paretos Allgemeine Soziologie*, aus dem Italienischen von G. Eisermann, Stuttgart (Enke) 1962, § 2233 ff.; die relevanten Passagen sind ebenfalls in den *Ausgewählten Schriften*, a.a.O., abgedruckt.
4 R.A. Dahl, »A critique of the ruling elite model« in *American Political Science Review* 52 (1958).
5 Diesen kritischen Einwand gegen Dahl verdanke ich meinem Freund und Kollegen Rupert Wilkinson.
6 R. A. Dahl, *Who governs?*, New Haven 1961.
7 Der Duc de Rohan, *Mémoires*, Paris 1661, Bd. 2, S. 359, beschreibt seine Eindrücke von Amsterdam im Jahre 1600 und die Ähnlichkeiten mit Venedig: »Ich finde nichts in der einen, das nicht weitgehend dem in der anderen entspräche« (*Je ne trouve rien en l'une qui n'ait beaucoup conformité en l'autre*); *Relazioni veneziane*, hg. von P.J. Blok, Den Haag 1909, gibt Donàs Bericht wieder, das Zitat stammt von S. 112; zum Amsterdamer Pamphlet siehe Kapitel 3, Anmerkung 32 unten.
8 L. Stone, »Prosopography« in *Daedalus* (Winter 1971).
9 C. Yriarte, *Un patricien de Venise*, Paris 1885; G. Cozzi, *Il doge Nicolò Contarini*, Venedig und Rom 1958; F. Seneca, *Leonardo Donà*, Padua 1959; H.A. Enno van Gelder, *De levensbeschouwing van C.P. Hooft*, Amsterdam 1918; J. F. Gebhard, *Het leven van Mr Nicolaas Witsen*, Utrecht 1881; C.W. Roldanus, *Coenraad van Beuningen*, Den Haag 1931; H. Terpstra, *Jacob van Neck*, Amsterdam 1960.
10 Vgl. demgegenüber den Vorschlag von R.B. Notestein, »The Patrician« in *International Journal of Comparative Sociology* 9 (1968); Notestein beschränkt den Ausdruck »Patrizier« auf Amtsträger aus alteingesessenen Familien der oberen Klasse in solchen Gesellschaften, in denen auch Nicht-Patrizier Zugang zu Ämtern und zur oberen Klasse haben.

2 Struktur

Das größte Problem im Vorfeld dieser Studie bestand darin, die Zusammensetzung der beiden Eliten festzulegen. Wie sorgfältig man auch bei der Auswertung der kollektiven Biographien vorgeht, es muß doch zuvor aufgrund einer eher oberflächlichen Einschätzung eine Auswahl der zu bearbeitenden Biographien getroffen werden. Die grundlegende Frage, die es zu beantworten galt, lautete: Welche gesellschaftlichen Gruppen verfügten im siebzehnten Jahrhundert in Venedig und Amsterdam über Status, Macht und Reichtum? Der wesentliche Unterschied zwischen den beiden Städten bestand darin, daß Venedig eine »Standesgesellschaft« war, eine Gesellschaft also, die in formal definierte Statusgruppen unterteilt war und in der die Verteilung von Macht und Reichtum tendenziell dem sozialen Status folgte. Amsterdam hingegen war eine »Klassengesellschaft«, in der die Statusgruppen eher informell über Reichtum und Macht definiert wurden (und damit für Europa im siebzehnten Jahrhundert recht außergewöhnlich).[1]

Die traditionelle Teilung der Gesellschaft in drei Stände – den Klerus, den Adel und den Rest – war in Venedig immer noch eine gesellschaftliche Tatsache. Über den Klerus brauchen wir nicht viele Worte zu verlieren. Wie in anderen katholischen Teilen Europas bestand auch hier ein erheblicher Unterschied zwischen dem gehobenen Klerus von hohem Status – dem Patriarchen, den Bischöfen der *terraferma* (das heißt des norditalienischen Festlands), dem *primicerio* oder Dekan von S. Marco – und dem Klerus von niederem Status wie den Priestern und Mönchen. Der hohe Klerus bestand jedoch in aller Regel ohnehin aus Adeligen, während der niedere Klerus seine Mitglieder aus dem dritten Stand rekrutierte. Der zweite Stand wiederum war als Statusgruppe rechtlich definiert. Zum Adel zählten jene Männer, Frauen und Kinder, deren Namen im *libro d'oro*, im Goldenen Buch, eingetragen waren. Die im Jahre 1580 darin aufgeführten Leute stammten mit sehr wenigen Ausnahmen aus Familien, die bereits 1297 (zum Zeitpunkt der berühmten *Serrata* oder »Schließung«) als adelig galten. 1594 gab es 1967 männliche Edelleute im Alter von über fünfundzwanzig Jahren, Ehrenadelige wie die Familie Este nicht mitgerechnet. Mitte des siebzehnten Jahrhunderts, als die Regierung in finanzielle Bedrängnis geriet, konnten sich

Familien dann zum Preis von jeweils 100 000 Dukaten in den Adel einkaufen. Trotz der sogenannten »Aggregation« von 100 neuen Familien gab es 1719 nur noch 1 703 männliche Adelige von über fünfundzwanzig Jahren (mit diesem Alter zogen sie in den Großen Rat ein). Sowohl 1580 wie 1720 stellte der Hochadel demnach im Vergleich zur Gesamtbevölkerung Venedigs von rund 140 000 Einwohnern eine winzige Minderheit dar.[2] Innerhalb dieses Standes wiederum gab es feinere Abstufungen hinsichtlich des Status. Alteingesessene Familien waren angesehener als neue und die größte Achtung brachte man den vierundzwanzig »alten Häusern« (*case vecchie*) entgegen, die von sich behaupteten, schon vor dem Jahre 800 als Adelige in Venedig ansässig gewesen zu sein. Wenn wir jedoch, wie an anderen Orten des frühneuzeitlichen Europa, die Reihenfolge der Adeligen in den öffentlichen Prozessionen (derenthalben nicht selten todernste Kämpfe ausgefochten wurden) als eine Materialisierung der sozialen Struktur betrachten, dann wird sogleich deutlich, daß der wesentliche Statusunterschied zwischen den einzelnen Edelmännern auf den Ämtern beruhte, die sie bekleideten. Als erster schritt der Doge einher, dann folgten die *procuratori di S. Marco*, eine Art Regierungsadel auf Lebenszeit; danach kamen die anderen wichtigen Amtsträger. Status und Macht waren in Venedig eng miteinander verknüpft, und mit der Macht wollen wir uns nun etwas eingehender beschäftigen.

Theoretisch wurde Venedig von einem Großen Rat regiert, dem sogenannten *Maggior Consiglio*, dem alle männlichen Adeligen im Alter von über fünfundzwanzig Jahren und einige wenige jüngere angehörten. Insofern deckten sich also Macht und Status vollständig. Aber eine Versammlung von knapp zweitausend Mitgliedern war natürlich viel zu groß, um wirksam die Regierungsgewalt auszuüben, und so bestand ihre wichtigste Aufgabe darin, einzelnen Mitgliedern bestimmte Ämter zu übertragen. Neben dem Großen Rat gab es einen Senat, der ebenfalls wichtige Ämter verteilte und der die große Kammer gelegentlich unter Druck setzen konnte, aber auch der Senat zählte rund zweihundert Mitglieder und war daher für effiziente Entscheidungsprozesse zu groß. Um ein deutlicheres Bild davon zu bekommen, wer in Venedig die Macht ausübte, müssen wir uns auf jene Leute konzentrieren, welche die Schlüsselämter innehatten. Berechnungen haben ergeben, daß im Venedig des siebzehnten Jahrhunderts etwa achthundert Ämter zu vergeben waren, die in der Mehrzahl nicht länger als sechs oder acht Monate, ein oder drei Jahre von derselben Person bekleidet wurden. Als erstes gilt es daher zu klären, welche Ämter in der venezianischen Politik von Bedeutung waren und wer diese Ämter regelmäßig bekleidete. Wie läßt sich entscheiden, ob ein Mann mächtig war oder nicht? Indem wir herausfinden, ob er eines der Schlüsselämter innehatte. Woher wissen wir, welches die Schlüsselämter waren? Indem wir abklären, ob sie überwiegend von bedeutenden Männern bekleidet wurden oder nicht. Die Gefahr eines Zirkelschlusses ist offenkundig. Nach zeitgenössischer Einschätzung gehörten die Stellung als Botschafter, die Ernennung zum Gouverneur einer wichtigen Stadt auf der *terraferma*, die Wahl zum *savio*, die Aufnahme in den Rat der Zehn oder ein hoher Posten bei der Marine zu den wichtigsten Ämtern. Wenn wir uns jedoch ausschließlich mit den Trägern wichtiger Ämter beschäftigen, laufen wir umgekehrt Gefahr, die heimlichen Führerpersönlichkeiten zu vergessen, die mehr Macht besaßen, als ihre Ämter vermuten lassen. Domenico Molin zum Beispiel, der Bruder des Dogen Francesco Molin*, soll eine solche graue Eminenz gewesen sein.[3]

Neben dem Status und der Macht gab es eine dritte Hierarchie, die des Reichtums. In den Jahren 1581, 1661 und 1711 veranlaßte die venezianische Regierung zu Besteuerungszwecken eine systematische Untersuchung der Eigentumsverhältnisse der Venezianer, und als Historiker müssen wir dankbar sein, daß der venezianische Adel nicht, wie in den meisten anderen Gegenden Europas, von den Steuern befreit war. 1581 gaben, den Steuererhebungen zufolge, 59 Haushaltsvorsteher an, aus ihrem Grund- und Hausbesitz ein Jahreseinkommen von mehr als 2000 Dukaten erzielt zu haben (Summen wie diese in moderne Währungen zu übersetzen, stellt einen vor enorme Probleme. Es ist weniger irreführend, wenn man die Reichen und Armen innerhalb Venedigs vergleicht: Ein Bauhandwerksgeselle verdiente etwa 50 Dukaten im Jahr.) Mit Ausnahme von dreien, den dal Busso, di Mutti und della Vecchia, waren alle diese Haushalte adelig. 1711 versteuerten 70 Haushaltsvorsteher ein Jahreseinkommen von 6000 oder mehr Dukaten; von diesen Männern gehörten alle außer einem (Donaldo Pozzi) zum Adel, elf weitere Familien hatten sich allerdings erst kürzlich eingekauft (Bonfadini, Bressa, Carminati, Correggio, Fini, Labia, Minelli, Papafava, Piovene, Vidman und Zenobio). Leider geben uns die Steuereinnahmen keinerlei Auskunft über den Reichtum, der nicht in Grundbesitz oder Häusern angelegt war. Dennoch dürfen wir aus den Zahlen schließen, daß fast alle reichen Landbesitzer adelig waren, wenngleich nicht umgekehrt alle Adeligen notwendig reich waren. Wie in Frankreich, Spanien, Polen oder Japan war auch in Venedig der arme Adel ein weit verbreitetes Phänomen. Status und Macht waren nicht zuletzt deshalb an Reichtum gebunden, weil bestimmte Ämter wie etwa das eines Botschafters ihre Träger in solche Unkosten stürzten, daß nur sehr reiche Männer sie annehmen konnten; weil die reichen Bürger sich ab Mitte des siebzehnten Jahrhunderts in den Adel einkaufen konnten; und weil einige Adelige wohlhabend genug waren, sich das angesehene Amt eines *procuratore di S. Marco* zu kaufen. Kurzum, Status, Macht und Reichtum waren so miteinander verschränkt, daß der Historiker getrost von einer ziemlich homogenen Elite sprechen darf.[4]

»Der Astrologe muß nicht alle Sterne der Milchstraße kennen, sondern nur die großen, die einen Einfluß auf unsere sublunare Welt ausüben«, bemerkte ein zeitgenössischer Gelehrter über die venezianische Politik.[5] Da es galt, unter den einflußreichen Männern eine Auswahl zu treffen, habe ich entschieden, mich auf die fünfundzwanzig Dogen der Epoche und auf die *procuratori di S. Marco* (fortan »Prokuratoren«) zu beschränken. Der Doge war das offizielle Staatsoberhaupt, konnte jedoch selbst keine politische Initiative ergreifen: Er war ein Fürst ohne Macht.[6] Die Prokuratoren beaufsichtigten die Kirche von San Marco und erfüllten verschiedene wohltätige Aufgaben. Sie gingen durch Venedig und verteilten Almosen, übernahmen die Fürsorge für Minderjährige und verwalteten das Vermögen von Personen, die ohne Testament gestorben waren. Was ihren offiziellen Status anbelangt, kamen sie direkt hinter dem Dogen, der in der Regel aus ihrer Mitte gewählt wurde (nur sieben der 25 Dogen der Zeit waren zuvor keine Prokuratoren gewesen). Ihr Amt stellte außerdem hinsichtlich der schnellen Ämterrotation in Venedig eine Ausnahme dar: Die Prokuratoren wurden auf Lebenszeit ernannt und waren *ex officio* zugleich Senatoren, nahmen jedoch nicht mehr an den Sitzungen des Großen Rats teil, von dem sie ins Amt berufen wurden. Es gab neun »ordentliche« Prokuratoren, die jedoch durch »außerordentliche« Berufungen ergänzt werden konnten, was um des Geldes willen – solche Ernennungen brachten dem Staatssäckel in der Regel zwischen 20 000 und 25 000 Dukaten ein – auch häufig getan wurde. Etwa ein Drittel der in jener Epoche berufenen Männer bekleidete das Amt eines außerordentlichen Prokurators. Im gesamten Zeitraum gab es 237 Prokuratoren (und mit den sieben Dogen, die keine Prokuratoren gewesen waren, erhöht sich die Zahl der untersuchten Personen auf 244). Nicht alle mächtigen Venezianer waren Prokuratoren, aber die meisten Prokuratoren waren mächtig oder waren zumindest mächtig gewesen. Etwa drei Viertel von ihnen hatten bereits vor ihrer Ernennung ein hohes Amt ausgeübt und nach ihrer Berufung nutzten viele ihre Lebensstellung im Senat zur weiteren Einflußnahme. Nicht alle reichen Venezianer waren Prokuratoren, aber die Prokuratoren zählten zu den reichsten Männern Venedigs. 1581 erzielten neun von 18 Prokuratoren eine jährliche Grund- und Hausrente von mehr als 2 000 Dukaten, mit anderen Worten 50 Prozent aller Prokuratoren stammten aus den 60 reichsten Haushalten. 1711 gaben 20 von 38 Prokuratoren ein Jahreseinkommen von über 6 000 Dukaten an, mithin gehörten über 50 Prozent von ihnen zu den 70 reichsten Haushalten; umgekehrt waren etwa 30 Prozent der reichsten Haushaltsvorsteher zugleich Prokuratoren. Die Tatsache, daß sich die Anzahl der Prokuratoren im Laufe des siebzehnten Jahrhunderts mehr als verdoppelte, beweist, daß die finanziellen Nöte der Regierung in Venedig, ebenso wie in England, zu einer »Inflation der Würdenträger« führten. Es ist außerdem bemerkenswert, daß ein Prokuratorenamt nur etwa ein Viertel dessen kostete, was eine Familie aufbringen mußte, um sich in den venezianischen Adel einzukaufen. Die größte Kluft verlief in Venedig zwischen Adeligen und Gemeinen.

In Amsterdam wurde die traditionelle Teilung der Gesellschaft in drei Stände zunehmend obsolet. Während der katholische Klerus noch als ein eigener Stand angesehen worden war, wurden protestantische Geistliche eher wie Anwälte oder Ärzte als Mitglieder eines gelehrten Berufsstands betrachtet. Was den zweiten Stand anbelangt, so versammelte sich der holländische Adel entweder am Hof des Statthalters im Haag (sofern es einen Statthalter gab) oder er residierte auf seinen Ländereien. Der Ausdruck »Stand« wurde zwar von den Zeitgenossen weiterhin benutzt, veränderte jedoch allmählich seine Bedeutung und wurde zur Differenzierung der verschiedenen Gruppen innerhalb des alten dritten Standes gebraucht. So sprach etwa C. P. Hooft* im frühen siebzehnten Jahrhundert von Leuten »von mittlerem oder noch niederem Stand« (*van middelbaren ofte noch lageren staet*) und stellte sie »den reichsten, ehrbarsten und namhaftesten Personen« (*de rijcksten, eerbaersten en de notabelsten personen*) gegenüber.[7] Ein 1662 in Amsterdam gedrucktes Pamphlet entrüstete sich über die Kaufleute und Ladenbesitzer, die ihren Rang vergäßen und über ihren Stand hinausträten (*boven sijnen staet treden*), aber gleichzeitig mußte der Autor zugeben, daß die Kaufleute in Amsterdam oftmals Männer von »Macht und Vermögen« (*macht en middelen*) waren.[8] Ganz offensichtlich bestand Bedarf an einem neuen Begriff, durch den sich die Statusunterschiede auf angemessene Weise kennzeichnen ließen, und diese Funktion wurde nach und nach von dem Ausdruck »Klasse« übernommen. Im sechzehnten Jahrhundert wurde das lateinische Wort *classis* für religiöse Gruppen in der presbyterianischen Kirchenverwaltung verwendet; im frühen siebzehnten Jahrhundert bezeichnete man damit »Klassen« von Schülern; im späten siebzehnten Jahrhundert wurde es bereits für verschiedene Gruppen von Steuerzahlern benutzt. In Spinozas *Ethik* von 1678 findet sich die Aussage, daß die Menschen die Liebe oder den Haß, den sie einem einzelnen Fremden gegenüber empfinden, »auf alle anderen Angehörigen derselben Klasse oder desselben Volkes« ausdehnen.[9] Das englische Wort *class* wurde zu Beginn vor allem im Kontext der holländischen Republik verwendet.[10] Es erscheint mir sinnvoll, diesen Ausdruck zu übernehmen und die Amsterdamer Elite als eine »Oberklasse« zu bezeichnen, deren Status nicht rechtlich definiert war, sondern den einzelnen Mitgliedern aufgrund ihrer Macht und ihres Reichtums von ihresgleichen zugebilligt wurde.[11] Solche Zustände entsetzten manchen auswärtigen Edelmann: Im Jahre 1586 beschrieb ein Besucher aus dem Kreis des Grafen von Leicester die in Holland herrschende Klasse verächtlich als »diese souveränen Herren Müller und Käser«.[12]

Bleibt zu klären, inwieweit sich Macht und Reichtum in Amsterdam überlappten. Die mächtigen Männer sind leichter zu identifizieren als in Venedig, weil es in Amsterdam weniger Ämter gab und sie nicht so oft neu besetzt wurden. Amsterdam verfügte über einen Stadtrat, (*vroedschap*) bestehend aus sechsunddreißig Ratsherren (*raadslieden*), die auf Lebenszeit gewählt wurden. Außerdem gab es einen Schultheiß (*schout*), neun Schöffen (*schepenen*) und vier Bürgermeister, die oft, aber nicht immer gleichzeitig dem Stadtrat angehörten. Die Bürgermeister waren sowohl vom Statthalter (*stadholder*) als auch vom Stadtrat unabhängig, was für niederländische Städte recht ungewöhnlich war und uns einen ersten Hinweis auf den besonderen politischen Einfluß Amsterdams gibt.[13] Die Bürgermeister wurden von den ehemaligen Bürgermeistern und Schöffen auf jeweils ein Jahr ernannt, doch wurde stets einer der vier Ehemaligen für eine zweite Amtszeit bestellt, um die nötige Kontinuität zu gewährleisten. Im Laufe der Epoche gab es insgesamt 319 Bürgermeister und Stadträte.[14] Diese Männer stellten in Amsterdam die Machtelite dar.

Wie in Venedig so sind auch in Amsterdam die Steuererhebungen die verläßlichsten Einzelquellen zum Reichtum der Elite. Steuerveranlagungen wurden 1585, 1631 und 1674 durchgeführt.[15] Die Veranlagung (*kohier*) aus dem Jahre 1585 zeigt, daß der reichste und zweitreichste Mann beide das Amt eines Bürgermeisters bekleideten und daß etwa die Hälfte der Ratsherren zu den 65 reichsten Haushalten gehörte. Laut der Veranlagung von 1631 gab es 24 Haushaltsvorsteher, die über ein Vermögen von mehr als 200 000 Gulden verfügten (besteuert wurde nicht das Einkommen sondern das Vermögen; ein Schneider im nahe gelegenen Leiden verdiente 1620 rund 80 Gulden im Jahr). Sechs dieser 24 Haushaltsvorsteher waren Mitglieder des Stadtrats (und bei 7 weiteren handelte es sich um Frauen oder Kinder). Dem *kohier* von 1674 zufolge besaßen 81 Haushaltsvorsteher ein Vermögen von 200 000 Gulden oder mehr; 15 davon gehörten zum Stadtrat, vier von ihnen wurden später in den Stadtrat aufgenommen (und 19 weitere waren Frauen oder Kinder). Dennoch gab es in Amsterdam reiche Männer, die nie in den Stadtrat einzogen. D. Alewijn, G. Bartolotti und B. Coymans gehörten 1631 zu den reichsten Amsterdamern; keiner von ihnen gehörte selbst je dem Stadtrat an, wiewohl sie durch angeheiratete oder Blutsverwandte dort indirekt vertreten waren. Abschließend können wir daher feststellen, daß sich Reichtum, Status und Macht in Amsterdam zu jener Zeit weitgehend überlappten und daß die 319 Bürgermeister und Ratsherren als eine recht homogene Elite behandelt werden dürfen.

Im Zusammenhang mit Eliten liegt stets die Frage nahe, wie sie rekrutiert werden. Wer suchte diese Leute aus? Aus welchen Gruppen wurden sie ausgewählt? Und aufgrund welcher Kriterien?

In Venedig wurden die Prokuratoren durch den Großen Rat gewählt. Aber welche Individuen kamen dafür in Betracht? Contarinis berühmte, aus dem siebzehnten Jahrhundert datierende Beschreibung der venezianischen Verfassung erklärt hierzu, daß nur solche Männer zu Prokuratoren bestimmt wurden, die bereits viele Ämter bekleidet hatten und sich offensichtliche Verdienste (*una riguardevole bontà*) erworben hatten.[16] Andere Autoren des siebzehnten Jahrhunderts sahen die Sache indessen etwas zynischer und erklärten freimütig, man müsse entweder über Geld, über Familienverbindungen (*parentele*) oder über Patronage (*amicitia, adherenze*) verfügen, wobei letztere vermutlich eher so ausgesehen haben dürfte, daß eine Klientel sich für ihren Patron stark machte als daß umgekehrt der Patron einem seiner Klienten zu einem Amt verhalf. Auf diesen drei Pfeilern ruhte in Venedig der politische Erfolg. Und es waren diese drei Dinge, die in der wichtigsten informellen politischen Institution Venedigs, dem *broglio*, jenem Treffen der Edelleute auf dem

Markusplatz oder rund um den Rialto, wo im Vorfeld der förmlichen Wahlen im Großen Rat Intrigen gesponnen und Absprachen getroffen wurden, den Ausschlag gaben. »Wer bedeutende Verwandte besitzt, wird geehrt, und wer über Freunde verfügt, verfügt auch über Ämter.«[17]

Es ist allerdings schwierig, die tatsächliche Bedeutung dieser Faktoren einzuschätzen. Nehmen wir, zum Beispiel, das Geld. Ein Drittel der Prokuratoren bezahlte für dieses Amt, aber das beweist nicht, daß sie nicht auch ohnehin gewählt worden wären, wenngleich außerordentliche Prokuratoren in der Regel weniger wichtige Ämter innehatten als ordentliche. Eine der günstigsten Voraussetzungen für das Amt eines Prokurators war die Stellung als Botschafter, und nur sehr wohlhabende Männer konnten sich die Tätigkeit als Gesandter leisten. Um überhaupt einen Fuß auf die untersten Sprossen der Ämterhierarchie zu setzen, war ein Universitätsabschluß hilfreich, aber auch der kostete Geld. Selbst »ordentliche« Prokuratoren mußten also wohlhabend sein.

Auch die Familienzugehörigkeit wird von der Statistik als wichtiger Faktor ausgewiesen. Unter den 244 untersuchten Personen waren 42 Söhne, 30 Brüder, 18 Enkel, 18 Schwiegersöhne und zwölf Neffen von Dogen oder Prokuratoren. Diese Zahlen bestätigen, was schon zeitgenössische Beobachter bemerkten, nämlich daß innerhalb des venezianischen Adels eine kleine Anzahl von reichen und mächtigen Familien, die sogenannten »Fürsten des Bluts«, eine überragende Stellung einnahmen; die Familie Corner (Familienzweig S. Maurizio), zum Beispiel, war weithin unter dem Spitznamen »die Medici von Venedig« bekannt.[18] Angehörige solcher Familien hatten von ihrer ersten Bewerbung um das Amt eines *savio agl'ordini* bis hin zur Prokuratorenwahl stets die besseren Karten.

Diese Familien übten ihre Macht mit Hilfe der rangtieferen Adeligen aus, die ihnen, wie ein französischer Beobachter bemerkte, »vollkommen verpflichtet sind« (*qui sont entièrement à leur dévotion*).[19] Leider wissen wir nur sehr wenig über die Verbindungen zwischen Patron und Klientel im Großen Rat oder im *broglio*. Die Quellen dokumentieren wohl die Anzahl der Stimmen, die für oder gegen einen bestimmten Kandidaten abgegeben wurden, nennen jedoch keine Namen. Der Historiker ist hier ganz auf den zeitgenössischen Tratsch angewiesen; so wird zum Beispiel behauptet, M. Grimani* sei nur deshalb zum Dogen gewählt worden, weil L. Donà* seine Klientel unter den Wahlberechtigten dazu überredet habe, für Grimani zu stimmen; oder wir erfahren, daß Alvise Priuli* »ein großer Fürsprecher seiner Klientel« (*assai partigiano dei suoi clienti*) gewesen sei.[20]

Am schwierigsten einzuschätzen ist natürlich die Rolle der individuellen Begabung. Hier lassen sich zwei widersprüchliche Aussagen treffen. Einerseits besaß ein fähiger Edelmann, auch wenn er keiner reichen oder mächtigen Familie angehörte, durchaus die Chance, Spitzenpositionen zu erringen. Der vielleicht spektakulärste Fall war derjenige des Nicolò da Ponte*, der, aus einer armen, adeligen Familie von geringerem Ansehen stammend, ein Vermögen von 150 000 Dukaten anhäufte und im Alter von siebenundachtzig Jahren zur allseitigen Überraschung zum Dogen gewählt wurde. Nicolò Contarini stammte aus einem relativ unbedeutenden Zweig der Familie und gab 1582 ein Einkommen von 323 Dukaten an; nichtsdestoweniger wurde er 1630 zum Dogen bestellt. Lunardo Donà gehörte keiner besonders mächtigen Familie an und versteuerte 1582 ein Einkommen von 326 Dukaten, wurde jedoch 1606 zum Dogen gewählt. Andererseits wiesen schon im siebzehnten Jahrhundert verschiedene Autoren wiederholt auf die Unfähigkeit der hohen venezianischen Würdenträger hin. Ein anonymer Zeitgenosse (es mag sich um einen bei der Wahl in ein solches Amt unterlegenen Rivalen gehandelt haben) bemerkte bitter, daß gerade die fähigen Männer bei der Wahl zum Prokurator häufig unterlägen, weil sie Anstoß erregten, während viele der gewählten Prokuratoren »lediglich durch ihre Robe Eindruck machen« (*non fanno altra figura che quella della lor veste*).[21] Etwa 25 Prozent der Prokuratoren hatte vor ihrem Amtsantritt kein anderes wichtiges Amt ausgefüllt. Alvise Barbarigo*, zum Beispiel, wurde von einem Zeitgenossen als »ein Mann ohne Tugenden und ohne Laster« beschrieben, »der im Senat immer schweigt«; einem anderen Urteil zufolge war er »ein guter Senator und eifriger Staatsdiener, aber ohne Qualitäten, die wirklich herausragen« (*che spicchino di molto*).[22] Über Daniele Bragadin* erfahren wir, daß er seinen Aufgaben nicht nachgekommen sei und sich bei den Wahlen »vom Strom mitreißen ließ«. Er war jedoch ein sehr wohlhabender Mann und wurde schon mit dreiunddreißig Jahren für 20 500 Dukaten zum Prokurator gewählt.[23] Alessandro Contarini*, der unter dem großen Francesco Morosini* als Generalleutnant diente, wurde von einem Zeitgenossen mit einem unbewohnten Palast verglichen: Er sei »eine majestätische Erscheinung« (*una maestosa presenza*) mit nichts dahinter.[24]

Manchen Mitgliedern der Elite wurde jedoch nicht nur Ineffizienz, sondern auch Korruption oder gar Hochverrat vorgeworfen. Zuan

Cappello*, der die Stellung eines *Capitano Generale da Mar*, des Oberkommandierenden der Kriegsflotte, innehatte, saß zeitweilig wegen Saumseligkeit im Gefängnis, wurde jedoch von der Anklage freigesprochen. Francesco Morosini*, der Mann mit der erfolgreichsten Marinelaufbahn des Jahrhunderts, wurde beschuldigt, öffentliche Gelder unterschlagen zu haben. Zorzi Morosini*, ein weiterer Marineoffizier, wurde einmal wegen Mißwirtschaft angeklagt, stieg aber dennoch zum *Capitano Generale da Mar* auf und wurde schließlich für seine Verdienste vom Senat geadelt. Zuan Pesaro* wurde wegen seiner Fehler im Feldzug gegen die päpstliche Streitmacht 1643 vor Gericht gestellt, aber er beschloß sein Leben als Doge. Zaccaria Sagredo* wurde 1630 seines Amtes als Prokurator enthoben, weil er vor dem Feind geflüchtet war; fünf Jahre später hatte er das angesehene Amt eines *podestà* von Padua inne. Piero Venier* wurde zum ersten Mal inhaftiert, weil er einen ranghöheren Offizier zum Zweikampf herausgefordert hatte, und zum zweiten Mal, weil er sich unerlaubt vom Waffenarsenal entfernt hatte, zu dessen Bewachung er abgestellt worden war, dennoch wurde er nicht gegen Bezahlung, sondern aufgrund seiner Verdienste zum Prokurator bestellt. Jacopo Soranzo* wurde 1584 wegen Verrats von Staatsgeheimnissen seines Amts als Prokurator enthoben und in die Verbannung geschickt, aber fand sich zwei Jahre später auf freiem Fuße wieder. Welches von beiden war das Fehlurteil, die Verbannung oder die Begnadigung? In allen diesen Fällen stellt sich dem Historiker dieselbe Frage: Wurden hier die gröbsten Missetaten amtierender Würdenträger durch eine Clique von mächtigen Familien vertuscht, oder handelte es sich bei den Angeklagten vielmehr um mächtige und rechtschaffene Männer, die zeitweilig von ihren Rivalen ausgeschaltet wurden? Im Falle Soranzo, zum Beispiel, meinte ein zeitgenössischer Autor, der Prokurator sei das Opfer von Mißgunst geworden.[25]

Wer sich in Amsterdam in den Stadtrat wählen lassen wollte, mußte folgende formalen Kriterien erfüllen: Er mußte über fünfundzwanzig Jahre alt und Bürger der Stadt sein und die letzten sieben Jahre in Amsterdam gelebt haben. Für Bürgermeister lag das Mindestalter bei vierzig. Es war nicht allzu schwierig, Bürger des expandierenden Amsterdam zu werden. Die Bevölkerung der Stadt stieg von rund 30 000 im Jahre 1590 auf rund 90 000 im Jahre 1620, dann weiter auf rund 140 000 im Jahre 1640 und stabilisierte sich von 1680 an bei ungefähr 200 000.[26] Man konnte auf dreierlei Art zum Bürger oder *poorter* von Amsterdam werden: durch Geburt, durch Heirat oder durch Zahlung einer Gebühr, die im Jahre 1600 acht Gulden und 1650 50 Gulden betrug. In den fünfunddreißig Jahren nach 1578 wurden über 7000 neue Bürger aufgenommen.[27] Es wäre demnach grundsätzlich eine große Anzahl von Leuten für die Wahl in den Stadtrat in Frage gekommen, aber die entstehenden Lücken wurden stets durch Kooptation gefüllt.

Wie in Venedig spielten dabei sowohl individuelle Fähigkeiten als auch Familienverbindungen, Patronage und Reichtum eine Rolle. Unter den 319 Mitgliedern der Elite waren wiederum 91 Söhne, 52 Schwiegersöhne, 44 Enkelsöhne, zehn Brüder und neun Neffen von Mitgliedern der Elite. Wenn ein bestimmtes Individuum zum Ratsherren ernannt wurde, waren seine nahen Verwandten (zum Beispiel seine Brüder) automatisch von diesem Amt ausgeschlossen, was sie jedoch nicht zur Bedeutungslosigkeit verdammte. Die Brüder Cornelis und Andries de Graeff*, zum Beispiel, bildeten im Amsterdam des frühen siebzehnten Jahrhunderts ein mächtiges Gespann. Cornelis, der ältere Bruder, war von 1639 bis 1664 Stadtrat. Sein Bruder war infolgedessen von diesem Amt ausgeschlossen, trat jedoch 1665, kurz nach dem Tode seines Bruders, sogleich dessen Nachfolge an. Aber schon in den Jahren zuvor hatte Andries das Amt eines Bürgermeisters innegehabt. Zwischen 1655 und 1662 war stets einer der beiden Brüder Bürgermeister, und beide zusammen bekleideten dieses Amt 17mal. Die Gebrüder Andries und Cornelis Bicker* befanden sich in einer ähnlichen Lage. Der ältere Bruder, Andries, war von 1622 bis 1652 Stadtrat und zehnmal Bürgermeister. Im Jahre 1646 bekleideten verschiedene Mitglieder der Familie Bicker insgesamt sieben politische Ämter (einschließlich der unbedeutenderen) und dürften damit einen Rekord aufgestellt haben.[28] Die Familien Bicker und de Graeff waren überdies durch Heirat eng miteinander verknüpft. Zwei Töchter von Jacob de Graeff* ehelichten zwei Brüder aus dem Hause Bicker, und Jacobs Sohn, Andries de Graeff*, war mit Elisabeth Bicker verheiratet.[29]

Auch Patronage spielte in Amsterdam eine Rolle. Nicolaes Witsen*, der Sohn von Cornelis Witsen*, berichtet in seiner Autobiographie, er sei aufgrund seiner Freundschaft mit dem mächtigen Bürgermeister Gillis Valckenier* in den Stadtrat kooptiert, aber erst nach 1673 zum Schöffen bestellt worden, weil die Valckenier-Fraktion bis 1672 der von den de Graeffs angeführten gegnerischen Fraktion unterlegen war.[30]

Gleichwohl blieb der Stadtrat auch Neulingen nicht verschlossen, wobei ich unter »Neulingen« Männer verstehe, deren Vorfahren nicht selbst schon in Amsterdam das Amt eines Bürgermeisters oder Ratsherren bekleidet hatten. Mindestens fünfzehn Mitglieder der Elite waren Zuwanderer der ersten Generation und dreiunddreißig weitere waren Immigranten der zweiten Generation. In dieser Gruppe von insgesamt achtundvierzig Personen finden sich acht Bürgermeister. Adriaen Cromhout* wurde in Friesland und Louys Trip* in Dordrecht geboren. Im Falle von C. Bambeeck*, A. Pater*, J. Poppen*, J. Munter*, C. van Teylingen* und A. Velters* waren die Eltern nach Amsterdam übergesiedelt. Bemerkenswert ist, daß von diesen achtundvierzig Männern, die teils aus Calais, Köln und Riga, teils aus anderen Regionen der Niederlande stammten, nur zwei zu Familien gehörten, die aus dem Süden zugewandert waren, obschon doch ein Drittel der Bevölkerung Amsterdams im Jahre 1622 aus dem Süden stammte. Man kann dies als eine statistische Bestätigung der Behauptung ansehen, daß die Amsterdamer den Südländern mit Argwohn entgegentraten – eine Feindseligkeit, die in Brederos berühmtem Schauspiel *Der Spanische Brabanter** trefflich zum Ausdruck kommt.[31]

Aus der Tatsache, daß jemand neu nach Amsterdam kam, folgt natürlich nicht, daß diese Person nicht anderswo bereits der herrschenden Klasse angehört hatte. Zwischen den Herrschern Amsterdams und den Eliten anderer Städte bestanden immer wieder Verbindungen. Adriaen Pauw* war der Sohn eines Bürgermeisters von Gouda; Claes van Heemskerck* war der Sohn eines Bürgermeisters von Leiden; und Willem Dedel*, der einzige Zuwanderer der ersten Generation, der nach 1672 in die Amsterdamer Elite aufstieg, war der Sohn eines Bürgermeisters von Den Haag. Aber wir finden in Amsterdam auch eine ganze Reihe von Bürgermeistern, deren Vorfahren keine entsprechende Stellung innehatten. Zu den berühmtesten Beispielen zählen Jacob Poppen*, Frans Banningh Cocq*, Nicolaes Tulp* und Louys Trip*, und ein kurzer Blick auf ihre Lebensläufe verdeutlicht, welche politischen und sozialen Karrieremöglichkeiten sich dem Ehrgeizigen in Amsterdam eröffneten.

Jacob Poppen* wurde als Sohn eines Einwanderers geboren, der seinen Lebensunterhalt in Amsterdam als Heringspacker verdiente. Im Alter von siebenundzwanzig Jahren heiratete er Liefgen Wuytiers, die Tochter eines ehemaligen Ratsherren, und noch im selben Jahr avancierte er zum Leutnant der Schützengilde. Drei Jahre später wurde er zum Leiter des Armenhauses ernannt, und er beschloß sein Leben als Bürgermeister.

Frans Banningh Cocq* war der Sohn eines Apothekers, der angeblich als Bettler aus Bremen nach Amsterdam übergesiedelt war. Der

Vater hatte Lijsbeth Banningh geheiratet, deren Familie während des fünfzehnten und sechzehnten Jahrhunderts wiederholt im Stadtrat vertreten war. Frans selbst nahm den Namen Banningh an, besuchte die Universität und ehelichte mit fünfundzwanzig Maria Overlander, die Tochter von Volckert Overlander*, einem reichen Kaufmann, der schon seit zwanzig Jahren im Stadtrat saß. Volckert Overlander* wiederum, selbst ein Neuling, hatte eine Hooft geheiratet und sich damit einer der berühmtesten Familien des damaligen Amsterdam verbunden. Vier Jahre nach seiner Hochzeit wurde Frans Banningh Cocq* in den Stadtrat aufgenommen. Er bekleidete Zeit seines Lebens viermal das Amt eines Bürgermeisters, wurde vom König von Frankreich mit dem Titel Heer van Purmerland ausgezeichnet (der Landsitz stammte aus der Familie seiner Frau) und gab Rembrandt den Auftrag zur »Nachtwache«. Nicolaes Tulp* war der Sohn eines Tuchhändlers und hatte in Leiden zum Doktor der Medizin promoviert. Er trat schon recht früh, im Alter von neunundzwanzig Jahren, dem Stadtrat bei und konnte am Ende sein fünfzigjähriges Jubiläum als Ratsherr feiern. Seine zweite Frau gehörte zwar der Elite an, aber Tulp hatte schon vor dieser Heirat acht Jahre im Stadtrat gesessen. Er wurde im Lauf seines Lebens viermal zum Bürgermeister berufen, war allerdings bei seiner ersten Amtszeit schon vierundsechzig Jahre alt (während ein Alteingesessener wie Andries Bicker* schon mit einundvierzig, kurz nach Erreichen des Mindestalters, zum Bürgermeister ernannt wurde). Louys Trip*, der aus Dordrecht stammte, blieb zeitlebens eher ein Außenseiter. Aber er war ein außergewöhnlich reicher Mann, der sein Vermögen mit der Fabrikation von Munition gemacht hatte (seine Mutter war eine de Geer), und er besaß die Gunst des Statthalters (des späteren Wilhelms III. von England), der ihn bei der Säuberung von 1672 zum Ratsherrn ernannte. Zwei Jahre danach wurde er Bürgermeister.

Das Beispiel Frans Banningh Cocqs* veranschaulicht, welches Gewicht eine geschickte Heiratspolitik für eine ehrgeizige Familie haben konnte, während das Beispiel Louys Trips* deutlich macht, welche Gelegenheiten sich Neulingen in politischen Krisen eröffneten. Als 1578 die Anhänger der Revolte gegen Spanien in Amsterdam die Regierung übernahmen, kam – wie im Falle Trip – eine ganze Gruppe von Neulingen in den Stadtrat. Ja, nach der *Alteratie* waren die Neulinge dort sogar in der Überzahl (die bekanntesten Ausnahmen sind Wilhelm Baerdesen* und Jacob Banningh*), und selbst einer der vier Bürgermeister, Adriaen Cromhout*, war, wie schon erwähnt, ein Einwanderer.

Seine Nachkommen sollten in der nächsten Generation in Amsterdam eine wichtige politische Rolle spielen.

Fassen wir zusammen: Die Rekrutierungsmuster der Eliten in Amsterdam und Venedig zu vergleichen, ist deshalb nicht ganz einfach, weil es sich in Amsterdam nur um einen, in Venedig jedoch um zwei Prozesse handelte, nämlich um die Wahl zum Prokurator und um die Vergabe niedrigerer Ämter. Dennoch treten die wichtigsten Unterschiede zwischen den beiden Städten hinreichend deutlich hervor. Einer dieser Unterschiede läßt sich am besten durch ein Diagramm wiedergeben:

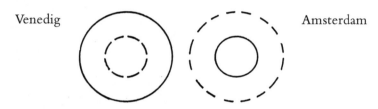

In Venedig waren nur die Mitglieder einer streng definierten Gruppe – des Adels – in Herrschaftspositionen wählbar, aber die Macht wurde in Wirklichkeit von einem relativ offenen inneren Kreis ausgeübt. In Amsterdam war die Gruppe derjenigen, die in Herrschaftspositionen gewählt werden konnten, ziemlich offen definiert – es kamen im Prinzip alle Bürger in Frage –, aber der innere Kreis, der tatsächlich regierte, war ziemlich hermetisch. Allgemein läßt sich feststellen, daß der venezianische Adel bis zur Mitte des Jahrhunderts eine geschlossene Gesellschaft war, in die überhaupt keine neuen Familien aufgenommen wurden. Und selbst nach der Aufnahme neuer Mitglieder in den Adel wurden die Prokuratoren meist aus denselben alten Familien rekrutiert. Die einzigen Ausnahmen von dieser Regel waren G. B. Albrizzi*, Vincenzo Fini* (der Onkel), Vincenzo Fini* (der Neffe), Ottavio Manin* und Antonio Ottobon*. Die meisten der neuen Adeligen waren nach Venedig eingewandert und stammten vom Festland; sie konnten sich in die untere Statushierarchie einkaufen, aber die oberen Positionen blieben ihnen verwehrt. Ein sozialer Aufstieg war in Venedig nur schwer zu erreichen, aber auch ein sozialer Abstieg war kaum möglich. Auch ein armer Adeliger war immer noch ein Adeliger. Die Mitglieder der Elite bemühten sich darum, dem verarmten Adel unter die Arme zu greifen. Silvestro Valier* hinterließ ein Vermögen, um dreißig untergehende adelige Familien zu unterstützen, und Ferigo Contarini* betrieb die Gründung einer Akademie, auf der die Söhne der verarmten Adeligen eine standesgemäße Ausbildung erhalten sollten, ohne dafür zu bezahlen. Amsterdam dagegen war eine relativ offene Gesellschaft. Sowohl geographische wie soziale Mobilität spielten eine größere Rolle. Selbst Einwanderer konnten zum Bürgermeister avancieren. Der soziale Aufstieg war eine reale Möglichkeit, ebenso der soziale Abstieg; fünf Mitglieder der Elite gingen im Lauf des Jahrhunderts bankrott und mußten den Stadtrat verlassen: J. Hooghkamer*, J. Van Neck*, J. Rijn* und D. Tholincx* (eine Tatsache, die einmal mehr auf die enge Verbindung von Macht und Reichtum hinweist). Kurzum, Venedig war eine Standesgesellschaft, während Amsterdam eine Klassengesellschaft war.

Man darf deshalb vermuten, daß in Venedig die Familie eine wichtigere Rolle spielte, während es in Amsterdam stärker auf das einzelne Individuum ankam. Die Statistik scheint dies zu bestätigen. In Venedig stammten die 244 Mitglieder der Elite aus 66 Familien, das sind durchschnittlich 3,5 Würdenträger pro Familie. 13 Familien stellten sechs oder mehr Mitglieder der Elite, die Contarini brachten es auf 17, die Corner auf 14 und die Mocenigo auf 13. In Amsterdam gehörten die 319 Mitglieder der Elite zu 156 Familien, das sind etwas mehr als zwei Würdenträger pro Familie. Sechs Familien stellten sechs oder mehr Mitglieder der Elite, die Bicker brachten es auf dreizehn und die Backer auf elf. Die Familie scheint in Venedig fast doppelt so bedeutsam gewesen zu sein wie in Amsterdam. Dennoch ist Vorsicht am Platze: Der Ausdruck »Familie« bedeutete in den beiden Städten nicht dasselbe.

Eine der auffälligsten Besonderheiten Venedigs war, wie wenige Nachnamen die Adeligen sich teilten. 1594 gab es 1967 Edelmänner im Alter von über fünfundzwanzig Jahren, aber nur 139 Nachnamen, so daß durchschnittlich auf jeden Namen 14 Individuen kamen. Zu den häufigsten Namen zählten Contarini (100 Männer über fünfundzwanzig), Morosini (68), Querini (54), Malipiero und Priuli (je 52).[32] Da auch manche Vornamen sich großer Beliebtheit erfreuten (in der Elite jener Epoche gab es mehrere Alvise Mocenigos), war die Gefahr einer Verwechslung nicht von der Hand zu weisen. Selbst Zeitgenossen machten Fehler: 1607 rätselte der Große Rat, welcher Andrea Vendramin nun eigentlich *podestà* von Padua war. Es kann daher nicht überraschen, daß die Venezianer häufig auf den Namen des Vaters zurückgriffen, aber selbst dieser Kunstgriff konnte Verwechslungen nicht immer verhindern. Ein Chronist aus dem achtzehnten Jahrhundert namens Cappellari schrieb dem Dogen Domenico di Giulio Contarini* eine diplomatische Laufbahn zu, die in Wirklichkeit ein anderer Mann mit denselben drei Namen absolviert hatte.

Die für die Untersuchung der Elite entscheidende Frage ist jedoch, was es im Venedig des siebzehnten Jahrhunderts bedeutete, Contarini oder Morosini zu heißen. Die Historiker sind sich weitgehend einig, daß die wirklich bedeutsame Einheit nicht jene Gruppe von Leuten war, die alle denselben Nachnamen trugen (also nicht die *famiglia*, was vielleicht am besten mit »Klan« zu übersetzen wäre), sondern der Familienzweig (*ramo*) oder das Haus (*casa*), also jene Gruppe von Leuten, die am selben Ort wohnten und auch nach dieser Örtlichkeit benannt wurden. So verteilten sich zum Beispiel die Corner innerhalb der venezianischen Elite auf fünf verschiedene Familienzweige, die nach dem Kirchsprengel benannt wurden, in dem sie lebten: S. Cassian, S. Luca, S. Maurizio, S. Polo, S. Samuele. Manche Familienzweige waren steinreich, während andere Mühe hatten, sich über Wasser zu halten. Man darf nicht ohne weiteres davon ausgehen, daß Mitglieder desselben Klans in den Abstimmungen des Großen Rats und bei anderen Entscheidungen immer derselben Meinung gewesen wären. In dem berühmten Konflikt zwischen »Alten« und »Jungen« im späteren sechzehnten Jahrhundert schlug sich Alberto Badoer auf die Seite der »Alten«, während Ferigo Badoer die »Jungen« unterstützte.[33]

Nichtsdestoweniger bin ich der Ansicht, daß die Klan-Solidarität im allgemeinen ein wenig unterschätzt worden ist. Alle Familienzweige hatten dasselbe Wappen gemein, eine Tatsache, die im siebzehnten Jahrhundert nicht unwichtig war. Als ein gewisser Girolamo Corner, der Sproß eines unbedeutenderen Zweiges, im frühen siebzehnten Jahrhundert wegen Hochverrats zum Tode verurteilt wurde, boten die großen Zweige der Familie eine Summe von 100 000 Dukaten auf, um ihn auszulösen, vermutlich weil sie vermeiden wollten, daß der Familienname befleckt würde.[34] Manche Corrers legten in ihrem Testament fest, daß ihre weiblichen Nachkommen einen Correr zu heiraten hätten, wenn anders der Familienzweig auszusterben drohte, damit der Reichtum innerhalb des Klans blieb.[35] Es kann kein Zweifel daran bestehen, daß zumindest manche Zweige von wichtigen Klans sich ihrer Verbindung zu anderen Zweigen bewußt waren und sich gegebenenfalls mit ihnen solidarisierten. Die entscheidende Frage jedoch lautet, ob ein venezianischer Edelmann bei der Wahl zwischen ansonsten gleichwertigen Kandidaten eher für denjenigen mit demselben Nachnamen stimmte oder nicht. Die Frage läßt sich direkt nicht beantworten, aber immerhin gehörten in jener Epoche fünf Dogen zum Klan der Contarini, wenngleich zu unterschiedlichen Zweigen. Diese fünf Familienzweige machten weniger als fünf Prozent des venezianischen Adels aus, stellten jedoch 25 Prozent der Dogen. Ein anonymer Autor, der sich Mitte des siebzehnten Jahrhunderts über die führenden Persönlichkeiten der venezianischen Politik äußerte, hob deutlich die Unterstützung hervor, die einzelne Contarinis, Zustinians, Mocenigos und Morosinis – die zu den größten Klans gehörten – von ihren Verwandten erhielten.[36] Über Girolamo Zustinian, zum Beispiel, bemerkte er: »Was die öffentlichen Wahlen anbetrifft, hängt er völlig von den Oberhäuptern (*caporioni*) der Familie Zustinian ab«, eine Ausdrucksweise, die sich kaum auf nur einen Familienzweig beziehen dürfte.

Im Privatleben hingegen war der Zweig sicherlich die maßgebliche Einheit, und die Art und Weise seiner Organisation verdient eine genauere Beschreibung. Der Zweig war keine Kernfamilie. In der Regel handelte es sich um eine Gruppe von Brüdern, die mit ihren Frauen und Kindern in demselben Palast lebten. Der Palast symbolisierte den Familienzweig und hielt ihn zusammen. Wenn ein Edelmann heiratete, zog seine Frau in der Regel in den Familienpalast ein. Manche Adeligen beschworen im Testament ihre Söhne, sich nicht voneinander zu trennen und neue Zweige zu gründen; Antonio Grimani* wies seine Nachkommen sogar an, eine Gemeinschaftsküche zu benutzen und am selben Tisch zu essen.[37] Die durchschnittliche Größe eines Zweigs läßt sich nur schwer angeben. Eine Auflistung aus dem Jahre 1714 erwähnt 216 adelige Familien, 667 Häuser (*case*) und 2851 Männer.[38] Daraus wäre zu schließen, daß ein Zweig im Durchschnitt etwas mehr als 4 Männer umfaßte. Vermutlich gehörten ihm mindestens ebenso viele Frauen an, nämlich die unverheirateten Töchter, die noch im Hause lebten, und die Ehefrauen der Männer. Und natürlich umfaßte der Haushalt darüber hinaus eine gewisse Anzahl von Bediensteten. Manche Zweige waren jedoch viel größer. Mindestens 45 Angehörige der Elite besaßen vier oder mehr Söhne, welche das Kindesalter überlebten (Mädchen werden in den Genealogien häufig nicht erwähnt), und mindestens 60 Prokuratoren hatten vier oder mehr Brüder. Aber selbst der durchschnittliche Familienzweig war größer als der durchschnittliche venezianische Haushalt, der um 1580 3,7 und 1642 4,5 Mitglieder umfaßte.[39]

In den Testamenten ist immer wieder von der »Ehre des Hauses« (*l'honorevolezza della casa*) die Rede. Das waren keine leeren Worte. Das

Haus konnte seinen einzelnen Mitgliedern beträchtliche Zugeständnisse abverlangen. Ein krasses Beispiel hierfür war der Patriarch Zuan Dolfin, der »im Interesse der Familie« auf seine Kirchenlaufbahn verzichten mußte: Als sein Vater amtshalber Venedig verließ, mußte Zuan die Leitung des Haushalts und die Erziehung seiner jüngeren Brüder übernehmen.[40] Töchter wurden ins Kloster gesteckt, um die Mitgift einzusparen, und Männern wurde verboten zu heiraten, weil dies die sicherste legale Methode zur Geburtenkontrolle war. 30 Prozent der Elite waren Zeit ihres Lebens nie verheiratet, und für den Adel insgesamt lag der Anteil der Unverheirateten bei rund 60 Prozent.[41] Die adeligen Familien Venedigs standen, wie adelige Familien andernorts auch, vor einem Dilemma. Zeugten sie zu viele Kinder, die dem Stile der Familie gemäß unterhalten werden mußten, lief das Haus Gefahr zu verarmen. Daher erklärt sich denn auch der zunehmende Gebrauch des Fideikommisses (fedecommessi), der häufig die Form einer verzögerten Primogenitur annahm: Die jüngeren Söhne selbst wurden noch ausgehalten, nicht jedoch deren Kinder. Diese Regelung bewirkte oft, daß sie überhaupt nicht heirateten, und erhöhte mithin das Risiko, daß das Haus ohne männlichen Erbfolger blieb. Zwischen der Skylla der Verarmung und der Charybdis des Aussterbens hindurchzusteuern war keineswegs einfach. In seiner Gesamtheit neigte der venezianische Adel eher dem letzteren zu und seine Zahl verringerte sich von 1967 über fünfundzwanzigjährigen Männern im Jahre 1594 auf 1703 über fünfundzwanzigjährige Männer im Jahre 1719. In der Elite, die reicher war als der durchschnittliche Edelmann, wurde häufiger geheiratet, dennoch gab es in jener Epoche eine Reihe von führenden Persönlichkeiten, die zeitlebens Junggesellen blieben; als Beispiele seien nur Nicolò Contarini*, Lunardo Donà, Francesco Erizzo*, Francesco Molin*, Francesco Morosini* und Nicolò Sagredo* genannt. Erizzo*, Molin* und Morosini* schlugen sämtlich die wichtigste Laufbahn ein, die einem adeligen Junggesellen außerhalb der Kirche offenstand – die Marine.

Als Verwandtschaftsorganisation trug das venezianische »Haus« deutlich »kollaterale« Züge. Besonders betont wurden die Beziehungen zwischen Brüdern und zwischen Onkeln und Neffen. Die Elite liefert hierfür reichlich Belegmaterial. Pasquale Cicogna* stand seinem Bruder Antonio sehr nahe. Lunardo Donà* war eng mit seinem Bruder Nicolò verbunden, der nach Lunardos Wahl zum Dogen ebenfalls in den Dogenpalast einzog. Zuan Bembo*, ein weiterer unverheirateter Doge, stand seinem Bruder Filippo so nahe, daß er sich mit ihm zusammen begraben ließ und dessen Kindern sein Vermögen vermachte. Nicolò Donà* war seinem Bruder Francesco und dessen Söhnen aufs engste verbunden. Die Arbeitsteilung zwischen Brüdern war eine der Möglichkeiten, wie ein Haus die politische Karriere eines seiner Mitglieder unterstützen konnte (die finanzielle Beihilfe war eine andere). Battista Nani* konnte sich ganz und gar der Politik widmen, weil sein Bruder Agostino die Führung des Haushalts übernahm, und ganz ähnlich verhielt es sich bei Nicolò Contarini*. Der Senat erkannte die besondere Beziehung zwischen Brüdern sogar förmlich an, als er Girolamo Corner* für die Verdienste seines verstorbenen Bruders Cattarino auszeichnete. Die traditionelle venezianische Handelsorganisation, die *fraterna*, war nichts anderes als eine Institutionalisierung dieser Beziehung. Es besteht kein Zweifel, daß die engen Bande zwischen Brüdern die Herausbildung großer Verwandtschaftsgruppen oder »Klans« wie etwa der Contarinis begünstigten.

Über die Amsterdamer Familie läßt sich viel weniger sagen, aber schon das ist bezeichnend.[42] Handelsgesellschaften bestanden aus einzelnen Individuen, nicht aus Familien. Brüder machten ihre eigenen Geschäfte. Die vier Söhne von Gerrit Bicker* wurden allesamt Kaufleute, aber sie teilten die Welt unter sich auf, und ein jeder beschränkte sich auf den vereinbarten Bereich. Erwachsene Söhne lebten häufig in verschiedenen Haushalten. Die Gebrüder Andries und Cornelis de Graeff* lebten zwar in derselben Straße, der Heerengracht, wohnten jedoch in verschiedenen Häusern, und jeder besaß seinen eigenen Landsitz. Der Fideikommiß war der Elite Amsterdams zwar nicht unbekannt, scheint jedoch eine viel geringere Rolle gespielt zu haben als in Venedig – ein weiteres Anzeichen für den »Individualismus« Amsterdams. Das Vermögen eines Verstorbenen wurde meist einfach unter seinen Kindern aufgeteilt. Die Steuererklärungen aus Amsterdam lesen sich ganz anders als die aus Venedig. In Venedig führt ein Edelmann zuerst aus, daß er zusammen mit seinen Brüdern den Familienpalast bewohnt, dann erklärt er das Familienvermögen und zuletzt sein »spezielles« oder individuelles Einkommen, wenn er denn überhaupt eines hatte. In Amsterdam wurden die einzelnen Brüder, ja sogar Schwestern, separat veranlagt. Im *kohier* von 1674 werden sechs Mitglieder der Familie de Geer, ein Mann und fünf Frauen, auf je 217 Gulden veranlagt. Jedes Mitglied war von den anderen finanziell unabhängig. Eigentum und Hausbesitz sind natürlich keine erschöpfenden Kriterien, aber sie sagen doch einiges über die Familienstruktur aus. Man gewinnt ganz allgemein den

Eindruck eines größeren Individualismus, insofern Söhne und jüngere Brüder schon zu Lebzeiten ihres Vaters und älteren Bruders von diesen unabhängig wurden. Selbst Töchter legten eine Unabhängigkeit an den Tag, die anderswo ihresgleichen suchte. Um ein Beispiel aus dem nahe gelegenen Delft zu wählen, wo die Affäre zu einer *cause célèbre* wurde: Nur unter größten Mühen konnte Bürgermeister Geraldo Welhock seine Tochter davon abhalten, den Mann ihrer Wahl zu ehelichen, und kaum war der Vater gestorben, schritt das geschmähte Paar zum Altar.[43] Aus den Steuerdokumenten geht außerdem hervor, daß reiche Witwen, die selbst ihren Haushalt verwalteten, in Amsterdam eine geläufige Erscheinung waren.

Kurz, in Amsterdam überwog die Kleinfamilie, bestehend aus Mann, Frau und unverheirateten Kindern, während in Venedig die Großfamilie, bestehend aus mehreren Generationen einschließlich verheirateter männlicher Nachkommen, die vorherrschende soziale Organisationsform darstellte. In Venedig war die »Gemeinschaftsfamilie« die Norm: gemeinschaftlicher Wohnsitz, gemeinschaftlicher Konsum, gemeinschaftliches Eigentum. Auch die Familientradition wurde in Venedig viel stärker betont als in Amsterdam. Die Stammbäume reichten dort weit in die Vergangenheit zurück, während es in Amsterdam schwerfiel, eine Genealogie tiefer als bis ins fünfzehnte Jahrhundert zu verfolgen. Schließlich war Amsterdam eine recht junge Stadt, deren Elite nicht adelig war und in der erst im sechzehnten Jahrhundert mit dem Gebrauch von Nachnamen begonnen wurde.

Das venezianische Gesellschaftssystem scheint mehr auf die Familie, das Amsterdamer hingegen auf Leistung ausgerichtet gewesen zu sein. In Venedig konnten Männer aus bestimmten Familien zum Dogen aufsteigen, ohne sich ernstlich darum bemühen zu müssen. Alvise Contarini*, Carlo Contarini* und Domenico Contarini* wären hierfür ein Beispiel. In Amsterdam wurden niemandem, noch nicht einmal den Bickers, die städtischen Würden in derselben Weise zu Füßen gelegt. Kurzum, die Verteilung von Reichtum, Status und Macht erfolgte in Venedig und Amsterdam nach unterschiedlichen Kriterien. Die venezianische Elite gehörte zu einem rechtlich privilegierten Stand von Adeligen und blieb der Großfamilie stets loyal verbunden. Die Elite Amsterdams setzte sich aus einer informell definierten Gruppe von Herrschenden zusammen, die eher einer Klasse als einem Stand angehörten und die, stärker am Individuum und dessen Leistungen orientiert, insbesondere während der ersten Hälfte des Jahrhunderts der Familienloyalität weniger

Gewicht beimaßen und unter »Familie« einen viel kleineren Kreis von Leuten verstanden.

Anmerkungen zu Kapitel 2

Biographisches Material, das den folgenden Quellen entnommen ist, wird nicht einzeln ausgewiesen: J.E. Elias, *De vroedschap van Amsterdam*, 2 Bde., Haarlem 1903–5; *Il Barbaro*, kommentierte Stammbäume des venezianischen Adels, Manuskripte aus dem siebzehnten und achtzehnten Jahrhundert, Kopien in der BCV und im ASV; G. A. Capellari, *Il campidoglio veneto*, ein Manuskript aus dem frühen achtzehnten Jahrhundert, enthält Angaben zu einzelnen venezianischen Adligen, BMV (It. VII. 8304).

1. Hilfreich ist hier die Erörterung des Unterschieds zwischen »Ständen und Klassen« in R. Mousnier, *Les hiérarchies sociales*, Paris 1969, Kapitel 1 und 3.
2. Die Adeligen des Jahres 1594 finden sich in dem Manuskript *Donà* 225 in der BCV aufgeführt; die Adeligen des Jahres 1719 in der BCV, Cicogna 913. Die Bevölkerungszahl Venedigs betrug 1581 etwa 135 000, fiel durch die Pest auf 102 000 im Jahre 1633 und stieg bis 1696 wieder auf 138 000 an (D. Beltrami, *Storia della populazione di Venezia*, Padua 1954, S. 38).
3. Die Zahl von 800 Ämtern entnehme ich J. C. Davis, *The Decline of the Venetian Nobility as a Ruling Class*, Baltimore 1962, S. 22. Eine Möglichkeit, die Schlüsselämter zu identifizieren, bestünde darin, die *Segretario alle voci*-Dokumente im ASV per Computer auszuwerten und festzustellen, welche anderen Ämter von den Inhabern bekannter wichtiger Ämter sonst noch ausgefüllt wurden.
4. Zu den Quellen über Steuereinnahmen siehe Kapitel 4, Anmerkung 1.
5. »Relazione del'anonimo« in *Curiosità di storia veneziana*, hg. von P. Molmenti, Bologna 1919, S. 401; diese Quelle wird fortan als RA zitiert.
6. Für eine zeitgenössische Beschreibung der Prokuratoren siehe F. Manfredi, *Degnità procuratoria di Venezia*, Venedig 1602. Ihre Pflichten werden in den Ernennungsurkunden der einzelnen Prokuratoren ausgeführt; siehe zum Beispiel die Auftragsbeschreibung für Alvise Barbarigo* aus dem Jahre 1649, die in der BCV Cicogna 2233 aufbewahrt wird. Die sieben Dogen, die keine Prokuratoren waren, heißen C. Contarini*, D. Contarini*, F. Corner*, B. Valier*, M.A. Zustinian*, B. II. Corner* und Alvise II. Mocenigo*. Die Prokuratoren lassen sich dem *Segretario alle voci, elezioni del Maggior Consiglio* entnehmen; in der BCV und BMV liegen außerdem Aufstellungen in Manuskriptform, die den untersuchten Zeitraum abdecken (beide stammen aus dem achtzehnten Jahrhundert).
7. C.P. Hooft*, *Memoriën en Adviesen*, Bd. 1, Utrecht 1871, S. 109, 168.
8. K. 8670, S. 2 beziehungsweise Nr. 8670 in W.P.C. Knuttels Katalog der in der Königlichen Bibliothek zu Den Haag verwahrten Pamphlete.
9. Zum Ausdruck *classis* siehe den entsprechenden Eintrag im *Woordenboek der Nederlandsche Taal* (1892 ff.); Spinoza, *Ethik*, aus dem Lateinischen von Otto Baensch, Hamburg 1976, S. 150.
10. Sir William Temple, *Observations upon the United Provinces*, hg. G.N. Clark, Cambridge 1932, S. 97.
11. Vgl. I. Schöffer, »La stratification sociale de la République des Provinces-Unies au 17e siècle« in *Problèmes de stratification sociale*, hg. von R. Mousnier, Paris 1968.
12. Zitiert in C. Wilson, *Queen Elizabeth and the Revolt of the Netherlands*, London 1970, S. 23. Eines der damaligen Mitglieder des Amsterdamer Stadtrats, B. Appelman*, war in der Tat von Beruf Käsehändler.
13. Dieser Zusammenhang wurde hervorgehoben von Robert Fruin, »Bijdrage tot de geschiedenis van het burgermeesterschap van Amsterdam tijdens de Republiek« in *Bijdragen voor Vaderlandsche Geschiedenis en Oudheidkunde*, Derde Reeks, V (1889).

14 Elias, a.a.O., Biographien 1–305 inklusive, plus 14 Bürgermeister, die keine Ratsherren waren; es handelte sich, in chronologischer Reihenfolge, um F. de Vrij*, J. de Vrij*, J. Backer*, J. Boelens*, F.H. Oetgens*, J. Cat*, G.J. Witsen*, H. Bicker*, C. Bicker*, A. van Bempden*, J. van den Poll*, C. van Bambeeck*, J. van Graafland*, J. Munter*.
15 Zu den Quellen über die Besteuerung in Amsterdam siehe Kapitel 4, Anmerkung 27.
16 G. Contarini, *La republica e i magistrati di Vinezia*, Venedig 1544, F. 58.
17 Das Bild von den drei Pfeilern (oder Beinen) stammt aus einem anonymen Manuskript des siebzehnten Jahrhunderts *Esame istorico politico* (fortan EIP) in der BVC, *Gradenigo 15*. Das Zitat entnahm ich ebenfalls einem anonymen Manuskript aus dem siebzehnten Jahrhundert *Relatione della città e republica di Venetia*, British Museum, Add. 10,130, F. 77 verso.
18 Der Ausdruck »Fürsten des Bluts« stammt aus einem anonymen Manuskript des siebzehnten Jahrhunderts: *Distinzioni segrete che corrono tra le casate nobili di Venezia*, BMV, It. VII. 2226, S. 18. Zum Vergleich der Corner mit den Medici siehe Z.A. Venier (zugeschrieben), *Storia delle rivoluzioni seguite nel governo della Republica di Venezia*, Manuskript in der BCV Cicogna 3762, S. 13.
19 C. Freschot, *Nouvelle relation de la ville et république de Venise*, Utrecht 1709, S. 263.
20 A. da Mosto, *I dogi di Venezia*, 2. Ausgabe, Mailand 1960, S. 314; EIP, S. 42.
21 RA, S. 401.
22 EIP, S. 63; RA, S. 401.
23 EIP, S. 67 f.
24 EIP, S. 77 f.
25 Francesco da Molin, *Compendio*, Manuskript in der BMV, It. VII. 8812, S. 124.
26 Zur Bevölkerung Amsterdams siehe P. Schraa, »Onderzoekingen naar de bevolkingsomvang van Amsterdam 1550–1650« in *Jaarboek Amstelodanum 46 (1954)*.
27 *Bronnen tot de geschiedenis van het bedrijfsleven en het gildewesen van Amsterdam*, hg. von J. G. van Dillen, Bd. 1, Den Haag, S. xxxii.
28 J.E. Elias, *Geschiedenis van het Amsterdamsche Regentenpatriciaat*, Den Haag 1923, S. 119.
29 Ebd., S. 105.
30 N. Witsen, »Kort verhael van mijn levensloop«, hg. von P. Schelten in *Aemstel's Oudheid* 6 (1872), S. 43.
31 S. Muller, *Schetsen uit de middleeuwen*, Bd. 2, Amsterdam 1914, S. 369 f.
32 Zur Liste der Adeligen im Jahre 1594 siehe Anm. 1 oben.
33 G. Cozzi, *Il doge Nicolò Contarini*, Venedig und Rom 1958, S. 6 Anmerkung.
34 A. da Mosto, a.a.O., S. 358.
35 P. Litta, *Celebri famiglie italiane*, Mailand 1819 ff., Bd. 2, Genealogie der Familie Correr, siehe unter Elisabetta Correr (gest. 1706).
36 RA, S. 374 und 395.
37 Antonio Grimanis* Testament (1624). Im folgenden werden die letztwilligen Verfügungen, die im ASV aufbewahrt und dort namentlich in der Testamentskartei geführt werden, nicht mehr ausdrücklich ausgewiesen.
38 BMV, Manuskript Gradenigo Dolfin, 134, S. 138.
39 Beltrami, a.a.O., S. 188 f.
40 G. Gualdo Priorato, *Sceno d'alcuni uomini illustri*, Bd. 2, Venedig 1659, Biographie von Giovanni Delfino.
41 Die Zahlen stammen aus E. Rodenwalt, »Untersuchungen über die Biologie des venezianischen Adels« in *Homo* 8 (1957), und beruhen auf einer Auswahl von 21 venezianischen Familien. Dank dieser Studie und der bereits oben zitierten Untersuchung von J. C. Davis kann ich mir erlauben, mich hinsichtlich der demographischen Probleme des venezianischen Adels relativ kurz zu fassen.
42 Eine allgemeine Übersicht über die holländische Familienstruktur gibt A. M. van der Woude, »De omvang en samenstelling van de huishouding in Nederland in het verleden« in *Afdeling Agrarische Geschiedenis, Bijdragen* 15 (1970); eine englische Übersetzung des Aufsatzes findet sich in *Household and Family in Past Time*, hg. von P. Laslett, Cambridge 1972.
43 Siehe G.J. Renier, *The Dutch Nation*, London 1944, Kapitel 9.

3 Politische Funktionen

In Venedig regierte die Elite nicht nur eine Stadt, sondern ein ganzes Reich, das teils aus Besitzungen auf dem Festland, teils aus überseeischen Territorien bestand. Aus Venedigs Glanzzeit als Seemacht im Mittelmeer waren Kreta und der Peloponnes übriggeblieben (Zypern war kurz vor Beginn unserer Untersuchungsperiode verlorengegangen). Auf dem Festland oder der *terraferma* umfaßte das Reich zwischen 1 500 000 und 2 200 000 Menschen, von denen einige in größeren Städten wohnten. Brescia zählte Mitte des siebzehnten Jahrhunderts rund 40 000 Einwohner, Padua etwa 30 000, Vicenza rund 25 000.[1] Venedig war also weniger eine Stadt denn ein Territorialstaat, und die Elite war in verschiedenen politischen Funktionen an der Verwaltung dieses Staats beteiligt. Diese Funktionen lassen sich in vier Hauptbereiche unterteilen, die Zentralregierung, die Lokalregierungen, das Kriegswesen und die Diplomatie, und im folgenden wollen wir der Frage nachgehen, welche wichtigen politischen Ämter von Angehörigen der Elite ausgeübt wurden.[2]

Einhundertfünfzig Mitglieder der Elite bekleideten wichtige Ämter in der Zentralregierung, sei es, daß sie dem Staatsrat (*Pien Collegio*), dem Senat oder dem Rat der Zehn angehörten. Der Staatsrat bestand aus 26 Männern: dem Dogen, seinen sechs Beratern, den 16 *savi* und den drei Vorstehern der *quarantia*. Fünf der *savi* waren für die Verwaltung des Festlands zuständig, und weitere fünf waren junge Männer, die die Kunst des Regierens erst noch zu lernen hatten. Die Vorsitzenden der *quarantia* erfüllten die Aufgaben von Richtern. Der Senat wiederum war hauptsächlich für die Außenpolitik und das Kriegswesen zuständig, während der Rat der Zehn sich als eine Art Staatsgerichtshof mit dem Verbrechen beschäftigte.

Einhundertelf Mitglieder der Elite hatten wichtige Ämter in den Lokalregierungen inne, waren also mit der Verwaltung des Reichs betraut. Abhängige Städte behielten zwar ihre eigenen Gesetze und sogar ihre eigenen Stadträte, wurden jedoch von einem Edelmann aus Venedig regiert. In wichtigen Städten gab es zwei solche *rettori* (»Herrscher«): einen *podestà*, der sich im die zivile Verwaltung kümmerte, und einen *capitano*, der für die militärische Verwaltung zuständig war. Der angesehenste dieser Posten war derjenige des *podestà* von Padua. Die venezianischen *rettori* lassen sich am ehesten mit den französischen *intendants* vergleichen, denn eine ihrer wichtigsten Aufgaben bestand in der regelmäßigen Berichterstattung über den Zustand der von ihnen verwalteten Regionen. Die *provveditori generali* von Palma und Candia erfüllten mehr oder weniger die Funktion von Vizekönigen des Friaul und Kretas und werden deshalb hier der politischen und nicht der militärischen Verwaltung zugerechnet.

Fünfundsiebzig Angehörige der Elite hatten wichtige militärische Ämter inne. Die venezianische Elite bestand nicht nur aus »Füchsen«, sondern auch aus »Löwen«, als berühmteste Beispiele wären Zuan Bembo*, Francesco Erizzo*, Francesco Molin* und vor allem Francesco Morosini* zu nennen. Sie alle wurden nach einer erfolgreichen militärischen Laufbahn zu Dogen gewählt. Zu den wichtigsten Ämtern in den Streitkräften gehörten der *capitano in golfo*, der die Seeherrschaft über die Adria ausübte; der *generale contra Uscocchi*, der mit der Ausrottung der Uskoken, einer Gruppe christlicher Flüchtlinge aus dem Osmanischen Reich, die als Seeräuber von Senj und anderen Orten an der dalmatischen Küste aus operierten, betraut war; der *provveditore d'armata* oder Flottenkommandant, und der *capitano generale da mar*, der während Kriegszeiten den Oberbefehl über die Seestreitmacht innehatte (das höchste Amt zu Friedenszeiten hieß *provveditore generale da mar*). Eine Laufbahn in der Marine einzuschlagen, war für venezianische Adelige nichts Ungewöhnliches, und auf jeder Galeere waren zwei Posten für junge Edelmänner reserviert. Dennoch besaß der einheimische Adel kein Monopol auf die Offiziersränge, so übte zum Beispiel der Däne Curt Silversen im Jahre 1660 die Funktion eines *tenente generale* aus. Die Landstreitkräfte wurden gar nicht von Venezianern geführt. An ihrer Spitze standen gewöhnlich bedeutende Adelige aus anderen Teilen Italiens wie Luigi d'Este, der 1614 die Infanterie befehligte, oder Alessandro Farnese, Herzog von Parma, der Mitte des siebzehnten Jahrhunderts die Kavallerie anführte. Selbst ausländische Edelleute wurden im Heer eingesetzt, so führte etwa Johann Ernst von Nassau 1617 den Befehl über die holländischen Söldner. In den unteren Rängen stammten die Offiziere in der Mehrzahl vom Festland.[3] Die Berufsoffiziere der Landstreitkräfte wurden jedoch stets von venezianischen Adeligen, den sogenannten »Feldkommissaren« (*commissario in campo*) überwacht, ohne deren Zustimmung die Heereskommandanten nicht handeln durften, und auf höchster Ebene stand ihnen der *provveditore generale dell'esercito in* *terraferma* vor, ein Amt das Francesco Erizzo im Laufe seines Lebens viermal ausübte.

Vierundsiebzig Mitglieder der Elite waren mindestens einmal als Botschafter unterwegs. Von den vier genannten Bereichen ist dies derjenige, der am deutlichsten von der Elite dominiert wurde. Gesandte hatten gute Aussichten, zu Prokuratoren gewählt zu werden, und Prokuratoren hatten umgekehrt gute Aussichten, zu Gesandten ernannt zu werden. Das ist nicht weiter überraschend, denn hoher gesellschaftlicher Status und Reichtum zählten während des siebzehnten Jahrhunderts in ganz Europa zu den wichtigsten Voraussetzung für den diplomatischen Dienst. Etwa 25 Prozent der Elite hatte zeitlebens gar kein wichtiges politisches Amt inne. Der wohlhabende Musikliebhaber Marco Contarini* wäre für diese Gruppe ein Beispiel, und aller Wahrscheinlichkeit nach strebte er auch gar kein politisches Amt an.

Bei den bisher erwähnten Zahlen bleibt ein Punkt im Dunkeln, der jedoch unsere besondere Aufmerksamkeit verdient, nämlich wie oft einzelne Angehörige der Elite bestimmte Ämter bekleideten. Girolamo Zustinian* wurde dreizehnmal zum *savio del consiglio* bestimmt. War ein Mann einmal zum Botschafter ernannt worden, wurde er meistens noch weitere Male in diplomatischer Mission entsandt. Anzolo Contarini*, zum Beispiel, war zweimal als Botschafter in Rom, zweimal in England, einmal in Frankreich und einmal bei Kaiser Ferdinand III. Manche Mitglieder der Elite vereinigten zwei oder drei Ämter gleichzeitig auf sich. Agostino Nani* beispielsweise war ab 1612 Prokurator und bekleidete in den fünf Jahren zwischen 1612 und 1616 insgesamt fünfzehn Ämter. Im Jahr seiner Ernennung zum Prokurator war er außerdem als *savio*, als außerordentlicher Botschafter und als »Studienreformer« der Universität von Padua beschäftigt.[4] Diese Ämterhäufung macht deutlich, daß die vier politischen Hauptbereiche in Venedig – Zentralregierung, Lokalregierungen, Kriegswesen und Diplomatie – nicht voneinander unabhängig waren. Wie der chinesische Mandarin oder der englische Staatsbeamte waren auch die venezianischen Patrizier keine professionellen Spezialisten, sondern vielseitig einsetzbare Amateure. Neun Mitglieder der Elite übten im Laufe ihres Lebens Ämter in allen vier Bereichen aus, und 47 brachten es immerhin auf drei verschiedene Bereiche. Ein Marinefachmann wie Francesco Morosini* konnte auch im politischen System reüssieren, und ein Finanzexperte wie der Münzherr Zuanfrancesco Priuli* wurde zum Prokurator gewählt, weil er eine Methode entdeckt hatte, wie sich die Staatsverschuldung verringern ließ. Echte Universalisten wie die Dogen Lunardo Donà*, Francesco Erizzo*, Antonio Priuli* und Bertucci Valier* sind, obschon insgesamt in der Minderzahl, als solche ein typisch venezianisches Phänomen. Donà wirkte als Botschafter in Spanien, als *capitano* in Brescia und übte außerdem die Funktion eines *savio* und *provveditore generale di terraferma* aus. Antonio Priuli* befehligte eine Galeere, gehörte dem Zehnerrat an, wurde als Botschafter nach Frankreich geschickt und zum *capitano* von Padua ernannt. Zwei ausgezeichneten Diplomaten, Battista Nani* und Simone Contarini*, wurde die Stellung des *capitano generale da mar,* der höchste Rang in der Marine, angeboten, obwohl sie nicht über die geringste Erfahrung in der Seefahrt verfügten. Beide lehnten die Berufung ab, aber schon die Tatsache, daß man ihnen dieses Amt antrug, spricht für sich. Nicolò Contarini* wurde 1617 mit vierundsechzig Jahren im Krieg gegen die Habsburger zum ersten Mal mit einer militärischen Aufgabe betraut.[5]

In der eigentlichen Stadtverwaltung waren einige Ämter zu besetzen, von denen manch eines in der Hand der Elite lag, aber im Vergleich zu den bereits erwähnten Funktionen waren sie von untergeordneter Bedeutung. So gab es zum Beispiel die sogenannten *provveditori di notte*, die für die Sicherheit in Venedig zuständig waren. Auch die Prokuratoren übernahmen Aufgaben in der Stadtverwaltung wie etwa die Verteilung der Almosen, aber dieser Teil ihres Amtes hatte im siebzehnten Jahrhundert bereits an Bedeutung verloren. Dadurch daß Venedig zum Zentrum eines Territorialstaats geworden war, hatten sich auch die städtischen Strukturen gewandelt.

Die Rede von Ämtern und politischen Funktionen erweckt leicht den irreführenden Eindruck, bei der Elite habe es sich um loyale Staatsdiener ohne persönliche Interessen gehandelt. Dem war natürlich nicht so. Viele von ihnen dürstete nach Macht, und diese Macht übte die Elite als Gruppe auf Kosten anderer gesellschaftlicher Gruppen aus. Neben die funktionale Machtanalyse muß in der geschichts- oder politikwissenschaftlichen Untersuchung eine Art Nullsummenrechnung treten, in der sich Machtüberschüsse und -defizite am Ende aufheben. Von der Macht ausgeschlossen waren drei Gruppen: der niedere Adel, die gemeinen Bürger Venedigs und schließlich die adelige und die gemeine Bevölkerung der zum venezianischen Reich gehörenden Gebiete.

Der niedere Adel war theoretisch nicht von der Macht ausgeschlossen.[6] Nach der traditionellen Auffassung, die in Gasparo Contarinis berühmter Abhandlung aus dem sechzehnten Jahrhundert über die venezianische Regierungsform zum Ausdruck kommt, besaß Venedig eine gemischte Verfassung, in welcher der Doge das monarchische, der Senat das aristokratische und der Große Rat das demokratische Element verkörperte. Im frühen siebzehnten Jahrhundert wies Traiano Boccalini außerdem auf die meritokratischen Züge Venedigs hin und meinte damit die Tatsache, daß grundsätzlich jeder Adelige in ein höheres Amt gewählt werden konnte.[7] Diese Auffassung wurde zwar nicht von jedermann geteilt, diente jedoch als eine Art Rechtfertigungsideologie, mit der sich die Elite an der Macht hielt. Jean Bodin, dessen analytischer Scharfblick sich nicht mit der bloßen Oberfläche der politischen Wirklichkeit zufriedengab, erklärte gegen Ende des sechzehnten Jahrhunderts, Venedig sei erst eine Monarchie, dann eine Demokratie gewesen, habe sich aber mittlerweile »zu einer Aristokratie gewandelt, und dies so im stillen, daß die Veränderung der Verhältnisse von niemandem richtig bemerkt wurde«. Ganz ähnlich erklärte ein anonymer Autor in einem um 1660 geschriebenen Traktat über die venezianische Regierungsform, daß Venedig eine heimliche Oligarchie sei (*oligarchia… in modo… segreto e latente*).[8]

Um diese Frage zu entscheiden, wäre eine umfassende statistische Auswertung der Herkunft aller möglichen Amtsinhaber über einen längeren Zeitraum hinweg notwendig, eine Untersuchung, die am besten von einer ganzen Gruppe von Historikern durchgeführt würde. Im vorigen Kapitel waren wir vorläufig zu dem Ergebnis gekommen, daß einem begabten Edelmann, auch wenn er keinem reichen oder mächtigen Familienzweig entstammte, der Aufstieg in die Elite nicht grundsätzlich verschlossen war, daß er jedoch den Angehörigen wohlhabender und beziehungsreicher Familien viel leichter fiel. Die Spaltung zwischen dem hohen Adel (den *grandi*) und dem Rest hatte allerdings mitunter politische Auswirkungen, wenn die niederen Adeligen, über ihren Ausschluß von der Macht erbost, sich gegen die *grandi* zusammenschlossen. Der Verfassungskonflikt von 1582, bei dem der Rat der Zehn und seine »Junta« ihre außen- und finanzpolitische Gewalt an den Senat abgeben mußten, war bis zu einem gewissen Grad von dem Gegensatz zwischen hohem und niederem Adel geprägt, insofern die »größeren Senatoren und ihre Klientel und Verwandten« für die Beibehaltung der »Junta« eintraten. Im späten sechzehnten Jahrhundert hätte sich der Adel beinahe in zwei Fraktionen aufgespalten. Verschiedene Konflikte überlagerten sich in polarisierender Weise: Eine ältere Generation, die *vecchi*, stand gegen die Jüngeren, die *giovani*; der hohe Adel gegen den niederen; die Parteigänger Spaniens gegen diejenigen Frankreichs; die Frommen gegen die Antiklerikalen.[9] Ein weiteres Beispiel für die »fehlende Harmonie, die nach heutiger Auffassung zwischen dem hohen und dem niederen Adel (*i grandi e la nobilità minore*) bestand«, war der Konflikt zwischen dem Senat und dem Großen Rat im Jahre 1656. Der Senat ernannte Antonio Bernardo* zum *capitano generale da mar*, aber der Große Rat votierte statt dessen für Lazzaro Mocenigo.[10] Das bekannteste Beispiel für die Einmischung des niederen Adels in die politischen Geschicke Venedigs zu jener Epoche ist indes die Bewegung um Renier Zen* im frühen siebzehnten Jahrhundert.[11]

1625 wurde der reiche und fromme Zuan Corner* zum Dogen gewählt. Er begünstigte seine Verwandten stärker, als es normalerweise für Dogen üblich war, und wurde deswegen von Zen* öffentlich angegriffen, der dabei die gewaltige Kluft zwischen hohem und niederem Adel zur Sprache brachte. Zen* war im Großen Rat wohlgelitten, bei einer Gelegenheit stand er auf und hielt eine vierstündige Rede, der die restlichen Ratsmitglieder mit »wunderbarer Aufmerksamkeit« folgten; ein Zeitgenosse mutmaßte, daß sich fast zwei Drittel des Großen Rats auf seine Seite schlugen.[12] Es gingen Gerüchte um, Zen* wolle den Dogen absetzen, und die Gefahr wurde immerhin so ernst genommen, daß einer der Söhne des Dogen ihn 1627 zu ermorden versuchte. Die Partei des niederen Adels monierte, daß ihr der Zugang zum Rat der Zehn verwehrt bleibe und verlangte Abhilfe. Am Ende beschränkten sich jedoch die Neuerungen auf eine geringfügige Verlagerung der Macht des Zehnerrats und einige wenige personelle Veränderungen: Zen* wurde 1628 zum Prokurator gewählt, und als Zuan Corner* 1629 starb, wurde Nicolò Contarini*, der nicht zu den *grandi* gehörte, mit Unterstützung der Anhänger Zens* zum neuen Dogen bestimmt, obwohl dieser ebenfalls für das Amt kandidierte.

Wie bei offenen Konflikten häufig, so vermittelt uns auch die Bewegung um Zen* einige wichtige Einsichten über die Struktur der venezianischen Politik. Erstens ist es interessant, daß der Anführer des niederen Adels ihm selbst nicht angehörte. Renier Zen* wurde zwar erst zum Prokurator gewählt, nachdem er seine Protestbewegung ins Leben gerufen hatte, aber er verfügte unabhängig davon über ausgezeichnete Beziehungen zu wichtigen Zweigen des Barbarigo- und des Contarini-Klans und hatte bereits vor 1625 als Botschafter in Savoyen und Rom gedient. Zweitens erkennt man daran, daß der niedere Adel durchaus in der Lage war, auf den höheren Adel Druck auszuüben. Drittens wird deutlich, wie wenig dieser Druck trotz allem bewirkte. Man fragt sich unwillkürlich, weshalb diese Sammelbewegung des niederen Adels so schnell im Sande verlief. Eine mögliche Erklärung dafür wäre, daß die Standesbindung von anderen, stärkeren Bindungen durchkreuzt wurde. Die »horizontale Solidarität« der armen und der reichen Adeligen untereinander wurde durch die »vertikale Solidarität« zwischen den Patrons und ihren Klienten aufgehoben. Zen* hatte seine Klientel, Corner* hatte die seine. Ein geringerer Edelmann dürfte zwischen der Loyalität zu seiner sozialen Gruppe und der Verpflichtung gegenüber seinem Patron hin und her gerissen worden sein. Moderne Sozialanthropologen haben darauf hingewiesen, daß widerstreitende Loyalitäten den sozialen Zusammenhalt insgesamt häufig stärken, weil die Leute, die in einem solchen Konfliktfeld stehen, ein überragendes Interesse daran haben, daß Unstimmigkeiten durch Kompromisse beigelegt werden.[13] Interessenwidersprüche dieser Art mögen der wichtigste Grund dafür gewesen sein, daß politische Konflikte in Venedig so selten waren, doch gemahnen sie uns gleichzeitig daran, den inneren Zusammenhalt der Elite nicht zu überschätzen.

Über den Ausschluß der gemeinen Venezianer und der Bevölkerung der abhängigen Gebiete des Festlands von der politischen Macht läßt sich viel weniger sagen. Im Umgang mit diesen Gruppen scheint sich die venezianische Elite der alten Maxime des »Teile-und-Herrsche« bedient zu haben. Die Gemeinen Venedigs waren ihrerseits in Bürger und andere unterteilt. Die Bürger machten rund fünf Prozent der Bevölkerung Venedigs aus und waren damit kaum zahlreicher als der Adel. Zwar blieben sie vom Großen Rat ausgeschlossen, aber es standen ihnen verschiedene andere Möglichkeiten offen, ihren politischen Ehrgeiz zu befriedigen. Es gab eine Reihe von Ämtern, die ausschließlich ihnen vorbehalten waren: Der Großkanzler und die Sekretäre des Rats der Zehn, des Senats und der Botschafter waren stets Bürgerliche. Alle diese Stellen (mit Ausnahme der Botschaftssekretäre) wurden auf Lebenszeit besetzt. Bedenkt man die häufige Ämterrotation unter den venezianischen Adeligen, lassen sich die Sekretäre am ehesten mit den hohen Verwaltungsbeamten heutiger Ministerien vergleichen. Manche von ihnen verfügten über eine nicht unbeträchtliche Macht. Es wird behauptet, die Sekretäre des Zehnerrats hätten 1582 die Beibehaltung der Junta unterstützt, weil sie ihre eigene Macht durch die Reformbewegung bedroht sahen. Renier Zen* verurteilte öffentlich die Herrschaft der Sekretäre und dürfte dabei namentlich an Zuanbattista Padavino gedacht haben, der seit 1584 dem Zehnerrat als Sekretär diente und der angeblich Zens* Verbannung betrieben haben soll.[14] Eine der wenigen neuen Familien der Epoche, die nicht nur in den Adel, sondern auch in die Elite aufstiegen, die Ottobon, hatten schon als Bürger den Großkanzler und verschiedene Sekretäre gestellt. Ein Autor aus dem späten sechzehnten Jahrhundert namens Botero vertrat außerdem die Ansicht, daß die Zünfte oder *scuole* zur Befriedung der Bürger beitrugen, weil sie Bürger und Adelige unter einem Dach vereinten.[15]

Seines natürlichen Anführers, des Bürgertums, beraubt, stellte das »vielköpfige Ungeheuer, der Plebs«, kaum eine ernste Bedrohung dar. Gasparo Contarini erklärte das Fehlen von Konflikten zwischen Adel und Gemeinen in Venedig durch die unparteiliche Rechtsprechung und die regelmäßigen Kornlieferungen. Dogen und Prokuratoren warfen anläßlich ihrer Wahl Geld unter die Menge, und auch der alte Brauch, einen Dogen der Fischer zu wählen, der vom wirklichen Dogen in allen Ehren empfangen und geküßt wurde, mag als ein Beschwichtigungsritual gedeutet werden, das den gemeinen Leuten die Beteiligung an einem System vorspiegeln sollte, von dem sie in Wirklichkeit gänzlich ausgeschlossen waren. Ein Autor aus dem siebzehnten Jahrhundert war so kaltschnäuzig, vorzuschlagen, die Regierung solle die Faustkämpfe unterstützen, die alljährlich zwischen den beiden Parteien der Gemeinen, den *Castellani* (von Castello, dem Matrosenviertel) und den *Nicolotti* (von S. Nicolò, dem Fischerviertel) ausgetragen wurden, um die Spaltung des Volks zu vertiefen.[16]

Zur Kontrolle der adeligen und gemeinen Bevölkerung des Festlandes wurden ähnliche Strategien angewandt, und zwar mit unterschiedlichem Erfolg. Schon Botero wies darauf hin, daß die Privilegien der Städte auf dem Festland unter der venezianischen Herrschaft nicht abgeschafft worden waren.[17] Die örtlichen Adeligen stellten nach wie vor den Stadtrat, manche von ihnen wurden sogar in den venezianischen Adel aufgenommen. Die Savorgnan, eine mächtige Familie aus dem Friaul, war schon vor Beginn unserer Untersuchungsperiode integriert worden, und im späteren siebzehnten Jahrhundert wurden weitere auswärtige Adelsfamilien aufgenommen, so etwa die Angarani aus Vicenza, die Bressa aus Treviso, die Ghirardini aus Verona und andere mehr. Edelleute vom Festland machten häufig in der Armee der venezianischen Republik Karriere.[18]

Aber auch abgesehen von diesen Zugeständnissen seitens der Zentralregierung, verfügten die ortsansässigen Adeligen oft über eine beträchtliche Macht. Die *rettori* waren viel zu kurz im Amt, als daß sie eine genaue Kenntnis oder gar Kontrolle über ihr Gebiet hätten erlangen können. Betrachten wir als Beispiel den Grafen Francesco Martinengo Colleoni, der in Schloß Cavernago in der Gegend von Bergamo lebte. Der Graf war eine nicht zu unterschätzende Lokalgröße und hatte ungestraft mehrere Leute getötet. Der Rat der Zehn ordnete 1619 seine Verhaftung an, aber die *rettori* führten den Befehl nie aus und meldeten zu ihrer Entschuldigung nach Venedig: »Cavernago ist eine Festung mit Wassergraben und Ziehbrücke, so daß man Hunderte von Männern bräuchte, um sie zu umstellen... Sie haben dort Rüstungen für hundert Männer und einige Arkebusen.«[19]

Auch auf dem Festland scheint die venezianische Regierung eine Politik des »Teile-und-Herrsche« verfolgt zu haben. Während seiner Zeit als Verwalter des Friaul soll Francesco Erizzo* angeblich der Regierung in Venedig empfohlen haben, nur einige Edelmänner zu Grafen zu machen, damit der örtliche Adel keine einheitliche Front bilde. In der *Opinione*, einer dem Fra Paolo Sarpi zugeschriebenen Schrift aus dem siebzehnten Jahrhundert, wird die venezianische Regierung vor der Gegnerschaft von Padua, Verona und Treviso gewarnt; der Autor schlägt der Zentralregierung vor, »zweckmäßigerweise den Anschein einer unparteiischen Rechtsprechung zu erwecken, aber keine Gelegenheit auszulassen, sie zu demütigen«, und falls sich die Anführer der Unzufriedenen ermitteln ließen, sollte »jede Gelegenheit ergriffen werden, sie zu vernichten...; es wird klüger sein, statt einem Henker, Gift zu benutzen, weil der Vorteil in beiden Fällen derselbe ist, der Haß aber desto geringer«. Daß es unzufriedene Edelleute gab, steht außer Zweifel: Ein gewisser Paulo Zagallo, zum Beispiel, beschimpfte die Venezianer 1646 in Campolongo als »langnasige Gschaftlhuber« (*becconazzi fatudi*) und erklärte, er würde es vorziehen, unter spanischer Herrschaft zu leben. Man fragt sich sogleich, wie viele Leute wohl diese Einschätzung teilten, sie aber aus Vorsicht nicht öffentlich verlauten ließen; Zagallo nämlich wurde wegen seiner Invektiven in die Verbannung geschickt. Eine weitere Möglichkeit zur Stärkung der Position Venedigs gegen den örtlichen Adel bestand darin, daß die *rettori* sich mit dem einfachen Volk des Festlands verbündeten, wie es etwa 1644 in Brescia geschah.[20]

In Amsterdam dagegen waren die politischen Aufgaben der Elite, insbesondere ihre offiziellen Funktionen, viel stärker auf die Stadt zugeschnitten. Eine Aufzählung der wichtigsten Ämter macht diese

Beschränkung hinreichend deutlich: Neben den Bürgermeistern und Ratsherren gab es einen *schout* (oder Schultheiß), neun *schepenen* (oder Schöffen), ordentliche und außerordentliche Schatzmeister (ihre Anzahl veränderte sich im Laufe der Epoche), Waisenmeister (*weesmeesteren*), Versicherungsmeister (*assurantiemeesteren*), Kommissare für Heiratsangelegenheiten (*huwelijksche zaken*), für die Schiffahrt (*zeezaken*), die Wechselbank (*wisselbank*), die Kreditbank (*bank van leening*), für Warensteuern (*accijns*) und zur Konkursverwaltung (*desolate boedels*). Gegen Ende der Epoche entwickelte sich das Amt des Postmeisters zu einer der begehrtesten Stellungen. Die Arbeit als Kommissar war für viele der erste Schritt auf der Karriereleiter zum Ratsherren oder Bürgermeister. Nahezu 20 Prozent der Elite verwalteten im Laufe ihres Lebens, entweder vor oder nach ihrer Aufnahme in den Stadtrat, ein Armenhaus wie zum Beispiel das *Leprozenhuis* für die Aussätzigen, den Sint Joris Hof oder die beiden Strafanstalten für Männer und für Frauen, das *Rasphuis* und das *Spinhuis*.

Auf den ersten Blick scheinen die militärischen Aufgaben für die Elite Amsterdams einen viel wichtigeren Stellenwert besessen zu haben als in Venedig. Fast zwei Drittel der Elite gehörten als Offiziere der Schützengilde (*burgerij* oder *schutterij*) an, meist dienten sie als Fähnrich oder Leutnant, bevor sie in den Stadtrat gewählt wurden, und stiegen danach in die höheren Ränge auf. Man darf jedoch den Dienst in der Stadtgarde oder Schützengilde (die eher einer Art »Bürgerwehr« glich) nicht überbewerten. Dank der Gemälde alter Meister wie Rembrandt und van de Helst wissen wir, daß die Schützengilden in Amsterdam und in anderen Städten mitunter eher einem Herrenklub als einer wirkungsvollen militärischen Organisation glichen und ihre Offiziere mehr Übung im Schwenken von Weinglas und Gabel hatten als im Schwingen von Schwert und Hellebarde. Bei einem der seltenen Male, als sie anläßlich der französischen Invasion von 1672 wirklich einmal gebraucht wurde, erwies sich die holländische *schutterij* als ziemlich ineffektiv.[21] Die Institution der Schützengilde scheint vielmehr ein gutes Beispiel für das spielerische Element in der Kultur zu sein, das Johan Huizinga so eindrücklich analysiert hat.[22] Dieser Verdacht erhärtet sich, wenn man sich vergegenwärtigt, daß Dirk Munter* (der Sohn eines Bürgermeisters, der später selbst Bürgermeister wurde) bereits im Alter von zwei Jahren als Fähnrich diente. Im frühen achtzehnten Jahrhundert finden sich zwei weitere Bürgermeistersöhne, die mit acht beziehungsweise zehn Jahren zu Hauptmännern der Infanterie der Amsterdamer

Garnison bestellt wurden.[23] Solche Ämter boten offenbar vor allem eine Möglichkeit, seine Klientel oder Verwandtschaft zu belohnen, und entsprechend warf ein Zeitgenosse den Bickers vor, sie würden die Offiziersränge in der Schützengilde mit ihren eigenen Leuten besetzen.[24]

Man sollte die militärischen Aufgaben der Elite nicht über-, aber auch nicht unterbewerten. Über Kaufleute in Uniform und eine Schützengilde, die nichts verteidigt, ist leicht spotten. Aber man darf nicht vergessen, welch wichtige Rolle die *schutterij* beim Staatsstreich von 1578 spielte, als in Amsterdam eine neue Gruppe von Bürgern und Glaubensexilanten die Regierung übernahm, und nicht zuletzt gehörten der Elite auch eine ganze Reihe von kampferprobten Soldaten an. J. E. Huydecoper* war Infanteriefähnrich gewesen, und Ferdinand van Collen* hatte als Dragonerkornett gedient, bevor sie in die Stadtpolitik eintraten. Diederick Tholincx verließ nach seinem Konkurs Amsterdam und trat der Armee bei. Dirck Bas*, Ferdinand van Collen* und Nicolaes Witsen* dienten der Stadt als »Felddeputierte« (zivile Abgesandte, welche die militärischen Operationen überwachten, vergleichbar dem venezianischen *commissario di campo*). Die Söhne von Pieter Hasselaer*, Dirck de Vlaming* und Cornelis van Vlooswijck* schlugen sämtlich eine militärische Laufbahn ein, und schließlich gehörten der Elite auch eine Anzahl von Marineoffizieren wie Jacob van Neck*, Laurens Resel* und Wijbrand Warwijck* an.

Die politischen Verantwortlichkeiten der Amsterdamer Elite nehmen sich im Vergleich zu Venedig recht bescheiden aus. Der Gegensatz war jedoch formell viel ausgeprägter als in der Praxis. Ja, das italienische Modell von der Stadt, die zugleich ihr *contado* (Umland) beherrschte, kann uns dazu dienen, die besondere Stellung Amsterdams im Holland des siebzehnten Jahrhunderts zu erhellen.

Auf der unbedeutendsten, aber am genauesten zu rekonstruierenden Ebene muß festgehalten werden, daß die Elite Amsterdams über bestimmte Rechte auf die umliegenden Ländereien verfügte. Die Bürgermeister waren Erblehensherren (*erfleenheeren*) einiger Landgüter (*ambachtsheerlijkheden*). Amstelveen ist hierfür ein gutes Beispiel, und Gerard Schaep* war unzweifelhaft der Ansicht, daß an Amsterdams Rechten über Amstelveen nicht zu rütteln sei.[25] Ganz ähnlich wurde auch der Amtmann (*drost*) des nahe gelegenen Schlosses von Muiden von den Bürgermeistern von Amsterdam bestellt, und C. P. Hooft* gelang es, die Stelle an seinen Sohn zu vergeben, jenen Dichter und Historiker, der dem »Muidener Kreis« (*Muiderkring*) zu seiner überragenden Bedeutung in der holländischen Kulturgeschichte verhalf. F. H. Oetgens* wiederum ließ seinen Sohn zum *poldermeester*, das heißt zu dem für die Polder im Umland von Amsterdam zuständigen Beamten ernennen.

Aber wenn wir den Begriff »Stadtstaat« auf Amsterdam anwenden, so ist damit ein wichtiger, gleichwohl weniger klar umrissener Machtbereich angesprochen. Die Beschlüsse des Stadtrats beweisen, daß sich dessen Sitzungen nicht in Debatten über Armenhäuser erschöpften. Zu Beginn des achtzehnten Jahrhunderts, zum Beispiel, brachte der Rat viel Zeit mit der Erörterung der spanischen Erbfolge und dem Wert des Verteidigungsbündnisses zwischen der niederländischen Republik, Großbritannien und Schweden zu.[26] Weshalb? Die Antwort lautet, auf einen Nenner gebracht: Die Ratsherren beherrschen Amsterdam, Amsterdam beherrschte Holland, und Holland beherrschte die Vereinigten Provinzen. In der Theorie war die niederländische Republik eine Föderation von sieben gleichberechtigten Provinzen und Amsterdam lediglich eine von achtzehn Städten in der Provinz Holland, aber in der Praxis erreichte die Amsterdamer Elite fast immer, was sie wollte. Denn nicht zuletzt kamen rund 44 Prozent der gesamten Steuereinnahmen der holländischen Provinz aus Amsterdam und bezahlte die Provinz Holland ihrerseits wiederum (seit 1612, als die einzelnen Quoten festgeschrieben wurden) 57 Prozent der Steuern der gesamten niederländischen Republik. Mit anderen Worten, eine einzige Stadt kam für 25 Prozent der Steuern der gesamten Nation auf. Da diese Begründung für die Vorherrschaft Amsterdams schon öfter dargelegt worden ist, wollen wir uns dem Problem hier über die kollektive Biographie der Elite nähern.[27]

Amsterdam entsandte Vertreter in verschiedene Institutionen der holländischen Provinz. Als erste sind hier die Staaten von Holland zu nennen, die 19 Deputationen umfaßte, eine für den Adel der Provinz Holland und je eine für die achtzehn Städte. Die städtischen Delegationen bestanden in der Regel aus einem Bürgermeister oder Ex-Bürgermeister, dem Stadtpensionär (oder Rechtsberater) und einigen weiteren Mitgliedern des Stadtrats. Gleichgültig wie viele Deputierte entsandt wurden, eine jede Stadt hatte nur eine Stimme. In den Versammlungen stimmte zuerst der Adel, dann legte Amsterdam sein Votum ab, wodurch die Amsterdamer Vertreter Gelegenheit erhielten, die Unentschiedenen auf ihre Seite zu ziehen. Vier Städte trafen ihre politischen Entscheidungen für gewöhnlich unabhängig von derjenigen Amsterdams, es waren dies Dordrecht, Haarlem, Delft und Leiden. Aber die dreizehn kleineren Städte wie Alkmaar, Hoorn, Gouda oder Schiedam folgten in der Regel dem Beispiel Amsterdams, und so wurde die Politik der Stadt Amsterdam zur Politik der Staaten von Holland. Als nächste Institution wären die Kommittierten Räte (*Gecommiteerde Raaden*) der Provinz Holland zu nennen, die sich mit Steuer- und Verteidigungsfragen befaßten und sich aus je einem Kollegium für den Nord- und für den Südteil der Provinz zusammensetzten. Von den zehn Mitgliedern des Kollegiums der Südregion (*Zuider-Kwartier*) stammte immer eines aus Amsterdam. Im Laufe unseres Untersuchungszeitraums übten insgesamt fünfzig Angehörige der Amsterdamer Elite das Amt eines Kommittierten Rats aus. Auch andere Ämter der Provinzregierung wurden von Mitgliedern der Amsterdamer Elite wahrgenommen, so war beispielsweise Gerrit Delft* 1580 Generalschatzmeister von Holland. Einundfünfzig Mitglieder der Elite bekleideten Ämter in einer der lokalen Admiralitäten, zumeist in Amsterdam oder Zeeland.

Die Provinz Holland wiederum entsandte Vertreter in die verschiedenen Institutionen der Union, deren wichtigste die Generalstaaten und der Staatsrat (*Raad van State*) waren. In den Generalstaaten waren die sieben Provinzen gleichberechtigt vertreten, während von den zwölf Mitgliedern des Staatsrats immerhin drei aus Holland kamen. Fünfzehn Amsterdamer Bürgermeister und Ratsherren wurden im Lauf der Epoche in die Generalstaaten entsandt, unter anderem Wilhelm Baerdesen*, Reynier Cant*, Andries Bicker*, Nicolaes Witsen* und Jacob Valckenier*. Dem Staatsrat seinerseits gehörten vierzehn Mitglieder der Elite an, unter ihnen Reynier Cant*, Vincent van Bronckhorst*, Hendrick Hudde* und Jacob Hinlopen*. Insbesondere letzteres Amt war sehr aufwendig, und sowohl Bronckhorst* wie Hudde* traten von ihrem Posten im Stadtrat zurück, weil sie die meiste Zeit im Haag verbringen mußten. Auch Coenraed Burgh* verabschiedete sich aus dem Stadtrat, als er das wichtige Amt des Generalschatzmeisters der Union übernahm.

Es ist mehrfach behauptet worden, daß die Berufung in eines der Ämter außerhalb der Stadt eine Art Verbannung für die Führer unterlegener Stadtratsfraktionen darstellte. So meinte etwa C. P. Hooft*: »Ins Kollegium der Kommittierten Räte im Haag ... wurden die Alt-Bürgermeister geschickt, auf die man hier lieber verzichten wollte« (*dye men schijnt hyer liefst te willen missen*). Die chronologischen Daten scheinen diese These zu stützen. Gerrit Witsen* wurde 1617 delegiert, nachdem er die Politik des mächtigen F. H. Oetgens* angegriffen hatte. Cornelis

Bicker* wurde 1651 abgesandt, kurz nachdem ihn der Fürst von Oranien aus dem Stadtrat entfernt hatte. Henrick Hooft* wurde weggeschickt, als die gegnerische Valckenier-Fraktion an der Macht war, und als Hooft* im Jahre 1672 wieder die Oberhand gewann, wurde umgekehrt Gillis Valckenier* in die Kommittierten Räte entsandt.[28]

Nichtsdestoweniger müssen wir davon ausgehen, daß die Mitgliedschaft in diesen Provinz- und Unionskörperschaften der Amsterdamer Elite eine willkommene Gelegenheit bot, die restliche Republik, namentlich was die Außenpolitik anbelangte, wenn nicht zu majorisieren, so doch zu beeinflussen. Die Angehörigen der Amsterdamer Elite waren mitunter für das politische Schicksal der Niederlande von ausschlaggebender Bedeutung, ja die Union von Utrecht, aus der die Vereinigten Provinzen hervorgegangen waren, verdankte ihre Existenz zu einem guten Teil dem Verhandlungsgeschick von Reynier Cant*, der erst Wilhelm dem Schweiger und dann Moritz von Nassau-Oranien beratend zur Seite stand. In den wichtigen Jahren nach 1646, als die Friedensverhandlungen mit Spanien geführt wurden, stand Andries Bicker* der holländischen Deputation in den Generalstaaten vor. Auch als Diplomaten nahmen die Mitglieder der Elite immer wieder Einfluß auf die Gesamtheit der Vereinigten Provinzen, und nicht zufällig spiegeln sich in der Außenpolitik der Republik die Handelsinteressen der Amsterdamer Kaufleute wider. Vierundzwanzig Mitglieder der Elite dienten während des siebzehnten Jahrhunderts als Diplomaten der Republik. Während des Kriegs zwischen Dänemark und Schweden im Jahre 1644, zum Beispiel, hießen die niederländischen Botschafter in diesen beiden Ländern Andries Bicker* und Gerard Schaep*. Albert Burgh* vertrat die niederländischen Interessen in Russland und Dänemark. Joan Huydecoper* diente, trotz seiner mangelhaften Deutschkenntnisse, als Botschafter in Brandenburg, und so weiter.

Eine weitere Möglichkeit zur politischen Einflußnahme auf den Rest der Republik eröffnete sich der Stadt und ihrer Elite über die Ost- und Westindische Handelskompanie und die Gesellschaft von Surinam. Wie die Republik selbst, so besaßen auch diese Gesellschaften eine föderalistische Struktur. Sie waren in regionale »Kammern« aufgeteilt, denen mehrere Direktoren vorstanden, und aus diesen wurden die Direktoren der Gesamtgesellschaft ausgewählt, die XVII der Ostindischen Kompanie (Vereenigde Oost-Indische Compagnie oder VOC) und die XIX der Westindischen Kompanie. Acht der XVII kamen stets aus Amsterdam. Die Stadt verfügte im Direktorium der XVII nie über eine absolute Mehrheit, und die Sitzungen fanden sowohl in Middelburg als auch in Amsterdam statt.[29] Aber auch hier war die Macht Amsterdams in der Praxis größer als auf dem Papier. Die Amsterdamer Kammern der VOC und der Westindischen Gesellschaft waren mit Abstand die wichtigsten. Amsterdam hatte 57 Prozent des Gründungskapitals der VOC aufgebracht, und Kaufleute aus Amsterdam infiltrierten auch die anderen Kammern der Gesellschaften, sei es im Interesse einer Rückversicherung ihrer Investitionen oder in der Absicht, politische Kontrolle auszuüben. So hielten die Amsterdamer im späten siebzehnten Jahrhundert rund 38 Prozent des Kapitals der Zeeländischen Kammer der VOC.[30] A. Velters* hatte bis zum Jahre 1719 eine Summe von 74 000 Gulden in die Delfter Kammer der VOC investiert. Insgesamt waren 103 Mitglieder oder rund 30 Prozent der Amsterdamer Elite als Direktoren der VOC, der Westindischen Kompanie oder der Gesellschaft von Surinam tätig. Woraus folgt, daß Amsterdam die Regierung eines Reiches beeinflußte, das den Einflußbereich Venedigs um ein Vielfaches übertraf. Von den 18 Generalgouverneuren, die zwischen 1609 und 1718 über Niederländisch-Indien herrschten, stammten drei aus dem Amsterdamer Stadtpatriziat. Laurens Reael*, der Sohn eines Ratsherren, regierte ab 1616 Niederländisch-Ostindien und wurde später selbst in den Stadtrat gewählt. Coenraed Burgh* gab sein Amt als Ratsherr auf, um Gouverneur von Curaçao zu werden.[31]

1650 brachte ein Pamphlet die Befürchtung zum Ausdruck, »der große Fisch Amsterdam könnte die kleineren schlucken« und die Herren von Amsterdam (namentlich die Bickers) hätten die Absicht, sich zu Herrschern über den ganzen Staat aufzuschwingen und ein zweites Venedig daraus zu machen. Wie hysterisch der Ton und wie übertrieben die Anschuldigungen dieses Pamphlets auch gewesen sein mögen, es kamen darin doch Befürchtungen gegenüber der Elite zum Ausdruck, die einer realen Grundlage nicht völlig entbehrten.[32] Aber wie sehr waren dergleichen Befürchtungen berechtigt? Um die Frage zu beantworten, müssen wir uns, dem Rat Robert Dahls folgend, die Konflikte zwischen Amsterdam und dem Rest der Republik etwas genauer ansehen. In den neunziger Jahren des 15. Jahrhunderts, zum Beispiel, trieb die Amsterdamer Elite mit Spanien Handel, obwohl die Republik sich mit dem Königreich im Krieg befand. Die Amsterdamer Schiffe, die das Korn nach Spanien brachten, segelten unter falscher Flagge. 1596 kam es zum Konflikt zwischen den Generalstaaten, die den Export von Getreide nach Spanien untersagten, und der Regierung von Amsterdam, die gegen das Verbot protestierte; die Amsterdamer Elite behielt die Oberhand.[33] Obschon der Stadtrat von Amsterdam am 22. März 1607 öffentlich erklärte, ein Friedensschluß bedeute »einen nicht wiedergutzumachenden Schaden und den Niedergang dieser Länder«, gelang es den Amsterdamern nicht, den zwölfjährigen Waffenstillstand von 1609 bis 1621 zu verhindern. Im Jahre 1644 hingegen verwickelte die Amsterdamer Elite die niederländische Republik erfolgreich in den Krieg zwischen Schweden und Dänemark; die niederländischen Botschafter in den beiden kriegsführenden Staaten waren beide Bürgermeister aus Amsterdam. Ziel der Intervention war es, den dänischen König zur Senkung der Zölle auf holländische Schiffe, die den Sund passierten, zu zwingen.[34]

In anderen Fällen wurden, wie so oft in der Politik, die Konflikte dadurch kompliziert, daß mehr als nur zwei Parteien daran beteiligt waren. Einige berühmte, im folgenden chronologisch aufgeführte Beispiele werden dies bestätigen. Im Jahre 1618 wurde Jan van Oldenbarnevelt, der Ratspensionär von Holland, wegen Hochverrats verurteilt und hingerichtet. Dieses Ereignis war der Abschluß eines langwierigen Konflikts zwischen Oldenbarnevelt und dem Statthalter[35], Moritz von Nassau, in dem sich Friedens- und Kriegspolitik und eine relativ tolerante und eine fundamentalistische Form des Calvinismus unversöhnlich gegenüberstanden. Einige Mitglieder der Amsterdamer Elite hatten sich mit Oldenbarnevelt überworfen, weil dieser Le Maires Australische Kompanie, eine Konkurrentin der VOC, unterstützte und sich der Gründung einer Westindischen Kompanie widersetzte, als das Projekt 1607 diskutiert wurde. Einer von Oldenbarnevelts Richtern war Reynier Pauw*, Bürgermeister von Amsterdam und glühender Calvinist, der als Gründungsmitglied der VOC an der Ausdehnung des Handels nach Westindien interessiert war. Aber nicht der gesamte Stadtrat stand hinter Moritz von Nassau; im Gegenteil, der Statthalter sah sich 1618 zu einer Säuberungsaktion genötigt, bei der acht Ratsherren ihres Amtes enthoben und durch Kandidaten von Nassaus ersetzt wurden.[36]

Moritz von Nassaus Nachfolger als Statthalter, Friedrich Heinrich von Oranien, erklärte einmal: »Ich habe keinen größeren Feind als die Stadt Amsterdam.« Einer seiner wichtigsten Gegner war der Bürgermeister Andries Bicker*. Oranien strebte eine Zentralisierung der örtlichen Admiralitäten an, Bicker* widersetzte sich diesem Vorhaben. Oranien wollte den Verkauf von Schiffen an Spanien verbieten, Bicker* und seine Kollegen Abraham Boom* und Jan Geelvinck* waren an diesem Handel beteiligt. Oranien wollte den Krieg gegen Spanien fortführen, Bicker* machte sich für einen Friedensschluß stark und setzte sich 1648 mit dem Haager Frieden durch. Nach dem Frieden kam es wiederum zu einem Zusammenstoß zwischen den Herren Amsterdams und dem neuen Statthalter, Wilhelm II., weil Amsterdam die Stärke der niederländischen Truppen reduzieren wollte, während der Statthalter dies strikt ablehnte. Dieser Konflikt führte schließlich 1650 zur spektakulärsten Machtprobe zwischen Amsterdam und dem Hause Oranien, denn Wilhelm II. schickte ein Heer gegen die Stadt, um den »Bicker-Klüngel« abzusetzen.[37]

In der Zeit ohne Statthalter, die auf den Tod Wilhelms folgte, war der mächtigste Mann der Republik, der Ratspensionär Jan de Witt, durch seine Ehe mit Wendela Bicker mit der Amsterdamer Elite verbunden. Erst als Wilhelm III. 1672 zum Statthalter wurde, flackerten die Interessenskonflikte mit Amsterdam erneut auf. Noch im selben Jahr entfernte Wilhelm zehn Ratsherren aus dem Stadtrat, darunter auch Andries de Graeff*, einen Verbündeten Bickers, und ersetzte sie durch eigene Leute. Trotz dieser Säuberungsaktion flammten die Konflikte zwischen Amsterdam und dem Statthalter in den achtziger Jahren des 17. Jahrhunderts wieder auf, als die Stadt für eine Friedenspolitik eintrat und gegen die Aushebung neuer Truppen opponierte.[38]

Solche Konflikte wären ein hervorragender Indikator für die Macht der Elite, wenn diese an einem Strick gezogen hätte. In Tat und Wahrheit waren in der Elite jedoch stets verschiedene Parteien mit unterschiedlichen Interessen vertreten. Dem Fürst von Oranien gelang es nur deshalb, 1618 den Stadtrat zu säubern, weil er die Unterstützung der Parteigänger von Reynier Pauw* besaß, und dasselbe gilt für die Umbesetzungen seines Nachfolgers im Jahre 1672, die von der Fraktion um Gillis Valckenier* mitgetragen wurden. Leider wissen wir recht wenig über diese internen Parteiungen, und vor allem läßt sich die wichtige Frage, ob die zwischen den Fraktionen bestehenden Konflikte in politischen Meinungsverschiedenheiten oder lediglich in der Konkurrenz um die Besetzung von Ämtern gründeten, nicht entscheiden. Die Meinungsverschiedenheiten zwischen den Bürgermeistern oder Ratsherren wurden in den Sitzungsberichten nicht festgehalten.[39] In zumindest einem Fall in dem für Amsterdam zentralen Bereich der Stadtentwicklung wird jedoch deutlich, daß es um einen politischen Konflikt ging.[40] C. P. Hooft* beschuldigte F. H. Oetgens und seine Freunde, sie hätten beim Immobilienhandel aus dem Insiderwissen, das sie aufgrund ihres politischen Amtes besaßen, »privaten Profit« geschlagen. In einigen weiteren Fällen läßt sich eine religiös motivierte Fraktionsbildung erkennen.[41]

Aber wie zerstritten die Mitglieder der Elite untereinander auch sein mochten, in ihrer Furcht vor »dem Mob« (*het grauw*) fanden sie sich stets vereint. Ein nicht datierter Bericht der Obersten der Schützengilde aus dem späten siebzehnten Jahrhundert beschäftigt sich mit Maßnahmen gegen Aufstände und Plünderungen. 1617 wurden die Häuser einiger führender Amsterdamer Bürger arminianischen Glaubens, möglicherweise auf Betreiben ihrer religiösen Gegner hin, angegriffen und ausgeplündert. Amsterdam war eine Hafenstadt, und es müßte viel mehr überraschen, wenn es nicht wie 1624, 1628, 1652 und 1696 immer wieder zu Matrosenaufständen gekommen wäre. Nachdem die Gebrüder de Witt 1672 im Haag von einer aufgebrachten Menge zu Tode geprügelt worden waren, dürfte auch in Amsterdam die Elite weniger ruhig geschlafen haben. Aber es entsprach nicht ihrem Stil, das vielköpfige Ungeheuer durch Karneval und das Verschleudern von Almosen anläßlich der Ernennung zum Bürgermeister zu besänftigen, wie es in Venedig geschah. Zur Aufrechterhaltung der öffentlichen Ordnung verließ sich die Elite Amsterdams vollkommen auf die Schützengilde.[42]

Sowohl in Amsterdam wie in Venedig kam es zu Auseinandersetzungen zwischen Zentrum und Umland, Metropole und Reich. Ein genauer Vergleich gestaltet sich jedoch schwierig, weil man nur bedingt von Amsterdam als einem »Zentrum« reden kann. Die Stadt war vielleicht, wie der habsburgische Pamphleteschreiber Lisolla meinte, das *primum mobile* Hollands, aber die Rolle als Herrschaftszentrum sowohl der Provinz Holland als auch der Föderation wurde ihr vom Rivalen Den Haag streitig gemacht. Die holländischen Provinzialstaaten, die Kommittierten Räte, die Generalstaaten und der Staatsrat tagten sämtlich im Haag, in dem überdies der Statthalter Hof hielt. Der Doge gehörte der venezianischen Elite an, aber sein niederländisches Gegenstück, der Statthalter, hatte in der Regel keine Verbindung zur Amsterdamer Elite, ja befand sich häufig in offenem Gegensatz zu ihr. Dasselbe gilt für den Ratspensionär.

Es dürfte deutlich geworden sein, daß die herrschenden Eliten Venedigs und Amsterdams nicht einfach nur Stadträte waren, sondern ganze Reiche regierten. Die Venezianer beherrschen auf dem Festland zwischen eineinhalb und zwei Millionen Menschen. Die Elite Amsterdams dominierte die rund 700 000 Bewohner der Provinz Holland, wenn nicht gar die zwei Millionen Einwohner der Vereinigten Provinzen der

Niederlande. In Venedig fand diese Vorherrschaft in den *rettori* der unterworfenen Städte ihren institutionellen Ausdruck. Im Falle Amsterdams nahm der politische Einfluß weniger festgefügte Formen an. Zahlreiche Bürgermeister waren später als Botschafter oder Marineoffiziere tätig, aber zu keinem Zeitpunkt unterlag die Diplomatie oder die Marine so ausschließlich der Kontrolle der Stadt wie in Venedig. Nicht nur was die sozialen, sondern auch was die politischen Strukturen anbelangt, war Venedig eine formellere Gesellschaft als Amsterdam.

Anmerkungen zu Kapitel 3

1 D. Beltrami, *Storia della popolazione di Venezia*, Padua 1954, S. 63 f.
2 Da mir während meines Aufenthalts in Venedig der *Segretario alle voce* nicht zugänglich war, mußte ich auf Barbaro und Capellari (siehe die Anmerkungen zum Kapitel »Struktur«) zurückgreifen, um Einzelheiten über die verschiedenen Ämter in Erfahrung zu bringen. Da ich mich im folgenden auf die wichtigen Ämter beschränke, dürften die Angaben recht zuverlässig sein; die im Text zitierten Zahlen sollten jedoch stets als Näherungswerte betrachtet werden.
3 Weitere Einzelheiten zur Marine gibt M. Nani Mocenigo, *Storia della marina veneziana*, Rom 1935; hinsichtlich des Landheeres bis 1630 siehe J. R. Hale, *Renaissance War Studies*, London 1983.
4 F. Nani Mocenigo, *Agostino Nani*, Venedig 1894, S. 100.
5 G. Cozzi, *Il doge Nicolò Contarini*, Venedig und Rom 1958, S. 149 f.
6 J. C. Davis, *The Decline of the Venetian Nobility as a Ruling Class*, Baltimore 1962, Kapitel 1, enthält eine maßgebliche Darstellung der politischen Struktur Venedigs; vgl. auch B. Pullan, »Service to the State« in *Studi Secenteschi* 1964, der Davis jedoch in wichtigen Punkten widerspricht.
7 G. Contarini, *La republica e i magistrati di Venezia*, Venedig 1544; T. Boccalini, *Ragguagli di Parnasso*, 3 Bde., Bari 1910–48.
8 J. Bodin, *Six Livres de la République*, 4. Buch, 1. Kapitel; *Relazione sulla organizzazione politica della Repubblica di Venezia al cadere del secolo xvii*, hg. von G. Bacco, Vicenza 1856.
9 F. da Molin, *Compendio*, Manuskript in der BMV, It. VII. 8812, S. 119. Molin spricht von Konflikten zwischen »Jüngeren« und »alten Männern«, die im ausgehenden sechzehnten Jahrhundert ausbrachen; eine ausführlichere Darstellung dieser Konflikte geben G. Cozzi [siehe Anm. 5 oben] und W. J. Bouwsma, *Venice and the Defense of Republican Liberty*, Berkeley und Los Angeles 1968. Eine vorsichtigere Deutung verfolgt M.J.C. Lowry, »The reform of the Council of X, 1582–3« in *Studi Veneziani* XIII 1972; Lowry warnt davor, die Jungen und die Alten als organisierte Gruppen zu begreifen.
10 *Relazione sulla organizzazione politica*, a.a.O., S. 35.
11 Zu R. Zen* siehe das entsprechende Kapitel in Cozzi, a.a.O.
12 Z.A. Venier (zugeschrieben), *Storia della rivuluzioni seguite nel governo della Republica di Venezia*, Manuskript in der BCV, Cicogna 3762, S. 119; siehe auch Cozzi, a.a.O., Anm. 247.
13 Ich entlehne diesen Gedanken Max Gluckman, *Custom and Conflict in Africa*, Oxford 1956, Kapitel 1.
14 Zu den Sekretären im Jahre 1582 siehe da Molin, a.a.O., S. 119 f.; zum Verhältnis zwischen Sekretären und Zen-Bewegung siehe Cozzi, a.a.O., S. 265 f.
15 Boteros Beobachtung wird weiter ausgeführt in B. Pullan, *Rich and Poor in Renaissance Venice*, Oxford 1971, S. 626.

16 Zur *bestia di molti capi* siehe das anonyme Manuskript *Relatione del politico governo di Venezia* (1620) im British Museum, Add. Mss. 18,660, F. 139 verso. Zur politischen Funktion der Faustkämpfe siehe eine weitere anonyme Schrift im British Museum, *Relatione della città e republica di Venezia*, in Add. Mss. 10, 130, F. 77 verso.
17 G. Botero, *Relatione della repubblica venetiana*, Venedig 1595, S. 43 f.
18 Etwa 30 der insgesamt 100 Familien, die im Laufe der Epoche in den venezianischen Adel aufgenommen wurden, waren adelige Familien vom Festland. Siehe C. Freschot, *Nouvelle relation de la ville et république de Venise*, Utrecht 1709, § 3, sowie ASV, Msc. Cod. III, Cod. Soranzo 15. Diese beiden Autoren stimmen hinsichtlich der Herkunft der Familien meistens, aber nicht in allen Fällen miteinander überein.
19 B. Pullan, a.a.O., betont, daß die *rettori* »den Komplexitäten der örtlichen Intrigen hilflos gegenüberstanden«. Das angeführte Beispiel stammt von B. Belotti, *Storia di Bergamo*, Bd. 4, Bergamo 1959, S. 54.
20 Zu Erizzo siehe Add. Mss. 10,130, F. 84 verso [vgl. Anm. 16 oben]; Paulo Zagallo, zitiert in N. Borgherini-Scarabellin, *La vita private a Padova nel secolo XVII*, Venedig 1917, S. 42; P. Sarpi (zugeschrieben), *Opinione toccante il governo della Republica Veneziana*, zitiert nach der englischen Ausgabe, London 1707, S. 55, es ist allerdings möglich, daß diese Empfehlung als Satire auf die venezianische Politik gemeint war; A. Ventura, *Nobiltà e popolo nella società veneta del '400 e '500*, Bari 1964, S. 385 und 469 f. untersucht die Rolle der *rettori* auf dem Festland als Vermittler zwischen Adel und Volk.
21 D.J. Roorda, *Partij en Factie*, Groningen 1961, S. 70 f.
22 Obschon ein großer Kenner der niederländischen Republik im siebzehnten Jahrhundert, erwähnt Huizinga die *schutterij* in seinem Buch nicht; vgl. J. Huizinga (1938), *Homo Ludens. Versuch einer Bestimmung des Spielelementes der Kultur*, Hamburg 1958.
23 J. E. Elias, *Geschiedenis van het Amsterdamsche Regentenpatriciaat*, Den Haag 1923, S. 202.
24 K. 6773, S. 4 beziehungsweise *Den Ommegang van Amsterdam*, Nr. 6773 in W. P. C. Knuttels Katalog der in der Königlichen Bibliothek zu Den Haag verwahrten Pamphlete.
25 G. Schaep*, »Alloquium ad filios« (1655) in *Bijdragen en Mededelingen van de Historische Genootschap* 16 (1895), S. 356 f.
26 Amsterdam, GA, Vroedschap, Resolutiën, Bde. für 1700–1702. J.G. van Dillen meinte einmal, Amsterdam und Venedig gehörten zu den wenigen Städten, in denen die Stadträte im siebzehnten Jahrhundert außenpolitische Debatten führten; siehe »Amsterdam's role in seventeenth-century Dutch politics« in *Britain and the Netherlands*, hg. von J. S. Bromley und E.H. Kossmann, Bd. 2, Groningen 1964, S. 147.
27 Eine gute Darstellung gibt P. Geyl, *The Netherlands in the 17th Century*, Bd. 1, englische Übersetzung London 1961, Kapitel 2; zum institutionellen Hintergrund siehe S.J. Fockema Andreae, *De Nederlanse Staat onder de Republiek*, Amsterdam 1961. Vgl. H. Rowen, »Jan de Witt« in *Société Jean Bodin Gouvernés et Gouvernants*, Brüssel 1966.
28 C. P. Hooft, *Memoriën en Adviezen*, Bd. 1, Utrecht 1871, S. 70. Ein Bericht über die Tätigkeit eines Angehörigen der Amsterdamer Elite im Staatsrat gibt H. Terpstra, *Jacob van Neck*, Amsterdam 1950, S. 138 f. und 165 f.
29 Zur VOC siehe J.G. van Dillens Einleitung in seine Ausgabe des ersten Aktionärsverzeichnisses, Den Haag 1958; zur WIC siehe W. J. van Hoboken, »The Dutch WIC« in *Britain and the Netherlands*, [siehe Anm. 26 oben] Bd. 1, sowie die Erwiderung von J. G. van Dillen, »De WIC, het calvinisme en de politiek« in *Tijdschrift voor Geschiedenis* 74 (1961).
30 W. S. Unger, »Het inschrijvings-register van de kamer Zeeland der VOC« in *Economisch-Historisch Jaarboek*, Bd. 24.
31 M. A. van Rhede van der Kloot, *De gouverneurs-generaal... van Nederlands Indië*, Den Haag 1891.
32 K. 6773, S. 5–6 [siehe Anm. 24 oben].
33 J. H. Kernkamp, *De Handel op den Vijand*, Bd. 2, Utrecht o. J., S. 190 f.
34 H. Brugmans, »Handel en Nijverheid« in *Amsterdam*, hg. von A. Bredius, Bd. 2, Amsterdam 1901, S. 61.

35 Der Statthalter war eine Art niederländischer Doge; das Amt wurde von einem Edelmann (aus dem Hause Oranien) bekleidet, der den meisten der Vereinigten Provinzen als Staatsoberhaupt vorstand, und war ein Überbleibsel aus vorrepublikanischen Zeiten, als Adelige stellvertretend für einen Fürsten die Provinzen regierten.
36 Elias [siehe Anm. 23 oben], S. 9 f.
37 Ebd., S. 112 f.
38 Ebd., S. 173 f.
39 Auf diesen Punkt wies bereits N. de Roever, »Tweeërlei regenten« in *Oud-Holland* 7 (1889) hin.
40 Vgl. R. A. Dahl, *Who governs?* (vgl. die Erörterung in Kapitel 1 oben); Dahl ist der Ansicht, daß Entscheidungen zur Stadtentwicklung und -erneuerung einen Schlüsselbereich darstellen, an dem sich die Machtverteilung ablesen läßt.
41 Siehe weiter unten S. 91 f. (Wirtschaftliche Grundlagen) und S. 124 f. (Religion).
42 Amsterdam, GA, J. Hudde, *Brieven en papieren*, Nr. 42.

4 Wirtschaftliche Grundlagen

In seiner berühmten Studie über die Zirkulation der Eliten unterschied Vilfredo Pareto zwischen »Rentiers« und »Spekulanten« (oder Unternehmern). Diese Unterteilung beruhte teils auf Beobachtungen über die Einstellungen der beiden Typen – Rentiers wurden als phantasielose Konservative, Unternehmer als einfallsreiche Neuerer definiert –, teils wurde sie im Hinblick auf die unterschiedliche wirtschaftliche Grundlage der beiden Gruppen getroffen. Rentiers sind Leute, die von einer festen Rente leben, während das Einkommen der Unternehmer in Abhängigkeit von den erwirtschafteten Profiten variiert. Man hat diese Kategorien als ökonomischen Determinismus kritisiert, braucht sie jedoch nicht so einseitig auszulegen. Einkommensschwankungen mögen die Phantasie anregen, aber umgekehrt dürften innovative Menschen auch eher die sich bietenden Profitchancen nutzen, als daß sie sich mit einem festen Einkommen begnügen. Für eine vergleichende Studie über Eliten wie die unsere ist es offenkundig wichtig herauszufinden, ob die Venezianer und Amsterdamer überwiegend Rentiers oder Unternehmer waren. Darüber hinaus wäre es nützlich zu wissen, wie wohlhabend die beiden Gruppen im Vergleich zueinander und zu den anderen Gruppen in ihrer Gesellschaft waren.

Zur Untersuchung des Reichtums der venezianischen Elite und der Herkunft ihres Wohlstands gibt es keine bessere Quelle als ihre Steuererklärungen.[1] Die Venezianer zahlten die *decima* oder den Zehnten ihres Jahreseinkommens aus »unbeweglichen Gütern«, worunter vor allem Häuser und Landbesitz fielen. Die *decima* wurde 1581, 1661 und 1711 veranlagt (sie hätte eigentlich viel öfter angepaßt werden müssen), und die Erklärungen, welche die einzelnen Haushaltsvorsteher einreichten, haben bis heute überdauert. Obschon die Steuern der Bewohner des Festlands anders veranlagt wurden, bezahlten die Venezianer auch auf ihren Festlandbesitz den Zehnten, so daß uns diese Quelle (von der Steuerhinterziehung einmal abgesehen) ein ziemlich genaues Bild vom Grund- und Hausbesitz der Venezianer liefert. Selbst das Staatsoberhaupt mußte sein Einkommen angeben, eine Regel, die in ganz Europa einzigartig gewesen sein dürfte. Im Jahre 1581 erklärten der Doge und 17 Prokuratoren ihr Einkommen, 1711 waren es der Doge und 37 Prokuratoren. Diese Zahl repräsentiert beinahe die gesamte amtierende Elite zu Beginn und zum Ende der Epoche, so daß wir davon ausgehen dürfen, daß sie einen recht repräsentativen Ausschnitt der Elite insgesamt darstellen. Sie bildeten ökonomisch gesehen keine einheitliche Gruppe, aber die Mehrzahl von ihnen gehörte zur Gruppe der Großgrundbesitzer.[2]

Um mit den Ländereien zu beginnen, der Grundbesitz eines Haushalts war in der Regel in viele kleine Stücke aufgesplittert. Es ist nicht auszuschließen, daß dies mit Absicht geschah, um den Schaden, der durch lokale Ernteausfälle entstehen konnte, zu begrenzen. Die meisten Landgüter der Venezianer waren in den nahe gelegenen Regionen von Padua und Treviso, aber der venezianische Adel verfügte auch über einen beachtlichen Grundbesitz in der Umgebung von Vicenza und Verona, im Polesine (Richtung Ferrara) und bis hin ins Friaul (Richtung Triest). Die Güter wurden zumeist in zahlreiche kleinere Parzellen aufgeteilt. Marco Contarinis* Landgut in Piazzola beispielsweise war in hundertelf Parzellen unterteilt. Sie wurden in der Regel gegen einen festen Naturalzins, manchmal jedoch auch gegen Geld oder einen bestimmten Anteil an der Ernte an die ortsansässigen Bauern verpachtet, was den Grundbesitzern die Berechnung ihres Durchschnittseinkommens während der letzten fünf Jahre erschwerte. Die Pachtverträge waren in der Regel auf fünf oder weniger Jahre befristet.[3] Angebaut wurden unter anderem Weizen, Roggen, Sorghum (chinesisches Zuckerrohr), Hirse, Ölfrüchte, Wein und, gegen Ende der Epoche, auch Mais oder *sorgo turco*, wie er gemeinhin genannt wurde. In den Quellen werden, häufig unter dem Titel *regalia*, immer wieder Hühner und Schweine erwähnt, auf andere Nutztiere finden sich dagegen nur wenige Hinweise.

Der städtische Besitz bestand aus Häusern und Ladengeschäften in Venedig, seltener auch in anderen Städten wie Padua. Die Einkommensquellen reichten von Palästen, die an befreundete Adelige vermietet wurden, bis hin zu winzigen Läden wie dem Hutgeschäft auf der Rialtobrücke, das Lunardo Donà* gehörte. Insgesamt hatte der Hausbesitz einen geringeren Stellenwert als die Ländereien.

Was die Einkünfte anbelangt, die diese Vermögenswerte abwarfen, so betrug das Durchschnittseinkommen der 18 Angehörigen der Elite, die 1581 ihre Steuererklärung einreichten, rund 1300 Dukaten im Jahr, von Marco Grimani* mit 330 Dukaten bis hin zu Gerolamo da Mula* mit 3300 Dukaten Einkommen jährlich. Die 38 Mitglieder der Elite im Jahre 1711 erzielten im Schnitt ein Jahreseinkommen von 7 500 Dukaten, von Piero Zen* mit 1257 Dukaten bis hin zu Alvise Pisani* mit 35 000 Dukaten; der Wert des Dukaten war allerdings durch die Inflation inzwischen erheblich gesunken.[4] Diesen Beträgen könnte man das Jahreseinkommen eines Maurergesellen gegenüberstellen, der im frühen siebzehnten Jahrhundert rund 70 Dukaten verdient haben dürfte.[5] Die Kluft dürfte in Wahrheit jedoch größer gewesen sein, da sich die Steuererklärungen mit den »beweglichen Gütern« (*beni mobili*) überhaupt nicht beschäftigen. Zu den Mobilien zählten Familiensilber, Juwelen und das Geld, das entweder (mit fünf Prozent Zinsen) beim Münzherrn zu Verwahrung hinterlegt, in Geschäfte investiert oder an Privatpersonen verliehen und als »Erbleihe« (*livelli*) deklariert wurde.[6]

Ein wenig mehr Informationen über die beweglichen Güter enthalten die Testamente. Einige Beispiele mögen die Bedeutung der bei der Münze hinterlegten Gelder belegen. Zuan da Lezze* (gest. 1625) wies in seinem Testament auf eine solche Anlage hin; desgleichen Antonio Grimani*, der in seinem letzten Willen 1624 die Erben dazu ermahnte, das Geld dort liegen zu lassen; ebenso Alvise Barbarigo* (gest. 1678) und Gerolamo Basadonna* (gest. 1697), der die Mitgift seiner Frau von 12 000 Dukaten bei der Münze deponiert hatte; Alvise da Mosto* (gest. 1701) hatte die enorme Summe von 39 000 Dukaten hinterlegt, und auch Ferigo Corner* (gest. 1708) hatte sein Geld zur Münze getragen. Leider wird in den Testamenten nur äußerst selten das Gesamtvermögen des Verstorbenen erwähnt, so daß sich das Verhältnis zwischen beweglichen und unbeweglichen Gütern im Besitz der Elite nicht berechnen läßt.[7]

Auch was die Geschäftstätigkeit der Patrizier anbelangt, sind es hauptsächlich die Testamente, aus denen der Historiker seine wenigen Daten schöpft. Ich muß allerdings vorweg darauf hinweisen, daß abgesehen von einer Ausnahme alle folgenden Beispiele aus der Zeit vor 1624 datieren (zum Wandel der wirtschaftlichen Aktivitäten der Patrizier siehe Kapitel 9). Einige venezianische Edelleute waren noch im traditionsreichen Handel mit der Levante tätig. Zu Beginn der Epoche hatte Antonio Bragadin* je einen Geschäftsträger in Aleppo und Tripolis, und Zuan Francesco Priuli beschäftigte einen Vertreter in Istanbul; Ende des Jahrhunderts unterhielt Alvise Mocenigo* mehrere Agenten in Istanbul. Zwei Prokuratoren aus der Familie der Foscarini (Zweig *ai Carmini*), Giacomo Foscarini* und sein Sohn Zuanbattista Foscarini*, waren mit Sicherheit als Kaufleute tätig. Paolo Paruta* handelte mit Alexandrien, und sowohl Agostini Nani* als auch Zuanne Dolfin* unterhielten Handelsbeziehungen nach Syrien.

Antonio Bragadin* und Giacomo Foscarini* machten sich 1584 in ihrer offiziellen Funktion für eine venezianische Beteiligung am Gewürzhandel stark. Zuanbattista Foscarini* handelte mit wollenem Tuch, das im Verlaufe des siebzehnten Jahrhunderts für Venedig zunehmend an Bedeutung gewann, und ließ seine Firma später von einem Geschäftsführer verwalten. Antonio Grimani* investierte 1624 12 000 Dukaten in eine Seifensiederei und beschwor seine Erben, das Unternehmen weiterzuführen. Almoro Tiepolo* gründete 1660 zusammen mit seinem Partner Salamon Annobuono, einem jüdischen Kaufmann, eine Gesellschaft zum Handel mit Seide. Im späteren siebzehnten Jahrhundert investierte Domenico Contarini* 2 000 Dukaten in ein Gemeinschaftsunternehmen mit den Gebrüdern Foscoli, die nicht dem Adel angehörten. Die Venezianer investierten so gut wie niemals in Aktiengesellschaften. Die vorherrschende Organisationsform war, selbst bei einer Kapitalbeteiligung von Außenstehenden wie im eben genannten Beispiel, nach wie vor das Familienunternehmen.[8]

Die Elite handelte außerdem, wie so viele europäische Adelige von England bis nach Rußland dies im siebzehnten Jahrhundert taten, mit den landwirtschaftlichen Erzeugnissen ihrer Güter. Nicolò Donà* war im Getreidehandel tätig, Zorzi Corner, der Sohn von Zuan I. Corner*, verkaufte Vieh und Getreide, Antonio Priuli* handelte mit Holz. Bedenkt man, wie viele Ländereien von der Elite gegen Naturalzins verpachtet wurden, dann muß die große Mehrheit der Adeligen in dergleichen Geschäfte verwickelt gewesen sein, und sei es indirekt über einen Haushofmeister oder Verwalter.

Die Elite kam auf unterschiedlichem Wege zu ihrem Wohlstand: durch Erbschaft, durch den Handel (zumindest in einigen Fällen), durch Heirat und durch ihre Ämter. Wie in anderen Gegenden Europas brachten auch in Venedig die Frauen eine Mitgift in die Ehe. In der gesellschaftlichen Gruppe, mit der wir es zu tun haben, betrug die Mitgift zwischen 5 000 und 200 000 Dukaten. Den letzteren Betrag brachte Franceschina Dolfin 1618 in die Ehe mit Girolamo Priuli, dem Sohn Antonio Priulis*, ein. Der Vater war seinerzeit Doge von Venedig, und in die Familie eines amtierenden Dogen einzuheiraten war eine kostspielige Angelegenheit.[9] Eine der Möglichkeiten, eine höhere Mitgift zu erhalten, bestand darin, eine Frau unter dem eigenen Stand zu heiraten, die nicht zum venezianischen Adel gehörte, was im Laufe der Epoche insgesamt zehnmal vorkam. Zuanbattista Corner*, zum Beispiel, heiratete Zanetta Noris, deren Familie aus Brescia kam, und Benetto Soranzo* nahm Maria Flangini, die Tochter eines Arztes, zur Frau.[10]

Die finanziellen Vorteile, die der Elite aus ihren Ämtern erwuchsen, lassen sich in kirchliche und weltliche unterteilen. Über die kirchlichen Pfründe wissen wir genauer Bescheid. Schon Campanella behauptete dreist, daß »der größere Teil der Adeligen Venedigs von seinen Pfründen als Domherren und Bischöfe lebt«. Zwar dürfte er damit übertrieben haben, um gegen Venedig Stimmung zu machen, aber dennoch steckte in dem Vorwurf vermutlich ein wahrer Kern.[11] Einige Angehörige der Elite wie Pietro Basadonna* und Zuanne Dolfin* zogen sich aus dem politischen Leben zurück, um ein kirchliches Amt zu übernehmen; ersterer wurde zum Kardinal ernannt, während letzterer als Bischof von Vicenza wirkte. Aber da in Venedig jeder Zweig eines adeligen Klans seine Ressourcen zusammenlegte, dürfen wir uns bei unserer Untersuchung nicht auf die Inhaber politischer Ämter beschränken, sondern müssen auch deren Brüder, Onkel und Neffen berücksichtigen. Einige Zweige der Klans der Grimani, Corner und Dolfin waren in dieser Hinsicht besonders erfolgreich. So wurde zum Beispiel behauptet, die drei Brüder Francesco*, Zuanbattista* und Zuan* Grimani seien alle von ihrem Verwandten, dem Bischof von Bergamo, ausgehalten worden. Der Sohn des Dogen Zuan I. Corner*, Ferigo Corner, war ebenfalls Bischof von Bergamo, und zwischen 1577 und 1722 kamen sieben der insgesamt zehn Bischöfe von Padua aus dem Klan der Corner. Von 1657 bis weit über die Jahrhundertschwelle hinaus trugen die Erzbischöfe von Udine stets den Namen Dolfin.[12]

Weit weniger Gewicht wird unter Historikern für gewöhnlich den Einkünften durch politische Ämter beigemessen, aber auch sie halfen manche Kasse füllen. Da gab es die juridischen Ämter der *quarantia*, deren Gehälter schon damals als eine Art Sozialhilfe für verarmte Adelige angesehen wurden, aber auch andere Ämter der Elite waren mit einem erklecklichen Einkommen verbunden. Im frühen siebzehnten Jahrhundert gab es fünf Marineoffiziere, die mehr als 10 000 Dukaten im Jahr verdienten.[13] Botschafter erhielten jährlich zwischen 5 000 und 7 000 Dukaten. Man mag einwenden, daß die Diplomaten auch beträchtliche Unkosten hatten, aber neben ihrem Gehalt genossen sie auch erhebliche Vergünstigungen und boten sich ihnen mannigfache Profitmöglichkeiten. Die Schwierigkeit liegt darin, diese inoffiziellen Einkünfte zu schätzen. Die offiziellen Quellen schweigen sich naturgemäß darüber aus, während die zeitgenössische Polemik sie vermutlich übertreibt. Dennoch wollen wir einige Kommentare aus dem siebzehnten Jahrhundert anführen: Ein Beobachter mokierte sich über die »moderne Alchemie«, durch die kostspielige öffentliche Ämter in gewinnträchtige Einnahmequellen verwandelt wurden; andere warfen den führenden Adeligen vor, sie hätten sich im Krieg gegen die Habsburger von 1617 an öffentlichen Geldern bereichert; der große Francesco Morosini* wurde zweimal, nämlich 1663 und 1670, wegen Veruntreuung öffentlicher Gelder angeklagt.[14] Ein Autor des siebzehnten Jahrhunderts stellte sogar eine Liste der Nebenprofite der einzelnen Ämter auf und nannte als besonders gewinnträchtige Posten die *governatori delle entrate*, welche die Einziehung der direkten Steuern überwachten; die *provveditori al sale*, die das staatliche Salzmonopol, eine wichtige indirekte Steuerquelle, verwalteten; die *provveditore* der Inseln Korfu (Einkünfte von rund 12 000 Dukaten im Jahr) und Sakinthos (rund 20 000 Dukaten im Jahr); und vor allem den *bailo* oder Botschafter in Instanbul, der über beträchtliche Summen zur Bestechung des Großwesirs verfügte, aber darüber keine Rechenschaft abzulegen brauchte. Ein Autor hielt es für denkbar, daß der Botschafter beim Osmanischen Reich in drei Jahren bis zu 100 000 Dukaten für sich selbst abzweigen konnte, falls er besonders habgierig sei, sogar noch mehr; ein anderer Beobachter meinte, er sei der einzige Amtsträger, »der ohne Skrupel stehlen kann«.[15]

Nach diesem allgemeinen Überblick über die Einkommensverhältnisse der venezianischen Elite müssen wir uns endlich die Frage stellen, ob sie eher als Unternehmer oder als Rentiers anzusehen sind. Von einigen wenigen können wir mit gutem Gewissen behaupten, daß sie Unternehmer waren, das heißt Handel trieben und an einer Profitmaximierung interessiert waren: Antonio Bragadin*, Giacomo Foscarini*, Antonio Priuli* haben wir bereits als Beispiele erwähnt. Andere Mitglieder der Elite wie Alvise da Mosto* und Ferigo Corner*, die erkleckliche Geldbeträge in der Münze deponiert hatten, dürfen wir getrost als Rentiers klassifizieren.[16] Aber über die Mehrheit der Elite wissen wir nicht mehr, als daß sie über beträchtlichen Grundbesitz verfügte.

Grundbesitz allein macht einen Mann nicht notwendig zum Rentier (in dem Sinn, wie ich den Ausdruck im ganzen Buch gebrauche); ausschlaggebend ist vielmehr seine Einstellung gegenüber dem Land, ob er aktiv oder passiv damit wirtschaftet und ob er (wie Adam Smith schrieb) an »Verbesserungsentwürfen« interessiert ist oder sich lieber zurücklehnt und seinem Haushofmeister das Eintreiben der Rente überläßt. Einige Mitglieder der Elite hatten zweifellos ein sehr aktives Verhältnis zu ihrem Grund und Boden: Marcantonio Barbaro*, der Eigentümer der berühmten Villa Maser, die von Palladio entworfen und von Veronese dekoriert wurde, war ein solches Beispiel. Barbaros* Fall ist ungewöhnlich, weil er in Venedig praktisch keine Gebäude und, abgesehen von der Villa, auch auf dem Festland kaum Grund besaß. Von den 1 000 Dukaten, die ihm sein Landsitz einbrachte, stammten 60 Prozent aus der Verpachtung und der relativ hohe Satz von 40 Prozent aus der direkten Verwaltung des Grundbesitzes.[17] Ferigo Contarini* wiederum interessierte sich persönlich für die Landwirtschaft. Ein gewisser Africo Clemente, Notar zu Padua, widmete ihm 1572 eine Abhandlung über den Landbau, und Contarini selbst stand einem adeligen Konsortium vor, das sich mit der Landgewinnung in der Umgebung von Treviso beschäftigte. Im frühen siebzehnten Jahrhundert war es Girolamo Corner*, der sich für die Landgewinnung einsetzte.[18] 1550 lag ein Drittel des Festlandes brach und waren große Teile versumpft, aber bereits um 1600 entfalteten verschiedene adelige Interessengemeinschaften eine rege Tätigkeit zur Trockenlegung der Sümpfe. Kanäle wurden ausgehoben und Brücken gebaut. Ein gut Teil der Neuerungen, die letztlich den venezianischen Grundbesitzern zugute kamen, wurde von Zwangsarbeitern geleistet, welche die venezianische Regierung unter der ortsansässigen Bauernschaft rekrutierte.[19] In einigen Fällen kann man die Adeligen förmlich dabei beobachten, wie sie Acker um Acker erwerben. Luca Michiel* kaufte 1607 in Meolo 69 *campi* Land und erweiterte das Grundstück 1610 um weitere elf *campi*.[20] Ein feindlich gesonnener Beobachter sah in diesen Landkäufen eine Art venezianischen Imperialismus am Werke. Er behauptete, die venezianischen *rettori* trügen die Haut der unterworfenen Bevölkerung des Festlands zu Markte und der Adel Venedigs usurpiere Gemeindeland und betrüge Witwen und Waisen um ihr Eigentum.[21] Fest steht, daß auf dem Festland zwischen 1646 und 1727 rund 90 000 Hektar Gemeindeland verkauft wurden und daß fast 40 Prozent dieses Landes von venezianischen Adeligen erworben wurde.[22] Ob es bei diesen Transaktionen in jedem einzelnen Fall mit rechten Dingen zuging, ist schwer zu entscheiden. Antonio Barbarigo* beispielsweise besaß in Casale bei Montagnana in der Gegend von Padua ein Gut. Die Gemeinde klagte gegen ihn, er habe sich einen Teil der Allmend angeeignet, »auf der die armen Bauern ihre Schweine weiden lassen können«. Der Fall wurde von adeligen Richtern in Venedig gehört und im Jahre 1690 zu Barbarigos* Gunsten entschieden, als der Beklagte *provve-*

ditore delli beni inculti, das heißt Verwalter der ungenutzten Güter auf der *terraferma* war.[23]

Es gab auch Mitglieder der Elite, die ihrem Grundbesitz gegenüber eher die passive Einstellung eines Rentiers einnahmen. Während der ganzen Epoche beschäftigten zahlreiche Adelige einen Verwalter oder Haushofmeister zur Betreuung ihrer Landgüter, was in Anbetracht der Größe einiger der Güter und der Tatsache, daß ihre Eigentümer aus politischen oder anderen Gründen die meiste Zeit des Jahres in der Stadt lebten, nicht anders zu erwarten war. Africo Clemente empfahl den Venezianern in seinem Traktat (das von 1572 bis 1714 acht italienische Auflagen erlebte), sich »fähige und erfahrene Verwalter« (*fattori practici et esperti*) zu besorgen und sie gut zu entlohnen; sie sollten zu diesem Zweck unter allen Umständen einen Fachmann einsetzen und nicht etwa auf einen Knecht zurückgreifen, der sich bloß auf einfache Arbeiten wie die Versorgung der Pferde verstünde. Es scheint recht wahrscheinlich, daß dieser Empfehlung weithin gefolgt wurde und daß die Tätigkeit als Gutsverwalter im Verlauf des siebzehnten Jahrhunderts zunehmend an Bedeutung gewann und sich als eigenständiger Beruf etablierte. Ein Beleg für die wachsende Professionalisierung ist die Tatsache, daß ein gewisser Giacomo Agostinetti 1679 ein Buch mit Handlungsanweisungen für Gutsverwalter herausbrachte. Der Autor rühmt sich, ein »Vollbluthofmeister« (*fattore di razza*) zu sein, der selbst fünfundvierzig Jahre in Venetien gedient habe, und auch sein Vater habe sich schon als Haushofmeister bewährt. Die Güter, mit denen er sich in seiner Abhandlung befaßt, sind so groß, daß dem Haushofmeister noch einige untergeordnete Landarbeiter (*castaldi*) zur Hand gehen. Der Autor propagiert eine stark durchrationalisierte Verwaltung, er lobt die doppelte Buchführung und empfiehlt den Gutsbesitzern, sich kolorierte Zeichnungen von ihren Gütern anfertigen zu lassen und jede zu numerieren, damit sie ihr Land besehen könnten, ohne Venedig zu verlassen. In der Frage der Kontrolle des Verwalters durch den Eigentümer äußert sich Agostinetti erwartungsgemäß ambivalent. Er schlägt vor, daß die Wohngemächer der Villa des Lärms wegen nicht zu nah an den Bauernunterkünften liegen sollten, aber doch nahe genug, daß der Gutsbesitzer selbst ein Auge auf die Dinge halten kann. Zuletzt rühmt er einen venezianischen Senator, dem es völlig gleichgültig war, ob die von ihm erworbenen Güter bei Padua oder Treviso lagen: »Was liegt daran, ob mein Einkommen von den Ufern des Brenta oder des Sile kommt« - eine Rentierseinstellung par excellence.[24]

Aus einigen Testamenten der Elite geht unzweideutig hervor, daß sie auf ihren Gütern Verwalter beschäftigten. Francesco Corner* (gestorben 1584) ließ seine Ländereien in Zypern von *fattori* betreuen, die er allerdings der Veruntreuung verdächtigte, riet er doch seinen Erben, dort persönlich nach dem Rechten zu sehen. Alvise Barbarigo* hingegen belohnte den *fattore* seiner Villa in Merlana im Testament für seine guten und treuen Dienste. Die Abwesenheit des Gutsherren bedeutete nicht zwangsläufig, daß auf seinem Landsitz keine Neuerungen oder Verbesserungen durchgeführt wurden. Die Haushofmeister auf dem Gutssitz der Familie Tron in Anguillara nahe Padua machten neue Ländereien urbar und verbesserten die Pflugtechnik. Aber im Vergleich zu anderen adeligen Landbesitzern in Europa fällt auf, daß der venezianische Adel keine einzige Abhandlung über die Landwirtschaft verfaßte und auch keine adeligen Landbaugesellschaften gründete.[25]

Es bleibt daher ungewiß, wie sehr sich die Mitglieder der Elite für die konkreten Probleme der Gutsverwaltung interessierten, und erst recht, wie stark sie am Schicksal ihrer Bauern Anteil nahmen, die in Ställen oder Strohhütten hausten, während die Herren in Palästen wohnten. Die Bauernfrage wird in zwei Abhandlungen aus dem siebzehnten Jahrhundert erörtert, die für adelige Landbesitzer in Venetien geschrieben wurden. G. B. Barpo, ein redegewandter Geistlicher aus Belluno, meinte, daß ein Landgut das reine Entzücken sein könnte, wenn nur die lasterhaften, mißgünstigen, stolzen und widerspenstigen Bauern nicht wären. Der bereits zitierte Agostinetti vertrat demgegenüber eine gemäßigtere Linie. Zwar wußte er von einigen Bauern zu berichten, die den Wein gepanscht oder ihre Herren auf andere Weise betrogen hätten, aber gleichzeitig anerkannte er, daß es auch gute Bauern gäbe. Großzügigkeit auf Seiten des Gutsbesitzers sei eine lohnende Investition: »Gute Herren haben gute Arbeiter.« Seine Haltung den Bauern gegenüber ist wesentlich manipulativ. An anderer Stelle seines Buches erörtert er in ein und demselbem Atemzug die Vorzüge unterschiedlicher Pflüge und Pächter, der Bauer war für ihn nichts anders als ein Werkzeug. Ein letzter Hinweis auf die Beliebtheit der venezianischen Gutsherren ist für jedermann leicht zu entdecken, der sich die Mühe macht, die Bemerkungen zur Biographie einzelner Individuen im *Barbaro*, jener berühmten Sammlung venezianischer Stammbäume, durchzublättern. Gar nicht selten stößt man dort auf den lakonischen Eintrag: »von den Bauern ermordet« (*ammazzato da' contadini*).[26]

Auch im Falle Amsterdams stellen die Steuererklärungen (*kohieren*) die beste Einzelquelle zum Wohlstand der Elite dar.[27] Die Erhebungen wurden in den Jahren 1585, 1631, 1674 und 1742 durchgeführt. Die zu entrichtende Steuer betrug »den zweihundertsten Pfennig« oder 0,5 Prozent des Vermögens. 1585 wurden 65 Personen beziehungsweise Haushalte auf 50 oder mehr Gulden veranlagt. 18 Mitglieder der Elite, also etwa die Hälfte, gehörten zu dieser Gruppe, und die beiden Männer mit der höchsten Steuerschuld waren Bürgermeister Dirck Graeff* mit 210 Gulden und Bürgermeister Wilhelm Baerdesen* mit 200 Gulden. 1631 wurden 100 Personen beziehungsweise Haushalte auf 500 oder mehr Gulden veranlagt, was bedeutet, daß sie über ein Vermögen von mindestens 100 000 Gulden verfügten. 16 von ihnen gehörten der Elite an, und das größte Vermögen von 500 000 Gulden wurde von den Erben des verstorbenen Bürgermeisters Jacob Poppen* deklariert. 1674 wurden 259 Individuen beziehungsweise Haushalte auf 500 oder mehr Gulden veranlagt, davon gehörten 35 Personen zur Elite, unter ihnen auch Joan Corver*, der mit einem Vermögen von 419 000 Gulden damals der reichste Mann Amsterdams war. Sieben Jahre später wurde er Bürgermeister. Die nächste Veranlagung erfolgte erst wieder im Jahre 1742, als die Vermögenssteuer durch eine Einkommenssteuer ersetzt wurde. Damals erklärten 103 Personen ein Einkommen von 16 000 oder mehr Gulden, und 27 von ihnen zählten zur Elite. Die Bürgermeister D. Trip*, J. Six* und L. Geelvinck* standen auf der Liste der reichsten Personen an zweiter, dritter und fünfter Stelle.

Natürlich darf der Historiker diese Steuererklärungen genauso wenig für bare Münze nehmen wie in Venedig oder an anderen Orten. Die wenigen Fälle, in denen wir die Angaben mit anderen Quellen vergleichen können, machen ihre Unzulänglichkeit deutlich. Jacob Poppen* hinterließ bei seinem Tode 1624 920 000 Gulden, aber seine Erben deklarierten im Jahre 1631 insgesamt lediglich 500 000 Gulden. Dirck Bas* wurde 1631 mit einem Vermögen von 100 000 veranlagt, hinterließ 1637 jedoch 500 000 Gulden. Die 240 000 Gulden, die E. Trip im Jahre 1674 bei der Steuer angab, machten laut einer neueren Studie lediglich 20 bis 25 Prozent seines wirklichen Vermögens aus. Andererseits erscheinen manche Angaben in den Steuererklärungen als übertrieben. Andries de Graeff* mußte 1674 auf ein Vermögen von 292 000 Gulden Steuern zahlen, aber die Veranlagung erfolgte unter der Ägide seiner politischen Gegner Gillis Valckenier* und Nicolaes Witsen*. De Graeff* wußte nur zu gut, daß man ihm in Amsterdam an den Geldbeutel wollte, und verlegte seinen Wohnsitz nach Utrecht, aber der Schachzug zeitigte nicht das gewünschte Ergebnis. Es war vermutlich einer seiner Parteigänger, der einen Zettel mit der Aufschrift »Matthäus 17.24–27« ans Rathaus nagelte, denn der Evangelist erklärt an der besagten Stelle: »Und als Petrus heimkam, kam ihm Jesus zuvor und sprach: Was dünkt dich, Simon? Von wem nehmen die Könige auf Erden den Zoll oder Zins: Von ihren Kindern oder von den Fremden? Da sprach zu ihm Petrus: Von den Fremden. Jesus sprach zu ihm: So sind die Kinder frei.«[28] Da die Veranlagungen nur lückenhaft durchgeführt wurden, gelang es einigen außerordentlich reichen Männern wie etwa den beiden millionenschweren Bürgermeistern Alexander Velters*, der bei seinem Tode 1719 mehr als eine Million Gulden hinterließ, und Jeronimus de Haze*, der im Jahre 1725 über drei Millionen vererbte, durch die Maschen des Netzes zu schlüpfen.

Im Unterschied zu den venezianischen Steuerdokumenten geben diejenigen aus Amsterdam keinerlei Aufschluß darüber, wie sich das Vermögen des einzelnen zusammensetzte. Um darüber mehr zu erfahren, müssen wir auf andere Quellen zurückgreifen.[29] Daraus geht hervor, daß die Elite Amsterdams ihr Geld in Häuser, Land, Aktien und Obligationen investierte. Die große Expansion Amsterdams im Verlauf des siebzehnten Jahrhunderts führte unter anderem zu einem merklichen Anstieg der Hauspreise, so daß Häuser häufig auf mehrere Eigentümer aufgeteilt wurden. Josias van de Blocquery*, zum Beispiel, besaß 5/32 eines Hauses in Amsterdam. Häuser stellten eine sichere, jedoch nicht besonders rentable Kapitalanlage dar. 1622 dürften sie im Schnitt einen Jahreszins von rund drei Prozent eingebracht haben.[30]

Land brachte ebenso wie Hausbesitz eine sichere, aber eher magere Rendite von drei Prozent jährlich.[31] Etwa 30 Prozent der Elite scheint in der einen oder anderen Weise über Grundbesitz verfügt zu haben, aber es bleibt ziemlich unklar, wie die Güter genutzt wurden. In jedem der wenigen Einzelfälle, über den wir genaueres wissen, scheint sich die Nutzung zu unterscheiden. Joannes Hudde* wird als »Viehzüchter« (*ossenweider*) beschrieben, kann jedoch bei einem Wert von 4000 Gulden keine sehr großen Ländereien besessen haben. Das größte Gut lag in der Nähe von Sloterdijk unmittelbar vor den Toren Amsterdams und umfaßte rund 15 *morgen* Land. Offenbar standen auf diesem Land Bauernkaten, aber es bleibt völlig unklar, ob die Bauern dort Vieh hüteten.[32] Frederik Willem van Loon* besaß ein Bauerngut namens »Treslong«, aber auch eine ganze Reihe von kleineren Grundstücken, die er als

»Wohnsitze« vermietet zu haben scheint.³³ Marten van Loons* Landbesitz war, im Unterschied zu den anderen, mit gutsherrlichen Patrimonialrechten verbunden. Jacob de Graeff* ließ seinen Gutssitz in Zuidpolsbroek von einem Grundmeier oder Rentmeister (*drossard, rentemeester*) verwalten, aber ich weiß nicht, wie verbreitet diese Praxis war.³⁴

Eine dritte Möglichkeit zur Kapitalanlage boten die Schiffsreisen, und im späten sechzehnten und frühen siebzehnten Jahrhundert wurde hier rege investiert. Als Cornelisz Joriszoon* im Jahre 1588 Grietge Bakker heiratete, besaß er insgesamt 24 000 Gulden, von denen er 2 000 in Schiffe, das heißt in überseeische Handelsgeschäfte, investiert hatte.³⁵ Mit dem Aufstieg der VOC (der Vereinigten Ostindischen Kompanie) im frühen siebzehnten Jahrhundert ging diese Form der Kapitalanlage zugunsten des Erwerbs von Aktien (*actiën*) zurück. Aktien waren zwar zu einer Zeit und in einer Stadt, in der die Börsenspekulation bereits zu einer hohen Kunst geworden war, keine sichere Geldanlage, ermöglichten jedoch viel größere Gewinne. Als Admiral Piet Hein 1628 die spanische Silberflotte kaperte, zahlte die Westindische Kompanie ihren Aktionären eine Dividende von 50 Prozent aus. Was die VOC anbelangt, so läßt sich deren Erfolg daran ermessen, daß die »alten Aktien« der VOC mit einem Nominalwert von 21 000 Gulden, die Nicolaas van Bambeeck* bei seinem Tode 1712 hinterließ, mittlerweile einen Kurswert von 146 000 Gulden erreicht hatten.³⁶ Um das Risiko zu verringern, investierten die Aktienbesitzer in unterschiedliche Gesellschaften und in verschiedene Kammern derselben Gesellschaft. Alexander Velters* besaß Aktien der VOC (Kammer von Amsterdam) und der Westindischen Kompanie (Kammer von Amsterdam), hatte jedoch auch in den Delfter und Enkhuisener Kammern der VOC Kapital angelegt. Jeronimus de Haze* investierte neben den holländischen Gesellschaften auch in die englische Südsee-Kompanie.³⁷

Eine vierte Anlageform stellten die Obligationen (*obligatiën*) dar, das heißt Anleihen, die zumeist von der Stadt Amsterdam oder der Provinz Holland aufgenommen wurden. Im Jahre 1622 brachte diese Anlage einen Gewinn von fünf bis sechs Prozent jährlich, also beinahe doppelt so viel wie der Haus- und Grundbesitz, aber 1679 zahlte die Stadt nur noch vier Prozent Zinsen.³⁸ Auch die VOC nahm auf diese Weise Kapital auf. Eine weitere Möglichkeit, in öffentliche Schuldner zu investieren, bestand in den sogenannten Rentenpapieren oder Annuitäten (*rentebrieven*), die wie Aktien gekauft und verkauft werden konnten. Eine Form dieser Rentenpapiere – der *losrente brief* – war unter bestimmten

Umständen tilgbar, eine weitere Variante nahm die Form einer Annuität auf Lebenszeit an, die mit dem Tod ihres Inhabers verfiel.

Es wäre natürlich wichtig zu wissen, wie sich das Vermögen der Amsterdamer Elite auf die vier Anlageformen verteilte, aber leider läßt sich diese Frage nur für sehr wenige Fälle präzise beantworten, deren Mehrzahl (15, um genau zu sein) noch dazu aus dem frühen achtzehnten Jahrhundert stammt. Aufgrund dieser Fälle können wir das typische Investitionsverhalten der Elite um das Jahr 1700 herum rekonstruieren: Demnach wurde etwa die Hälfte des Kapitals in Obligationen angelegt, rund 32 Prozent in Aktien, zwölf Prozent in Häuser und sechs Prozent in Land. Die spärlichen Quellen für das frühe siebzehnte Jahrhundert legen die Vermutung nahe, daß um das Jahr 1600 noch wesentlich stärker in Grundbesitz investiert wurde, der etwa 30 Prozent der Kapitalanlage ausgemacht haben dürfte. Schuldverschreibungen spielten seinerzeit eine viel geringere Rolle. Statt dessen erwarb man Anteile an den Fahrten einzelner Schiffe. (Die Belege für die Behauptungen dieses Absatzes finden sich im Anhang.)

Da es sich bei den Mitgliedern der Amsterdamer Elite nicht um Adelige handelte, finden sich in den Quellen häufig Angaben zu ihren Berufen. Wir können daher nicht nur etwas darüber aussagen, wie sie ihren Reichtum anlegten, sondern auch wie sie ihn erwarben.[39] Fast die Hälfte von ihnen waren Kaufleute: Cornelisz Joriszoon*, Gerrit Delft* oder C.P. Hooft* handelten mit Heringen, und Hooft* war außerdem, wie Jacob Coppit* oder Claes van Vlooswijck*, als Getreidehändler tätig. Es gab Holzhändler (wie Harmen van de Poll* und sein Sohn Jan van de Poll*), Seilhändler (wie Pieter Boom* und Jan Verburch), Seifensieder (wie die verschiedenen Mitglieder der Familie Spiegel) und Bierbrauer (die Bickers hatten damit ihr Geld gemacht). Alle diese Branchen gehörten zu den traditionellen und noch bis 1600 vorherrschenden Amsterdamer Berufen, aber allmählich wandelte sich das Bild.[40] Manche Mitglieder der Elite sattelten schnell auf den zwar riskanteren, aber um so ertragreicheren Handel mit Ost- und Westindien um. Gerrit Bicker* wechselte kurz vor seinem Tod 1604 von der Brauerei zum Ostindienhandel über, in dem Hendrick Hudde* bereits seit 1594 tätig war. Ein Drittel der Elite arbeitete zeitweilig als Direktoren der VOC, der Westindischen Kompanie oder der Gesellschaft von Surinam. Gegen Ende der Epoche bekam das Bankwesen ein immer größeres Gewicht, und eine ganze Reihe von Patriziern wie Balthasar Scott* und sein Vater Everard Scott*, Daniel Hochepied* oder Jean Deutz* waren nicht nur Kaufleute, sondern auch Teilzeitbankiers. Druckereiwesen und Buchhandel wurden im Verlauf des siebzehnten Jahrhunderts in Amsterdam zu einem florierenden Gewerbe, und der König der Amsterdamer Drucker, Dr. Joan Blaeu*, verfügte an der Bloemgracht über die größte und modernste Druckerei Europas. Blaeu* stellte Landkarten für die VOC her und war außerdem am Sklavenhandel nach Virginia beteiligt.[41]

Vierzehn Mitglieder der Elite werden als »Verkäufer von Milchprodukten« (*zuivelkooper*) oder als »Viehzüchter« (*ossenweider*) beschrieben, man könnte sie als unternehmerische Landbesitzer bezeichnen. Die Viehzüchter importierten aus der Gegend von Holstein magere Rinder, mästeten sie und verkauften sie an die wachsende Bevölkerung Amsterdams weiter, und die Tatsache, daß der Viehmarkt 1660 von Enkhuizen nach Amsterdam verlegt wurde, weist auf die zunehmende Bedeutung dieses Gewerbes hin.[42] Zu dieser Gruppe gehörten Balthasar Appelman* und Joannes Hudde*. Rechnet man die Kaufleute und die Vieh- und Milchhändler zusammen, machen sie bereits über die Hälfte der Elite aus. Ein weiteres unternehmerisches Betätigungsfeld stellten die Landgewinnungsprojekte dar, namentlich die Trockenlegung von Purmer und Beemster. Von den 16 ursprünglichen Hauptgrundbesitzern (*hoofdingelanden*) des Beemster im Jahre 1608 gehörten vier zur Elite: Pieter Boom*, Barthold Cromhout*, Jan ten Grootenhuis* und Jacob Poppen*. Durch dieses ebenso spektakuläre wie profitable Unternehmen (bei dem Windmühlen zur Drainage eingesetzt wurden) läßt sich vielleicht erklären, weshalb Jacob Poppen* und einige andere (siehe S. 86 oben) über ein so großes Vermögen verfügten.[43]

Dreißig Männer oder knapp zehn Prozent der Amsterdamer Elite gehörten den gelehrten Berufsständen an: Hauptsächlich handelte es sich dabei um Anwälte, wie die drei aus derselben Familie stammenden Advokaten Cornelis Cloeck*, Nanning Cloeck* und Pieter Cloeck*, aber es gab auch einige Ärzte, unter denen Martin Coster* und Nicolaes Tulp* wohl die berühmtesten waren. Auch Jan van Hartoghvelt* war Arzt, eine Tatsache, die sich seine politischen Gegner zunutze machten, als sie ihn aus einer wichtigen Sitzung des Stadtrats zu einem Krankenbesuch rufen ließen. Außerdem finden sich in der Elite einige Seeoffiziere, deren bekanntester Jacob van Neck* ist. Neununddreißig Mitglieder der Elite werden als Direktoren einer Handelsgesellschaft bezeichnet, aber nicht gleichzeitig als Kaufleute oder Anwälte geführt; in diesen Fällen ist schwer zu entscheiden, ob man sie als Geschäftsleute oder als Bürokraten ansehen soll. Für 77 Mitglieder oder knapp 25 Prozent der Elite ist überhaupt keine Berufsangabe überliefert. Aus der Abwesenheit von Angaben Schlüsse ziehen zu wollen, ist ein ziemlich gewagtes Unterfangen, aber zumindest in einigen Fällen finden sich positive Hinweise darauf, daß es sich bei diesen Männern um *renteniers* handelte, wie die Zeitgenossen sagten, also um Leute, die von den Zinsen ihrer Rentenpapiere lebten. Diese *renteniers* sind das klassische Beispiel für das, was wir oben als Rentiers bezeichnet haben. Zu ihnen gehörten F. W. van Loon*, Jacob Bicker* und Nicolaas van Bambeeck*.

Das markanteste Ergebnis dieses kurzen Überblicks ist sicherlich, daß von der Elite Amsterdams, obschon wir sie rein politisch definiert hatten, mehr als die Hälfte auf die eine oder andere Weise Handel trieb und rund ein Drittel mit der Ost- oder Westindischen Handelsgesellschaft verbunden war. Es kann kein Zweifel daran bestehen, daß die wirtschaftlichen Grundlagen der Elite einen Einfluß auf ihre politischen Einstellungen hatten. Von einigen mächtigen Individuen läßt sich mit Fug und Recht behaupten, daß sie die Staatsangelegenheiten der Vereinigten Provinzen wie ihre eigenen Geschäftsangelegenheiten behandelten, als sei, was der VOC fromme, auch stets zum Nutzen der Republik. Die Verflechtungen zwischen Geschäft, Politik und Kriegswesen waren noch ausgeprägter als die Verfilzung der »Eliten«, die C. Wright Mills während des Koreakriegs in den USA aufdeckte. Im Amsterdamer Stadtrat saßen unter anderen die Munitionsfabrikanten Reynier Cant*, Louys Trip* und Gillis Sautijn* (die letzteren beiden wurden vom Statthalter Wilhelm III. eingesetzt und unterstützten dessen Kriegspolitik, als die Mehrheit des Stadtrats dagegen war). Abraham Boom* und Jan Geelvinck verkauften im frühen siebzehnten Jahrhundert Schiffe an Spanien, und Andries Bicker* lieferte ans iberische Königreich das Silber, mit dem dieses die spanischen Truppen in den Niederlanden bezahlte. Kein Wunder, daß der Stadtrat 1607 erklärte, der Friede bedeute »den Ruin dieser Länder«.[44]

Die letzte Frage, die sich hinsichtlich der wirtschaftlichen Grundlagen der Amsterdamer Elite stellt, ist diejenige nach dem Gewicht der Rentiers und der Unternehmer. Die Frage ist insofern kompliziert, als sie (wie bereits anläßlich der venezianischen Elite bemerkt) nicht nur auf ein bestimmtes Investitionsverhalten zielt, sondern auch auf ein bestimmtes Einstellungsmuster. Ein Mann wie Bürgermeister F. H. Oetgens*, der von den zahlreichen Grundstücken und Häusern lebte, die er in der Stadt besaß, erweckt auf Anhieb den Eindruck eines Rentiers, war jedoch in Wirklichkeit ein gewiefter und skrupelloser Immobilienspekulant. Als *Stadsfabriekmeester* von Amsterdam war er für die Planung der weiteren Stadtentwicklung zuständig. Erst kaufte er jenseits des Haarlemer Tors außerhalb der Stadtmauern billig Land, dann plante er die Ausweitung der Stadt in diese Richtung, so daß die Bodenpreise für seine Grundstücke in die Höhe schossen. C. P. Hooft* protestierte im Stadtrat gegen die Machenschaften von Oetgens* und versuchte die Stadt zur Übernahme des Lands zu bewegen, aber letztlich setzte sich Oetgens* durch.[45] Der Amsterdamer Volksmund nannte den Stadtteil fortan scherzhaft »Jordaan« – das verheißene Land –, und der Name blieb bis heute erhalten. Oder nehmen wir Jacob Poppen*, der mit seinen großen Landgütern ebenfalls den Anschein eines Rentiers erweckt, aber zugleich stark in »Verbesserungsentwürfen« wie der Trockenlegung des Beemster engagiert war. Ja, fast scheint es, als hätte die Amsterdamer Elite des frühen siebzehnten Jahrhunderts ausgerechnet als Grundbesitzer den meisten unternehmerischen Ehrgeiz entwickelt und als habe sich erst mit der Umschichtung des Kapitals vom Grundbesitz in Obligationen auch die Rentierseinstellung ausgebreitet.

Fassen wir zusammen: Am leichtesten sollte uns beim Vergleich der beiden Städte eigentlich die Beurteilung ihres relativen Reichtums fallen, aber in Wirklichkeit läßt sich nur schwer einschätzen, welche der beiden Gruppen wohlhabender war. Das Hauptproblem besteht dabei nicht in der Umrechnung von Dukaten in Gulden, sondern in dem Vergleich von Daten über das Einkommen mit Daten über das Vermögen. Eine vertretbare Schätzung des durchschnittlichen Vermögens der venezianischen Elite im Jahre 1711 läge vielleicht bei 150 000 Dukaten, was umgerechnet rund 300 000 Gulden wären. Um eine vergleichbare Schätzung des Wohlstands der Elite Amsterdams zu erhalten, müssen wir auf das Jahr 1675 zurückgehen. Der durchschnittliche Reichtum der Mitglieder der Elite betrug damals rund 167 000 Gulden, also kaum mehr als die Hälfte ihrer venezianischen Gegenspieler – wenn man bedenkt, daß Amsterdam im späten siebzehnten Jahrhundert seine Blütezeit erlebte, während die Bedeutung Venedigs zu dieser Zeit schon zurückging, ein recht überraschendes Ergebnis.[46]

Andere Vergleiche sind sowohl ungenauer als auch einfacher. Wenn wir unter »Rentier« und »Unternehmer« zwei gegensätzliche psychologische und ökonomische Typen verstehen, die ihrem Eigentum gegenüber eine eher passive beziehungsweise aktive Einstellung einnehmen, dann scheint die venezianische Elite überwiegend aus Rentiers bestanden zu haben (mit einigen unternehmerischen Ausnahmen), während in Amsterdam die Unternehmer in der Mehrzahl waren (neben einer nicht ganz unbeträchtlichen Anzahl von Rentiers). In beiden Städten erfolgte im Laufe des siebzehnten Jahrhunderts eine Verschiebung zugunsten der Rentiers, die im letzten Kapitel ausführlicher zu erörtern sein wird. Mit diesem Hauptgegensatz hängen weitere Unterschiede zusammen. Landbesitz stellte in Venedig eine wichtige Kapitalanlage dar, nicht so in Amsterdam. In Amsterdam wurde rege in Aktiengesellschaften investiert, während diese Form der Handelsgesellschaft in Venedig noch nicht einmal existierte. Man könnte Venedig als den Kolonisator Norditaliens bezeichnen, aber die viel einträglichere Kolonisierung der beiden Indien hatte man in der Lagunenstadt verschlafen.

Zumindest manche der öffentlichen Ämter in Venedig verhalfen ihren Inhabern zu einem beträchtlichem Reichtum. Diese Einkommensquelle war in Amsterdam verhältnismäßig unbedeutend, mit Ausnahme vielleicht des *schout* oder Schultheiß. Dieses Amt brachte seinem Träger 1650 offiziell ein Gehalt von 500 Gulden ein, doch dürfte sein inoffizielles Einkommen eher bei 6000 Gulden gelegen haben.[47] In Amsterdam zahlten sich Ämter eher indirekt aus. Im wesentlichen boten sie ihren Inhabern die Möglichkeit, die Außenpolitik der niederländischen Republik in eine Richtung zu lenken, die den Interessen der Amsterdamer Kaufleute entsprach. Die Politik als eine Profitquelle anzusehen, war für das siebzehnte Jahrhundert nicht ungewöhnlich, wie sehr sich der moderne Europäer auch daran stoßen mag. Vielleicht läßt sich diese, keineswegs auf Venedig und Amsterdam beschränkte Tatsache leichter verstehen, wenn man sich vergegenwärtigt, daß die Politik auch wirtschaftliche Verluste mit sich bringen konnte und daß sich manch einer ruinierte, um in dem Stil leben zu können, den seine politischen Ämter von ihm verlangten. Lebensstil und Ausgabegewohnheiten der beiden Eliten sollen denn auch unser nächstes Thema sein.

Anmerkungen zu Kapitel 4

1 Die Steuererklärungen werden beschrieben in B. Canal, »Il collegio, l'ufficio e l'archivio dei dieci savi« in *Nuovo Archivio Veneto* 16 (1908); J. C. Davis, *The Decline of the Venetian Nobility as a Ruling Class*, Baltimore 1962, disqualifiziert sie (voreilig, wie mir scheint), weil sie »zu selten erhoben« worden und »schwer auszuwerten« seien.

2 Die Steuererklärungen für das Jahr 1581 stammen von M.A. Barbaro*, Ferigo Contarini*, Lorenzo Correr*, Andrea Dolfin*, Giacomo Foscarini*, Marco Grimani*, Andrea da Lezze*, Battista Morosini*, Vincenzo Morosini*, Gerolamo da Mula*, Paolo Nani*, Nicolò da Ponte

senior* (dem Dogen), Nicolò da Ponte junior*, Francesco Priuli*, Jacopo Soranzo*, Alvise Tiepolo*, Polo Tiepolo* und Nicolò Venier*.

Die Steuererklärungen des Jahres 1711 stammen von Polo Antonio Belegno*, Filippo Bon*, Pietro Bragadin*, Gerolamo Canal*, Alvise Contarini*, Carlo Contarini*, Pietro Contarini*, Francesco Corner*, Zuan Corner*, Nicolò Corner*, Vittore Correr*, Anzolo Diedo*, Daniel Dolfin* und Daniel Dolfin* (zusammen), Vincenzo Fini*, Alvise Foscarini*, Giulio Giustinian*, Girolamo Giustinian*, Vincenzo Gradenigo*, Bortolo Gradenigo (drei Brüder desselben Namens zusammen), Alvise Gritti*, Andrea da Lezze*, Francesco Loredan* Girolamo Mocenigo*, Alvise Pisani*, Pietro Pisani, Polo Querini*, Carlo Ruzzini*, Nicolò Sagredo*, den Gebrüdern Andrea, Sebastian und Lorenzo Soranzo* (zusammen), Lorenzo Tiepolo*, Girolamo Venier*, Piero Zen* und Gabriel Zorzi*.

Diese Steuererklärungen wurden mikroverfilmt und werden in der Bibliothek der University of Sussex mit den genauen Manuskriptangaben verwahrt.

Ich habe außerdem die Steuererklärungen des Dogen Domenico Contarini* und von zwölf Prokuratoren aus dem Jahre 1661 ausgewertet, mache jedoch von diesen Daten im folgenden wenig Gebrauch. Eine genaue Analyse der Erklärungen ist recht kompliziert, weil ein Großteil des Einkommens in Naturalien angegeben wird und sich durchaus nicht immer nachvollziehen läßt, aufgrund welcher Methode die Beamten die Gesamtsumme errechneten, auf welche dann die Steuerschuld erhoben wurde. Nichtsdestoweniger geben diese Dokumente ein recht detailliertes Bild der verschiedenen Einkommensquellen des venezianischen Patriziats im siebzehnten Jahrhundert.

3 Giacomo Agostinetti, *110 ricordi che formano il buon fattor di villa* (1679), Venedig 1704, S. 58 ff. empfiehlt eine Verpachtung über fünf Jahre. Drei- bis fünfjährige Pachtverträge waren in der Gegend von Padua offenbar vorherrschend.

4 Das genaue Ausmaß der Entwertung ist indes schwer einzuschätzen, weil zum Preisanstieg in Venezien während des siebzehnten Jahrhunderts keine Untersuchungen vorliegen. Florentinische und lombardische Quellen deuten darauf hin, daß sich die Preise zwischen 1550 und 1600 verdoppelten, zwischen 1600 und 1617 jedoch wieder leicht abfielen (C. M. Cipolla, »The so-called 'Price Revolution'« in *Economy and Society in Early Modern Europe*, hg. von P. Burke, London 1972, S. 44). Maddalenas Untersuchungen über Mailand und Parentis Studien über Siena legen nahe, daß sich der Preisverfall um 1630 verschärfte und bis Ende des Jahrhunderts andauerte. Einen wichtigen Beitrag zur Diskussion liefert J. Meuvret, »L'example des prix Milanais« in *Annales E.S.C.* (1953); vgl. auch R. Baehrels Kritik an diesem Aufsatz in derselben Zeitschrift (1954). Baehrel vertritt die Ansicht, der Preisverfall habe in Italien bereits Ende des sechzehnten Jahrhunderts begonnen. F. Braudel, »Note sull' economia del Mediterraneo nel 17 secolo« in *Economia e storia* 2 (1955), beschreibt eine langanhaltende Rezession im Mittelmeerraum etwa von 1640 an. Die allgemeine Tendenz scheint also unstrittig, aber die Geschwindigkeit und das Ausmaß der regionalen Unterschiede bleibt nach wie vor ungewiß.

5 Siehe die Tabelle in B. Pullan, »Wage-earners in the Venetian economy, 1550–1630« in *Crisis and Change in the Venetian Economy*, hg. von B. Pullan, London 1968, S. 158.

6 Über Darlehen, die als Pachtgut getarnt wurden, siehe B. Pullan, »The occupations and investments of the Venetian nobility in the middle and late sixteenth century« in *Renaissance Venice*, hg. von J. R. Hale, London 1973.

7 Es bedürfte genauerer Untersuchungen zur Investitionspraxis der venezianischen Elite, um die verschiedenen Anlagemöglichkeiten abzuschätzen, die einem bemittelten Venezianer im siebzehnten Jahrhundert offenstanden, und um die Bedeutung von Fachausdrücken, die in den Dokumenten auftauchen, zu klären; Ferigo Corner*, zum Beispiel, spricht in einem Dokument aus dem Jahre 1708 von »gereiften Anteilen« (*rate maturate*). Brian Pullan schlägt vor, darunter so etwas wie einen verzögerten Jahreszins zu verstehen.

8 I. Cervelli, »Intorno alla Decadenza di Venezia« in *Nuova Rivista Storica* 50 (1966), erörtert das besondere Interesse von A. Bragadin* und G. Foscarini* am venezianischen Gewürzhandel. Die Informationen über Zuanne Dolfin* und Agostino Nani* verdanke ich den unveröffentlichten Forschungen von M. J. C. Lowry, »The Church and Venetian political change in the

later '500«, Diss., University of Warwick 1971, S. 343 und 354. Über Almoro Tiepolo* siehe ASV, Archivio Notarile, Busta 20, F. 181. Diesen Hinweis verdanke ich Alex Cowan.

9 Eine Mitgift zwischen 5 000 und 6 000 Dukaten erhielten Zuan Barbarigo*, Antonio Canal*, Domenico Contarini* und Francesco Corner*; rechtlich gesehen durfte eine Mitgift die Summe von 6 000 Dukaten eigentlich nicht überschreiten.

10 Die zehn Fälle sind: Molin – Purperata (1576); Corner* – Noris (ca. 1625); Soranzo* – Flangini (1640); Grimani* – Bergonzi (1646; die Bergonzi wurden 1665 geadelt); Foscarini* – Labia (1650; die Labia waren 1646 geadelt worden); Contarini* – Tomi (1665); Ottobon – Maretti (1665); Lando* – Zenobio (1668, die Familie Zenobio war 1647 geadelt worden); Zen* – Pio (1692); Bragadin* – Zenobio (1697). Außerdem wurde behauptet, der Doge Z. Pesaro habe seine Haushälterin geheiratet.

11 Campanella, zitiert in A. Ventura, »Considerazioni sull'agricoltura veneta« in *Studi Storici* 9 (1968), S. 677.

12 Zu den Grimani siehe EIP, S. 47; zu den Corner siehe A. Simioni, *Storia di Padova*, Padua 1968, S. 904; zu den Dolfin siehe N. H. B. G. Dolfin, *I Dolfin*, Mailand 1924, S. 163.

13 *Relatione di tutti le renditi e spese che la Repubblica di Venezia ordinariamente cava...*, British Museum, Add. Mss., 18,660 (anonym, ca. 1620), S. 174 f.

14 Zur »Alchemie« siehe EIP, S. 18; zur Korruption von 1617 siehe *Relatione del politico governo di Venezia* (anonym, 1620), zusammengebunden mit dem in Anm. 12 oben erwähnten Manuskript, F. 143 recto; über Morosini siehe A. da Mosto, *I dogi di Venezia*, 2. Ausgabe, Mailand 1960, S. 435.

15 *Relazione sulla organizzazione politica della Repubblica di Venezia*, hg. von G. Bacco, Vicenza 1856 (ursprünglich aus dem späten siebzehnten Jahrhundert), S. 153f. Zum bailo vgl. RA, S. 393, und C. Freschot, *Nouvelle relation de la ville et république de Venise*, Utrecht 1709, S. 264.

16 F. Corner* machte in seinem Testament von 1706 »meinem *fattore* in Venedig..., der alles über meine Geschäfte weiß«, ein Vermächtnis.

17 Diese Information entstammt M. A. Barbaros* Steuererklärung aus dem Jahre 1581, einem sehr schlecht erhaltenen Dokument.

18 Zu Ferigo Contarini* siehe ASV, Archivio Bernardo, Busta 22, passim; zu Girolamo Corner* siehe die Kartei in BCV, Provenienze Diverse, unter seinem Namen.

19 E. Campos, *I consorzi di bonifica nella repubblica veneta*, Padua 1937, insbesondere S. 15 f. Dieses Vorgehen war ganz legal, und es ist bedauerlich, daß dieses Material bislang noch von keinem Wirtschaftshistoriker untersucht wurde.

20 Siehe BCV, Provenienze Diverse, Karteikarte »Luca Michiel«, auf der diese und weitere Ankäufe aufgelistet sind.

21 *Relatione del politico governo di Venezia* [Anm. 14 oben], S. 144 f.

22 B. Beltrami, *Forze di lavoro e proprietà fondiaria*, Venedig und Rom 1961, S. 74 f.

23 BCV, Provenienze Diverse, C. 2347, Busta 17.

24 Zu den *fattore* siehe A. Ventura, »Aspetti storico-economico della villa veneta« in *Bolletino Centro A. Palladio* XI (1969), sowie Giacomo Agostinetti [siehe Anm. 3 oben].

25 Zu Anguillara siehe J. Georgelin in *Annales* (1968); den Hinweis auf das Fehlen landwirtschaftlicher Abhandlungen verdanke ich M. Berengo, *La società veneta alle fine del '700*, Florenz 1956, S. 94.

26 G. P. Barpo, *Le delitie e i frutti dell'agricoltura e della villa*, Venedig 1634, S. 26 f.

27 Das *kohier* für 1585 wurde herausgegeben von J.G. van Dillen, Amsterdam 1941; dasjenige für 1631 von J.G. Frederiks und P.J. Frederiks, Amsterdam 1890; das für 1742 von W. F. H. Oldewelt, Amsterdam 1945; das *kohier* für 1674 wurde nicht veröffentlicht, kann aber im GA in Amsterdam eingesehen werden.

28 Hans Bontemantel, *De Regeering van Amsterdam*, hg. von G.W. Kernkamp, Den Haag 1897, Bd. 2, S. 107 f.

29 Insbesondere auf die Register der Kollateralen Erbfolge, die seit 1659 geführt wurden; die kollateralen Erben mußten auf das ererbte Vermögen fünf Prozent Steuern zahlen und es zu diesem Zweck im Detail beschreiben.

30 Die Schätzung für das Jahr 1622 wird von G. W. Kernkamp in seinem Beitrag zu *Amsterdam in de 17de eeuw*, hg. von A. Bredius, Bd. 1, Den Haag 1897, S. 29 zitiert; Kernkamp gibt jedoch keine Quelle an.
31 Amsterdam, GA, Register der Kollateralen Erbfolge, Bd. 19, F. 300.
32 Ebd., Bd. 16, F. 482.
33 Ebd., Bd. 13, F. 158.
34 Schätzung von 1622 [siehe Anm. 30 oben]. Die Papiere de Graeffs liegen im GA in Amsterdam. Nr. 43 enthält die Rechenschaftsberichte der Hofmeister über das Gut in Zuidpolsbroek von 1551 bis 1651; anfangs gehörte das Gut noch einem Adeligen, später dann dem besagten Mitglied der Amsterdamer Elite. Die Dokumente wären eine Fundgrube für jeden Wirtschaftshistoriker.
35 Amsterdam, GA, Backer Papiere, Nr. 63. Zur Bedeutung der finanziellen Beteiligung an der Schiffahrt als einer Investitionsform in den Jahren um 1600 siehe H. A. Enno van Gelder, *De Levensbeschouwing van C.P. Hooft*, Amsterdam 1918, S. 29 f.
36 Amsterdam, GA, Register der Kollateralen Erbfolge, Bd. 18, F. 1156.
37 Ebd., Bd 18, F. 61 (Velters) und Bd. 19, F. 1017 (Haze).
38 Amsterdam, GA, Vroedschap, Resolutiën, Bd. 33, S. 4 f. gibt den Zinssatz für das Jahr 1679 an.
39 Die zeitgenössischen Berufszuordnungen wurden praktischerweise bereits von J. E. Elias zusammengestellt und den Biographien in seinem Buch *De Vroedschap van Amsterdam*, Haarlem 1903–5 beigefügt.
40 Zu den Veränderungen nach 1600 siehe W. van Ravesteyn, *Onderzoekingen over de ontwikkeling van Amsterdam*, Amsterdam 1906, S. 272.
41 C. Koeman, *Joan Blaeu and his Grand Atlas*, Amsterdam 1970, S. 10.
42 A. Nielsen, *Dänische Wirtschaftsgeschichte*, Jena 1933, S. 141 und 166.
43 J. Bouman, *Bedijking, opkomst en bloei van de Boemster*, Purmerend 1856–7, S. 263 f.
44 H. Brugmans, »Handel en Nijverheid« in *Amsterdam*, hg. von A. Bredius, Bd. 2, Amsterdam 1901, S. 61.
45 N. de Roever, »Tweeërlei regenten« in *Oud-Holland* 7 (1889), S. 66 f.
46 Nach Gründung der Amsterdamer Börse im Jahre 1609 lassen sich Dukaten relativ einfach in Gulden umrechnen. 1609 wurde der venezianische Dukaten in Amsterdam mit 106 *grooten* gehandelt. Ein *groot* entsprach 0,025 Gulden, so daß der Wechselkurs für einen Dukaten bei rund zweieinhalb Gulden lag. Bis zum Jahre 1708 verlor der venezianische Dukaten an Wert und wurde nur noch gegen 80 *grooten* oder rund zwei Gulden getauscht (N. W. Posthumus, *Nederlandsche Prijsgeschiedenis*, Bd. 1, Leiden 1943, S. 590 f.). Das eigentliche Problem besteht darin, das venezianische Einkommen (laut *decima* von 1711) mit dem Amsterdamer Vermögen (laut *kohier* von 1674) zu vergleichen. (Da es sich um eine Zeit relativer wirtschaftlicher Stagnation handelt, dürfen wir den Zeitunterschied zwischen den beiden Steuererhebungen vernachlässigen.) Der Vergleich zwischen Vermögen und Einkommen ist deshalb so schwierig, weil die unterschiedlichen Anlagen in Amsterdam zwischen drei und zwölf Prozent Gewinn abwarfen. Umgekehrt habe ich, nicht ohne eine gewisse Willkür, für Venedig zwischen Einkommen und Vermögen ein Verhältnis von fünf zu 100 zugrunde gelegt; das Vermögen entspräche damit dem »Ertrag von zwanzig Jahren«, wie man in England seinerzeit sagte.
47 Kernkamp, a.a.O., S. 100.

5 Lebensstil

Wir wollen nun der Frage, wie die beiden Eliten zu Reichtum gelangten und ihn anlegten, den Rücken kehren und uns damit beschäftigen, wie sie ihn ausgaben und welche Art von Lebensstil er ihnen erlaubte. Jede der beiden Gruppen hatte, neben bestimmten Einstellungen und Werten (denen wir uns im nächsten Kapitel widmen), ihre je eigene Art zu gehen und stehen, sprechen und schweigen, zu arbeiten und sich zu entspannen – Gewohnheiten, die bereits den Kindern anerzogen wurden, indem man sie ermunterte, einem bestimmten Ideal nachzueifern.[1]

Der venezianische Stil war der Stil von Adeligen, die Familienwappen benutzten und sich gerne mit Genealogien beschäftigten. *Il Barbaro*, eine Zusammenstellung von Stammbäumen des gesamten venezianischen Adels, wurde im späten sechzehnten Jahrhundert begonnen. Die Prokuratoren stellten eine Art Hochadel dar. Sie trugen violett- oder blaufarbene Gewänder, deren Ärmel bis auf den Boden reichten, um sich von anderen Adeligen abzuheben. Nach ihrer Wahl wurde ihr neuer Status mit großem Zeremoniell gefeiert: Unter Fanfarenstößen und Kanonendonner ließen sie ihr Porträt durch die Straßen tragen, verteilten Brot und Wein und Geld unter die Menge und zogen in einer Prozession von der Kirche von S. Salvador zur Kirche von S. Marco.

In anderer Hinsicht jedoch unterschieden sich die venezianischen Adeligen markant vom europäischen Durchschnitt. Ihre langen schwarzen Talare machten deutlich, daß sie sich als Adel der Robe eher denn als Adel des Schwertes begriffen, und obschon sich einige von ihnen durch ihre Laufbahn in der Marine hervorgetan haben, waren sie im wesentlichen doch Zivilisten. Im allgemeinen trugen die venezianischen Edelmänner in der Öffentlichkeit kein Schwert. Wie die chinesischen Mandarine, denen sie in mehr als einer Hinsicht ähnelten, waren die Venezianer seit eh und je äußerst ungeschickte Reiter. Der florentinische Humanist Poggio notierte im fünfzehnten Jahrhundert einen Witz, in dem ein Venezianer sein eigenes Pferd nicht erkannte, und der englische Reisende Coryat bemerkte: »Ich habe während der sechs Wochen, die ich dort weilte, in ganz Venedig nur ein einziges Pferd gesehen.«[2]

Ebenfalls ungewöhnlich war, daß der traditionelle venezianische Lebensstil eher dem Ideal der Schlichtheit als dem des Pomps folgte.

Der Doge Lunardo Donà* bietet sich als ein geeignetes Beispiel an, weil ihn die Zeitgenossen im frühen siebzehnten Jahrhundert für einen mustergültigen Edelmann hielten. Seine Sparsamkeit grenzte an Geiz. Er wies seine Erben an, möglichst einfach zu leben und hatte seine Equipage aus zweiter Hand gekauft.³ Zuan Sagredo* war Botschafter in Paris, und der zeitgenössischen Legende zufolge soll er, sobald er von seinen Audienzen beim König zurückkam, seinen Lakaien befohlen haben, ihre Livreen auszuziehen, um sie nicht unnötig abzutragen.⁴ Coryat bemerkte über die venezianischen Adeligen im allgemeinen, daß »ihre Gastlichkeit nicht zu rühmen« sei; trotz des Reichtums einiger von ihnen hielten sie »kein stattliches Gefolge von Dienern« und seien »ihre Tafeln sehr spärlich gedeckt«. Es fiel ihm auf, daß manche Edelmänner persönlich auf dem Markt einkaufen gingen, was er für unter ihrer Würde hielt.⁵ Der Einhaltung dieses Ideals wurde durch Luxusgesetze nachgeholfen, die von den *provveditori alle pompe*, den »Aufsehern über den Prunk«, erlassen wurden. Luxusgesetze waren im Europa des siebzehnten Jahrhunderts nichts Ungewöhnliches, aber in Venedig wurden sie auf den Adel selbst angewandt. Im Jahre 1658, zum Beispiel, wurde den adeligen Venezianern verboten, von Silbergeschirr zu essen und auf Banketten mehr als anderthalb Pfund Marzipan zu verspeisen.⁶

Ernst und Würde standen unter den venezianischen Edelmännern hoch im Kurs. Ihre Roben zwangen sie zu einem langsamen und würdevollen Gang, und der Gebrauch der Gondeln als Fortbewegungsmittel verlieh ihnen eine besonders stattliche Erscheinung. Manche Mitglieder der Elite wußten ihre Würde sichtbar nach außen hin zu demonstrieren. Vom Dogen Francesco Morosini* beispielsweise wurde gesagt, er hätte in der Öffentlichkeit nie die Beine übereinander geschlagen. Von Nicolò Corner* hieß es, er besäße eine »feine Erscheinung« (*bellissima presenza*) und ein königliches Gebaren. Dieser kulturelle Stil entstand durch die Nachahmung alter Männer, denn der Doge und die Prokuratoren waren für gewöhnlich Greise. Das Durchschnittsalter der 25 Dogen, die zwischen 1578 und 1720 gewählt wurden, betrug zum Zeitpunkt ihrer Berufung 67 Jahre. Fynes Morison, der Venedig im Jahre 1594 besuchte, bemerkte scharfsichtig, daß die Venezianer schon frühzeitig alt wirkten, aber »eher alt erscheinen als wirklich sind«.⁷ Wo anders als in Venedig hätte man jene von Donà* angeführte Fraktion als die »Jungen« (*giovani*) bezeichnet? Donà* war 1582 bereits 46 Jahre alt und zählte 70 Lenze, als er zum Dogen gewählt wurde. Auch eine gewisse zeremonielle Förmlichkeit gehörte mit zum venezianischen

Stil. Coryat beobachtete, daß die venezianischen Adeligen »sich mit sehr höflichen und artigen Gebärden tief voreinander verbeugen, indem sie ihre Körper verneigen und sich mit der rechten Hand auf die Brust schlagen«. Ein anderer Reisender notierte sich ihre Gewohnheit, zur Begrüßung den Ärmel ihres Gegenübers zu küssen.[8]

Ein weiterer wichtiger Bestandteil des kulturellen Stils in Venedig war das Schweigen. Unter den berühmten, im späten siebzehnten Jahrhundert entstandenen Gemälden des Dogenpalasts finden sich nicht nur Allegorien auf den »Ruhm« und den »Sieg«, sondern auch auf die »Verschwiegenheit« (*taciturnità*), und Lunardo Donà* ermahnte sich selbst in einer Notiz: »sei nicht redselig« (*non esse loquace*).[9] Als Ideal galt eine bewußt zur Schau getragene Undurchdringlichkeit. »Man weiß nie, ob er etwas liebt oder haßt«, schrieb Sarpi über Donà*. Nicht nur zum Karneval trugen die Venezianer Masken. Ihre Vorliebe für Täuschung und Verstellung wurde möglicherweise durch den täglichen Gang zum *broglio* verstärkt (siehe S. 104 unten). Antonio Colluraffi, der einigen venezianischen Edelleuten als Privatlehrer diente, empfahl den Adeligen, beim *broglio* in die Gedanken der anderen einzudringen, »um sich ihren jeweiligen Launen besser anpassen zu können« (*per potessi a'loro humori più agevolmente conformare*). Antonio Ottobon* gab seinem Sohn den Rat, sich am Vorbild des Proteus auszurichten und durch Anpassung seiner Haltung einem jeden gefällig zu sein: *tu dovrai qual Proteo mutar figure per renderti grato ad ognuno*. Ein kritischerer Beobachter meinte, die venezianischen Adeligen »benehmen sich untereinander sehr heuchlerisch, und gleichgültig wie sehr sie jemanden hassen, sie machen stets ein freundliches Gesicht«.[10] Wenn schon die Zeitgenossen Mühe hatten, hinter die Maske des venezianischen Adels zu blicken, um wieviel mehr Vorsicht muß dann der Historiker aus dem zwanzigsten Jahrhundert walten lassen.

Der Lebensstil des adeligen Venedig zeichnete sich demnach durch Sparsamkeit, Ernst und Bedächtigkeit aus. Die vorherrschende Eigenschaft war zweifellos die Selbstbeherrschung. Das adelige Ethos hielt die Elite dazu an, nicht über das notwendige Maß hinaus zu essen, trinken, reden oder Geld auszugeben. Lunardo Donà* vervollständigte diese Palette durch ein Keuschheitsgelübde, und von Nicolò Contarini* wird berichtet, er sei als Jungfrau gestorben. Vom Individuum wurde erwartet, daß es seine persönlichen Wünsche zugunsten des Hauses oder Venedigs zurückstellte. »Ich möchte in der römischen Kurie als Botschafter Venedigs ... und nicht als Lunardo Donà bekannt sein; und ebenso in Venedig als Senator meines Vaterlands... und nicht unter meinem Namen.« Donà* wies seine Erben an, nicht mehr als 500 Dukaten für sein Grabmal auszugeben. Ob das Motiv dafür Bescheidenheit oder Geiz war, es setzte sich jedenfalls über den Tod hinaus fort. Eine ganze Anzahl von Mitgliedern der Elite verfügte in ihren Testamenten, daß sie ohne Pomp bestattet sein wollten (was für Adelige im siebzehnten Jahrhundert durchaus ungewöhnlich war), und Ferigo Contarini* ging so weit, seine Erben mit dem Verlust von 10 000 Dukaten zu bestrafen, sollten sie es wagen, seinen Wunsch nicht zu befolgen.[11]

Dieser Lebensstil, insbesondere vermutlich seine Ernsthaftigkeit und Förmlichkeit, erinnerten einen Beobachter aus dem siebzehnten Jahrhundert an den »spanischen« Stil. Aber im Verlauf des Jahrhunderts gewann zunehmend ein rivalisierender, »französischer« Stil an Boden, der ein offeneres, aufwendigeres, großzügigeres und entspannteres Benehmen gestattete. Nicolò Corner* wurde als freundlich, ja sogar leutselig beschrieben; Piero Dolfin* galt als fröhlich, vergnügt und gab lauter Versprechungen, die er nicht einhielt; Francesco Contarini* zeigte ein »sanftmütiges Benehmen« (*dolce maniera*), und der Doge Domenico Contarini* beeindruckte einen französischen Besucher durch seine *douceur* (Milde) und seine *affabilité* (Umgänglichkeit).[12] Selbst das Reiten erfreute sich mit der Zeit unter jungen Edelleuten einer wachsenden Beliebtheit. Der *podestà* und der *capitano* von Padua veranstalteten 1600 in der Stadt ein Turnier, und seit Mitte des siebzehnten Jahrhunderts gab es an der *Mendicanti* in Venedig eine Reitschule, La Cavallerizza. Obschon es schwer zu messen ist, gewinnt man doch den Eindruck, daß der demonstrative Konsum im Vormarsch war.[13]

Die private Sparsamkeit war beim venezianischen Adel stets mit öffentlicher Pracht zu Ehren der Familie oder des Staates gepaart, mit *il publico decoro*, wie Francesco Erizzo* es nannte.[14] Domenico Contarini* sprach in seinem Testament vom »Luxus«, der notwendig sei, um den einem Dogen angemessenen Stil aufrechtzuerhalten (*sostener si gran grado*). Die Notwendigkeit, ein prächtiges öffentliches Erscheinungsbild zu bieten, ganz gleich was es koste, ist für die gesamte Epoche belegt. Als Henri III. 1574 nach Venedig kam, wurde er von Ferigo Contarini* in der Villa Mira am Brenta prachtvoll unterhalten, und selbst dem relativ unbedeutenden deutschen Fürsten Ernst August wurde bei seinem Besuch in Venedig im Jahre 1685 von Marco Contarini* in der Villa Piazzola ein glanzvoller Empfang bereitet; der Gastgeber ließ auf dem Gelände der Villa sogar eine künstliche Seeschlacht veranstalten.[15] Hohe

Ämter waren mit beträchtlichen Unkosten verknüpft. Marin Grimani* gab für die Feierlichkeiten anläßlich seiner Wahl zum Dogen 1595 genau 6 943 Dukaten aus (und führte charakteristischerweise über jeden ausgegebenen Dukaten Buch).[16] Die Tätigkeit als *rettore* auf dem Festland konnte ebenfalls recht kostspielig sein. Andrea Contarini* sprach in seinem Testament von den »enormen Unkosten«, die er als *rettore* von Udine gehabt habe. Zeitgenössische Beobachter berichten von der »Pracht«, mit der Zuanbattista Corner* um 1640 seine Ämter als *provveditore* von Peschia und als *capitano* von Bergamo bekleidete.[17] Auch das Amt des *capitan generale da mar* war kostspielig, aber am aufwendigsten von allen Ämtern war wahrscheinlich dasjenige eines Botschafters. Es kam vor, daß die Feinde eines Adeligen ihn zum Gesandten wählten, um ihn dadurch zu ruinieren.[18] Von Nicolò Corner* wird behauptet, er habe während seiner außerordentlichen Mission zum Kaiser innerhalb weniger Tage 20 000 Dukaten verbraucht, aber diese Zahl ist mit Vorsicht zu genießen. Für die Reise von Anzolo Contarini* und Renier Zen*, die ebenfalls als außerordentliche Gesandte zum Kaiser unterwegs waren, ist eine Ausgabenliste erhalten geblieben.[19] Die Reise hin und zurück kam sie auf 2 500 Dukaten zu stehen, darin eingeschlossen waren Ausgaben wie Trinkgelder für Trompeter, Almosen für die unterwegs besuchten Kirchen und Kosten für Wappenschilder, die sie in den Gasthöfen zurückließen, in denen sie eingekehrt waren. Nichtsdestoweniger war eine Ausgabe von 2 500 Dukaten in wenigen Tagen eine Menge Geld, zumal wenn man bedenkt, daß ein ordentlicher Botschafter sein Amt rund drei Jahre lang ausübte. Kein Wunder also, daß es gegen Ende des siebzehnten Jahrhunderts immer schwieriger wurde, diesen Posten zu besetzen. Alvise Pisani* wurde 1698 zum Botschafter in Frankreich ernannt, nachdem vier andere Kandidaten das Amt ausgeschlagen hatten. Erst ein Pisani von S. Stefano konnte sich die damit verbundenen Ausgaben leisten.

Die Amsterdamer Elite besaß keinen entsprechenden, bewußt an die Tradition anknüpfenden Stil, was sich vielleicht darauf zurückführen läßt, daß sie keinen Stand, sondern eine Klasse repräsentierte und sich eher informell denn formell als Gruppe definierte. Gewiß, manche Mitglieder der Elite, die im Ausland als Gesandte tätig waren, wurden von ihren Gastgebern geadelt: Reynier Pauw* wurde sowohl von Jakob I. von England als auch von Ludwig XIII. von Frankreich geadelt, Dirck Bas* von Gustav Adolf, und Willem Backer* wurde 1647 in Venedig zum Ritter von S. Marco geschlagen. Andere wiederum erwarben mit ihren

Landgütern auch den zugehörigen Titel: Jacob de Graeff* wurde zum *Vrijheer* von Zuidpolsbroek, als er dem Fürsten von Aremberg 1610 das entsprechende Gut abkaufte; Cornelis Bicker* kaufte 1632 das Landgut Swieten in der Nähe von Leiden und wurde damit zum *Heer* van Swieten; Joan Huydecoper* wurde *Heer* van Marsseveen, als er 1640 das entsprechende Gut erwarb. Von einigen wenigen Mitgliedern der Elite wissen wir, daß sie bereits im frühen siebzehnten Jahrhundert ihre Stammbäume aufzeichneten, um ihre adelige Herkunft zu beweisen. Gerard Schaep* mokierte sich über einen anderen Patrizier wegen »des falschen Glanzes seines Stammbaums« (*die ydele glorie van sijn geslachtboom*), aber seine nachgelassenen Papiere belegen, daß er seine eigene Familie für einen Ableger aus schlesischem Adel hielt.[20] Andries de Graeff* behauptete, von einer adeligen Tiroler Familie namens von Graben abzustammen. Aber trotz all dieser Bemühungen und Erfolge unterschied sich diese (vermutlich sehr kleine) Gruppe in der Amsterdamer Elite formell gesehen nicht vom Rest. Niemand hätte die Patrizier Amsterdams so auflisten können, wie das Goldene Buch die Patrizier Venedigs aufführte. Die Herrscher Amsterdams trugen keine offiziellen Roben wie der Doge, die Prokuratoren und die Senatoren Venedigs. Auch bei offiziellen Anlässen kleideten sie sich in dieselben schwarzen Talare oder Mäntel, welche sie als Anwälte und Kaufleute ohnehin trugen. Ihre Bewegungen waren nicht sonderlich stattlich oder gemessen. Obschon sie an Kanälen lebten, glitten sie nicht in Gondeln übers Wasser, sondern gingen wie jeder andere zu Fuß durch die Straßen. Der britische Gesandte Henry Sidney notierte mit Überraschung, daß Bürgermeister Gillis Valckenier* »ohne Diener umhergeht«: »Er geht wie ein gewöhnlicher Ladenbesitzer durch die Straßen.« Ein weiterer britischer Botschafter, Sir William Temple, verallgemeinerte diese Beobachtung, als er schrieb, die Bürgermeister von Amsterdam »sind zu keinerlei Auslagen verpflichtet, und weder was ihre Kleidung, noch was ihr Gefolge, noch was ihr Tafeln anbelangt, gehen sie über die Ausgaben gewöhnlicher, bescheidener Bürger hinaus«. Im Gegenteil, sie »treten allerorten mit der Schlichtheit und Bescheidenheit anderer privater Bürger auf«.[21] Auch den Venezianern sprang diese Prunklosigkeit ins Auge. Tommaso Contarini, der 1610 die niederländische Republik bereiste, zeigte sich von der Schlichtheit des dortigen Lebensstils beeindruckt und mutmaßte, daß noch nicht einmal seine Vorfahren in Venedig so bescheiden gelebt hätten.[22]

Erst im Laufe der Zeit scheint der Lebensstil in Amsterdam etwas prunkvoller geworden zu sein. Nicolaes Tulp* opponierte gegen die immer üppiger werdenden Hochzeitsfeierlichkeiten und ließ 1655 ein Gesetz dagegen verabschieden. Die Verordnung hielt Louys Trip* jedoch nicht davon ab, im Jahre 1670 für die Hochzeit seiner Tochter Anna Maria mit Wouter Valckenier* 8 300 Gulden auszugeben (eine Ausgabe, die sich bereits 1672 auszahlte, als ihm diese Verbindung in den Stadtrat verhalf). Im achtzehnten Jahrhundert verstärkte sich der Wandel im Lebensstil weiter. Die Veränderungen lassen sich an Hand der Steuerveranlagungen von 1742 veranschaulichen, in denen auch Statussymbole wie Landhäuser, Kutschen und Pferde erfaßt wurden. Die Landhäuser, zum Beispiel, wurden im Verlauf des achtzehnten Jahrhunderts immer größer und folgten zusehends den französischen Vorbildern. Auch in der Kleidung symbolisierte sich eine wichtige Veränderung im Lebensstil der holländischen Herren insgesamt. Während sie sich im siebzehnten Jahrhundert noch in nüchternes Schwarz kleideten, ließen sie sich im achtzehnten Jahrhundert in bunten Gewändern malen. Die Tugend der Selbstbeherrschung hatte allmählich an Bedeutung verloren.

Natürlich gab es nicht nur zwischen, sondern auch innerhalb der beiden Gruppen Unterschiede. Unter den Venezianern fand sich ein grobschlächtiger Haudegen wie Francesco Molin*, der für seine Trunksucht und für seine derben, unverblümten Reden bekannt war, aber auch »ein gewitzter und raffinierter Hofmann« (*scaltro e raffinato cortigiano*) wie Pietro Basadonna*, der stets ein spöttisches Lächeln auf den Lippen trug.[23] Unterschiede wie diese waren nicht nur eine Frage des individuellen Temperaments, vielmehr handelte es sich um Unterschiede im kulturellen Stil, die mit gesellschaftlichen Rollen verknüpft waren. Die venezianische Elite, die die Macht über ein ganzes Staatswesen in ihren Händen monopolisierte, brauchte sowohl Seeoffiziere wie Molin* als auch Diplomaten wie Basadonna*. In Amsterdam sind diese Unterschiede weniger ausgeprägt, weil man einer solchen Vielfalt nicht bedurfte. Die Amsterdamer waren im wesentlichen eine Gruppe von Kaufleuten, und die meisten holländischen Diplomaten und Marineoffiziere stammten anderswoher. C. P. Hooft* und Reynier Pauw* mögen sich in ihren Einstellungen stark unterschieden haben, weit weniger jedoch in ihrem Lebensstil.

Wie die französische *noblesse de robe*, aber im Unterschied zu einem großen Teil des sonstigen europäischen Adels des siebzehnten Jahrhunderts, waren die Eliten Amsterdams und Venedigs im wesentlichen städtische Gruppen.

Der Hauptsitz der verschiedenen Zweige eines jeden Familienklans war in Venedig der Stadtpalast und nicht ihre Villa (oder Villen) auf dem Festland. Die verschiedenen Zweige einer Familie benannten sich häufig nach dem Teil Venedigs, in dem ihr Palast lag, so etwa die Foscarini *ai carmini* im Pfarrsprengel der Karmeliterkirche oder die Grimani *ai servi* im Sprengel der Servitenkirche. In den Stadtpalast wurde das meiste Geld gesteckt, und dort verbrachte der Haushalt den größten Teil des Jahres. Die Elite mußte in der Stadt wohnen. Dafür gab es zuvorderst politische Gründe. Der Staat wurde vom Dogenpalast aus regiert, wo sich der Große Rat, der Senat, der Staatsrat und der Rat der Zehn versammelten. Der Doge selbst durfte Venedig nicht ohne Erlaubnis verlassen. Die anderen Adeligen konnten der Stadt den Rücken kehren, wann immer sie wollten, aber fast jeden Samstag (in Krisenzeiten häufiger) trat der Senat zusammen, und am Sonntagmorgen tagte der Große Rat. Selbstredend konnte eine Versammlung von nahezu zweitausend Mitgliedern nicht alle Geschäfte an einem einzigen Morgen erledigen, daher die entscheidende Bedeutung jener anderen städtischen Institution, des *broglio*. Auswärtigen Beobachtern fiel immer als erstes auf, daß sich auf der Piazza S. Marco und ihrer Piazzetta zwischen fünf und acht Uhr abends zahllose Edelmänner »in großen Trupps« zusammenfanden. Hier hofierte der höhere Adel den niederen, um sich für den folgenden Sonntag dessen Stimmen zu sichern. Mehr als ein Beobachter bemerkte, daß der Markusplatz einem politischen Marktplatz glich, auf dem indes alle Verhandlungen mit großem Zeremoniell und tiefen Verbeugungen geführt wurden. Wenn ein Edelmann sich nicht tief genug verneigte, galt er als »steifrückig« (*duro di schiena*) und hatte größte Mühe, seinen Willen durchzusetzen. Es ist auf diese venezianische Institution zurückzuführen, daß das Wort *broglio* im modernen Italienisch seine ursprüngliche Bedeutung von »Garten« verloren und statt dessen die Bedeutung von »Intrige« angenommen hat.[24] Die Piazza S. Marco war ein wichtiger Teil der »Fassade«, der öffentlichen Selbstdarstellung der venezianischen Adeligen. Sie war die Bühne, auf der sie vor dem Publikum der Gemeinen und der auswärtigen Gäste agierten. Auf dieser Bühne lernten sie die Kunst der Täuschung und Verstellung, und der Historiker kann nur bedauern, daß Pietro Malombras Gemälde des *broglio* uns nicht erhalten ist.[25]

Auch zwei der wichtigsten Freizeitangebote für Adelige befanden sich in der Stadt: das Spielcasino (*ridotto*) und die Akademien. Im sechzehnten Jahrhundert hatte das Glücksspiel vor allem die Form von Wetten auf einzelne Kandidaten bei den Wahlen im Großen Rat angenommen. Solche Wetten wurden von der Regierung später verboten, und im siebzehnten Jahrhundert nahm das Glücksspiel dann eine politisch weniger anrüchige Form an, insofern man in ausdrücklich für diesen Zweck bestimmten öffentlichen Räumlichkeiten mit Karten um Geld spielte. Zu den begeistertsten Spielern zählten Bertucci Valier*, Daniele IV. Dolfin*, Silvestro Valier* und Giacomo Correr*, der mit den beim Spiel erzielten Gewinnen die Geldbußen bezahlte, die ihm für die Verweigerung politischer Ämter auferlegt wurden. Zweifellos wird die bewußt einstudierte Undurchdringlichkeit den Patriziern beim Glücksspiel von Vorteil gewesen sein.

Was die Akademien anbelangt, so war darunter im siebzehnten Jahrhundert weniger ein formloser Freundeskreis zu verstehen als vielmehr ein fester Klub, der sich immer am selben Ort traf und über »Protektoren« und ein »Signet« (*impresa*) verfügte. Die Akademien wurden von Adeligen organisiert, es konnten jedoch auch Gemeine zu den Versammlungen eingeladen werden. Die Delphische Akademie, zum Beispiel, traf sich im Palast des Senators Francesco Gussoni; ihre Schirmherren waren Zuanbattista Corner* und Alvise Duodo*; ihr Signet ein Dreifuß mit der Devise »von hier zum Orakel« (*hinc oracula*). Cristoforo Ivanovitch, ein bekannter Poetaster der Zeit, war eines der nichtadeligen Mitglieder.[26] Zwei der bekanntesten Akademien der Epoche waren die »Jägerin« (*Cacciatrice*) und die »Unbekannten« (*Incogniti*). Die *Cacciatrice* versammelte sich im Palast des Senators Andrea Morosini. Giordano Bruno legte dort seine Ansichten dar. Zu ihren Mitgliedern gehörten Nicolò Contarini*, Lunardo Donà* und, als einer der Gemeinen, Paolo Sarpi, der berühmte Servitenpater, Universalgelehrte und Chronist des Tridentinischen Konzils. Es war üblich, daß die Mitglieder während der Versammlungen untereinander »nicht auf das Zeremoniell bestanden«.[27] Die *Incogniti* wurden von Zuanfrancesco Loredan gegründet und trafen sich in seinem Palast. Die Mitglieder begegneten sich buchstäblich als Unbekannte, denn sie trugen Masken. Damit war zugleich das Problem des Zeremoniells gelöst, das sich in jeder gemischten Zusammenkunft von Adeligen und Gemeinen unweigerlich stellte, und außerdem wurde es dadurch möglich, abweichende Glaubensansichten zu vertreten, ohne sich vor den Folgen fürchten zu müssen – denn auch im Venedig des siebzehnten Jahrhunderts gab es Spitzel und Inquisitoren. Eines der Mitglieder der *Incogniti* war der berühmte Libertin Ferrante Pallavicino, und auch Frauen durften den Versammlungen beiwohnen, die in einer sinnlich bis frivolen, aber doch gelehrten Atmosphäre stattfanden, vergleichbar vielleicht den Pariser Salons jener Zeit. Die Mitglieder erörterten dabei Themen wie den Wert der Häßlichkeit, warum A der erste Buchstabe des Alphabets sei und weshalb Pythagoras sich gegen den Verzehr von Bohnen ausgesprochen hatte.[28] Zwei weitere gute Gründe, weshalb der venezianische Adel im Herbst und im Winter in der Stadt blieb, waren die Oper und der Karneval.

Obschon der Lebensschwerpunkt in der Stadt lag, war doch die *villeggiatura* – der Rückzug auf die Landvilla – ein weitverbreiteter venezianischer Brauch. Eine der beliebtesten Villengegenden auf dem Lande waren die Ufer des Brenta, und viele dieser Villen stehen, mehr oder weniger verfallen, noch heute. Diese Landsitze waren einerseits Bauernhöfe – die Bedeutung des Landbesitzes für die venezianische Elite ist bereits erwähnt worden –, andererseits erfüllten sie die Funktion von Ferienhäusern. Domenico Contarini* beispielsweise hielt sich in seiner Villa in Valnogaredo auf, »um in diesen unseren Hügeln ein wenig Erholung zu finden«, und Agostino Nani* erbaute sich in Monselice eine Villa, auf deren Torbogen folgende Inschrift stand: »Hier bist du vom Dienst befreit, lege die Amtstracht ab« (*Emeritus hic, suspende togam*).[29] Das »Kommen und Gehen« der Adeligen an den Gestaden des Brenta war so regelmäßig wie die Gezeiten. Die Sommersaison begann am 12. Juni und war Ende Juli vorüber. Die Herbstsaison setzte am 4. Oktober ein und endete Mitte November. Die Villa stellte für ihren Besitzer und seine Freunde einen Ort des Rückzugs vom Stadtleben dar, einen Fluchtpunkt, an dem man vor Seuchen, der Sommerhitze und der Politik sicher war. Dort konnte man in Ruhe seinen Studien nachgehen, und die fast unvermeidliche Langeweile vertrieb man sich mit Schach- und Kartenspiel, mit Späßen und Gesellschaftsspielen.[30] Im Umland der Villa konnten die Adeligen auf Hasenjagd gehen oder vom Boot aus mit Terrakottakugeln auf Federwild schießen. Selbst auf der Jagd bestieg der venezianische Edelmann keinen Pferderücken.[31]

Die Amsterdamer Patrizier waren noch stärker mit ihrer Stadt verbunden als die Venezianer. Sie konzentrierten sich an den Ufern weniger Grachten, die begehrtesten Wohnlagen der Elite waren die Herengracht und die Keizersgracht, die heute noch weitgehend so aussehen wie im Jahre 1700. Aus politischen Gründen blieb die Elite in der Nähe des Rathauses, wo sämtliche Amtsstuben der Bürgermeister, Ratsherren und Schöffen lagen. In Amsterdam gab es keinen *broglio* und keinen Großen Rat, der hofiert sein wollte, weil an einer solchen Formalisierung der Intrigen und Verhandlungen im Vorfeld der Sitzungen kein Bedarf bestand. Auch die Börse, das Ostindien-Haus, das Westindien-Haus und der Hafen mußten für die Elite leicht erreichbar sein. Aus diesen Gründen kam schon der Aufenthalt im nahe gelegenen Haag für die Amsterdamer Patrizier einer Exilierung gleich.

Aber selbst die Patrizier Amsterdams mochten nicht ganz auf das Landleben verzichten. Auch sie (und zwar mindestens ein Drittel von ihnen) besaßen ihre Landsitze und Villen oder wenigstens Villenanteile, die sie als Gutshöfe (*hofsteden*), Landsitze (*buitenplaatsen*), Vergnügungshäuser (*lusthuizen*) oder Spielhäuser (*speelhuizen*) bezeichneten. Dieser Teil des Amsterdamer Lebens hat bislang noch nicht die Aufmerksamkeit gefunden, die ihm gebührt, auch sind die meisten der Villen inzwischen verschwunden.[32] Wie die Namen Vergnügungshaus und Spielhaus schon sagen, stellten diese Villen nicht allein eine Geldanlage dar, sondern wurden auch zur Erholung genutzt. Im zweiten Teil der Epoche, in dem die Villen am häufigsten in den Quellen auftauchen, spielte, wie wir gesehen haben, der Landbesitz als Kapitalanlage nur noch eine untergeordnete Rolle. Die Namen einiger dieser Villen bestätigen denn auch die Vermutung, daß sie vornehmlich Erholungszwecken dienten: *Buitensorg* (Sanssouci), *Tijdverdrijf* (Zeitvertreib) und *Vredenhof* (Friedenshof) sind einige Beispiele.[33] Die meisten der Villen wurden entlang der Amstel und entlang der Vecht zwischen Muiden und Utrecht errichtet. Diese Gegend galt den Bürgern als eine Art Arkadien und wurde in Romanzen wie Heemskerks *Batavischem Arkadien* oder Zesens *Adriatischer Rosamunde*, der Geschichte eines venezianischen Adeligen, der mit seinen Töchtern in einer Villa an der Amstel lebt, besungen. Die 1719 in *Die siegesstrahlende Vecht* veröffentlichten Stiche sind gleichsam das Amsterdamer Gegenstück zu Coronellis Illustrationen venezianischer Villen.[34] Gegen Ende des siebzehnten Jahrhunderts tagte der Stadtrat in den Monaten Juni und August, wenn überhaupt, nur noch selten, was die Vermutung nahelegt, daß die Ratsherren sich während dieser Zeit in ihre Vergnügungshäuser zurückzogen.[35] Es muß jedoch abschließend noch einmal betont werden, daß diese Landhäuser, ebenso wie die venezianischen Villen, nicht als eine dauerhafte Alternative zum Stadtleben begriffen, sondern von ihren Besitzern immer nur vorübergehend als Zufluchtsorte genutzt wurden. In dieser Hinsicht gleichen sie den heutigen Ferienhäuschen und Schrebergärten der Amsterdamer in Sloterdijk.

Anmerkungen zu Kapitel 5

1. Die venezianischen und die Amsterdamer Sitten werden unter anderem von Amelot de la Houssaie und von Parival behandelt.
2. Poggio Bracciolini, *Facetiae*, Nr. 21; ich zitiere aus der Pariser Ausgabe von 1880. – T. Coryat, *Crudities*, Bd. I, Glasgow 1905, S. 364; Coryat besuchte Venedig im Jahre 1608.
3. Zu Donà* als vorbildlichem Edelmann siehe P. Sarpi, *Istoria dell'Interdetto*, Bari 1940, S. 9; zu Donàs* Sparsamkeit siehe A. Cutolo, »Un diario inedito del doge Leonardo Dona« in *Nuova Antologia* (1953), S. 278.
4. RA, S. 414.
5. Coryat, a.a.O., S. 415 und 397.
6. Zu den Luxusgesetzen siehe G. Bistort, *Il magistrato alle pompe nella republica di Venezia*, Venedig 1912, S. 414–67 befassen sich mit dem siebzehnten Jahrhundert.
7. Zu Morosini* siehe A. da Mosto, *I dogi di Venezia*, 2. Auflage, Mailand 1960, S. 435; zu N. Corner* siehe RA, S. 399; F. Moryson, *An Itinerary*, Bd. 1, Glasgow 1907, S. 164.
8. Coryat, a.a.O., S. 399; M. Misson, *Nouvelle voyage d'Italie*, Den Haag 1691, Bd. 1, S. 196.
9. G. Bardi, *Dichiaratione di tutte le istorie*, Venedig 1587, F. 30. Zur *taciturnità* siehe F. Seneca, *Leonardo Donà*, Padua 1959, S. 37.
10. A. Colluraffi, *Il nobile veneto*, Venedig 1623, S. 201; Amelot de la Hussaie, *Histoire du gouvernement de Venise*, Paris 1676, S. 338.
11. Donà* zitiert in W.J. Bouwsma, *Venice and the Defense of Republican Liberty*, Berkeley und Los Angeles 1968, S. 234.
12. Zu den Ausdrücken *genio spagnuolo* und *genio francese* siehe EIP, passim; zu N. Corner* siehe RA, S. 399; zu P. Dolfin* siehe RA, S. 374, und EIP, S. 49; zu D. Contarini* siehe A. de St-Didier, *Venise*, Paris 1680, S. 180.
13. Reitakademien breiteten sich im frühen siebzehnten Jahrhundert auf dem Festland aus; siehe J. Hale, »Military academies on the Venetian *terraferma* in the early seventeenth century« in ders., *Renaissance War Studies*, London 1983, S. 285–307.
14. F. Erizzo* zitiert in M. Borgherini-Scarabellin, *La vita privata a Padova nel secolo xvii*, Venedig 1971, S. 12.
15. F.M. Piccioli, *L'Orologio del piacere*, Piazzola 1685, gibt die offizielle Darstellung der Ereignisse wider.
16. M. Grimanis* Ausgaben wurden von Giomo im *Archivio Veneto* (1887) veröffentlicht.
17. EIP, S. 63 f.
18. RA, S. 391.
19. Zu N. Corner* siehe RA, S. 391; zu Anzolo Contarini* und Renier Zen* siehe BCV Cicogna 2538.
20. Amsterdam, RA, Bicker Papiere, Nr. 717.
21. H. Sidney, *Diary*, Bd. 1, London 1843, S. 63 f.; Sir William Temple, *Observations upon the United Provinces*, hg. von G.N. Clark, Cambridge 1932, S. 59 f.
22. T. Contarini in *Relazioni veneziane*, hg. von P.J. Blok, Den Haag 1909, S. 38.
23. RA, S. 384.
24. Zum politischen Marktplatz siehe Hussaie, a.a.O., S. 17, sowie St-Didier, a.a.O., S. 35.
25. Zur »Fassade« siehe E. Goffman (1959), *Wir alle spielen Theater. Die Selbstdarstellung im Alltag*, aus dem Amerikanischen von P. Weber-Schäfer, München 1969, S. 23 ff.; Colluraffi, a.a.O., enthält ein Kapitel darüber, wie die Adeligen sich beim *broglio* zu verhalten hatten; das Gemälde von Malombra wird erwähnt in C. Ridolfi, *Le Maraviglia dell'arte*, Venedig 1648, Bd. 2, S. 157.
26. Zu den venezianischen Akademien siehe M. Battagia, *Delle accademie veneziane*, Venedig 1826; zur Delphischen Akademie siehe F. Sansovino, *Venezia città nobilissima*, hg. von G. Martinioni, Venedig 1663, S. 396.
27. Zur *Cacciatrice* siehe A. Favoro, »Un ridotto scientifico in Venezia al tempo di Galileo Galilei« in *Nuovo Archivio Veneto* 5 (1893).

28 Zu den *Incogniti* siehe A. Lupis, *Vita di G. F. Loredano*, Venedig 1663, S. 17; *Discorsi academici*, hg. von G.F. Loredan, Venedig 1635; G.F. Loredan, *Bizzarrie accademiche*, Bologna 1676.
29 F. Nani Mocenigo, *Agostino Nani*, Venedig 1894, S. 164.
30 G. Sagredo*, *Arcadia in Brenta*, Venedig 1669.
31 Zur Jagd auf Federwild im frühen siebzehnten Jahrhundert vgl. Longhis Zeichnung von ca. 1750 in T. Pignatti, *Longhi*, London 1969, S. 173.
32 Die Bedeutung dieser Villen in der Vergangenheit und ihr Verfall im zwanzigsten Jahrhundert war 1972 das Thema einer Ausstellung mit dem Titel *Nederlandse buitenplaatsen bedreigd?* im Prinsenhof zu Delft.
33 Die genannten drei Landhäuser gehörten Willem Backer*, Nicolaes Witsen* und Andries de Graeff*.
34 J. van Heemskerk, *Batavische Arkadia*; Heemskerk war der Schwager von Coenraed van Beuningen*. Zu Zesen, einem deutschen Einwanderer, siehe J.H. Scholte, »Philipp von Zesen« in *Jaarboek Amstelodanum* 14 (1916). *De Zegepralende Vecht* erschien 1719 in Amsterdam und enthält neben Gedichten von Andries de Leth auch Kupferstiche verschiedener Villen von Daniel Stopendaal.
35 Aus den im GA verwahrten Bänden, in denen die »Resolutionen« des Stadtrats dokumentiert sind, geht hervor, daß zwischen 1650 und 1700 während der Monate Juni und August immer seltener Beschlüsse gefaßt wurden.

6 Einstellungen und Werte

Im Vergleich zu anderen europäischen Adeligen im siebzehnten Jahrhundert besaßen die Venezianer eine weitere, bislang unerwähnt gebliebene Eigenheit: Sie liebten es, Bücher zu schreiben. Der venezianische Adel als Ganzes veröffentlichte zwischen 1580 und 1658 über einhundert Bücher, die sich (mit abnehmender Wichtigkeit) folgenden Genres zuordnen lassen: Gedichte, Schauspiele, Reden, philosophische Abhandlungen und Geschichtsdarstellungen.[1] Zu den von Mitgliedern der Elite zu Lebzeiten publizierten Büchern gehörten Nicolò Contarinis* *Die Vervollkommnung der Dinge*, ein sehr allgemeines Werk und das einzige Buch eines Patriziers, in dem explizit eine Weltanschauung formuliert wird; Paolo Parutas* *Vervollkommnung des politischen Lebens* (seine *Diskurse* und seine *Geschichte Venedigs* wurden erst nach seinem Tode veröffentlicht); Battista Nanis* *Geschichte Venedigs*; Zuan Sagredos* in jungen Jahren verfaßte und unter einem Akronym veröffentlichte Romanze *Arkadien am Brenta* sowie seine in reiferem Alter geschriebene und unter seinem wirklichen Namen publizierte *Geschichte des Osmanischen Reiches*; und schließlich Nicolò da Pontes* Abhandlung über die Geometrie, die angeblich in seinem Todesjahr erschien.[2]

Die unveröffentlichten Abhandlungen der Elite stellen ein fast ebenso wichtiges Textkorpus dar. Unter anderem zählen dazu die Gedichte von Simone Contarini* und von Antonio Ottobon*, letztere in venezianischem Dialekt geschrieben; Daniele IV. Dolfins* Traktat über die Kriegskunst; Paolo Tiepolos* Geschichte Zyperns; und, am berühmtesten von allen, Nicolò Contarinis* Geschichte Venedigs, die als Manuskript eine beachtliche Verbreitung fand.[3] Contarinis Geschichtswerk blieb aus politischen Gründen unveröffentlicht. Ein Arbeitsausschuß erklärte in einer an den Rat der Zehn gerichteten Empfehlung, das Buch enthalte Staatsmaximen, die besser geheimgehalten als der Öffentlichkeit preisgegeben würden.[4] Die Tatsache, daß viele der Schriften nicht veröffentlicht wurden, weist darauf hin, daß die venezianischen Adeligen sich mit der Rolle kultivierter Amateure begnügten.

In allen Teilen Europas pflegten adelige Autoren im siebzehnten Jahrhundert gerne zu betonen, daß sie keine professionellen Schriftsteller seien (seinerzeit ein Beruf von geringem Ansehen), aber in Venedig scheint das Ideal des Amateurs einen noch größeren Stellenwert besessen zu haben als anderswo. Wie wir bereits gesehen haben, beeinflußte dieses Ideal auch das venezianische Politikverständnis. Am deutlichsten formuliert wurde es in Antonio Colluraffis* *Der venezianische Edelmann* (1623), einer Abhandlung über die Ausbildung junger Adeliger durch professionelle Hauslehrer. Vor diesem Hintergrund scheint es nicht übermäßig anachronistisch, wenn wir dem Ausdruck *dilettante* (den Boschini in seinem Dialog über die Malerei einem venezianischen Edelmann in den Mund legte) eher in seinem modernen Sinn als in der wörtlichen Bedeutung eines »Genießenden« verstehen.[5] Ein venezianischer Adeliger, der sich nebenbei literarisch versuchte, erklärte zwar: »Ich bin ein venezianischer Edelmann und habe nie gehofft ein Literat zu sein«, doch wittert man hinter dieser angeblichen Hoffnung eine gehörige Portion Ironie.[6] Zuan Sagredo* beschrieb die adeligen Helden seines *Arkadien am Brenta* als »gelehrt, aber nicht akademisch, gebildet, aber nicht prätentiös« (*dotti senza professione, eruditi senza ostentatione*).[7] Von Zuanfrancesco Loredan, der führenden literarischen Persönlichkeit Venedigs Mitte des siebzehnten Jahrhunderts und einem zeitweiligen Mitglied im Rat der Zehn, wird gesagt, er habe sich tagsüber mit Politik beschäftigt und nur nachts an seinen Geschichten geschrieben.[8] Battista Nanis* Geschichte von Venedig erweckte bei einem Zeitgenossen den Eindruck, sie sei in Eile und von einem Mann geschrieben, der sich hauptsächlich mit anderen Dinge beschäftige.[9] Und wirklich war Nani* ein äußerst aktiver Diplomat, der im Laufe seines Lebens siebenmal zum Botschafter gewählt wurde. Vielleicht war der unfertige Eindruck, den seine Geschichte erweckte, jedoch beabsichtigt und ein Beispiel für jene künstliche Lässigkeit, die Castiglione *sprezzatura* nannte. Nani* war nämlich für seine rhetorische Begabung berühmt: »Wenn er im Senat das Wort erhebt, verstummt die ganze Versammlung.«[10] Der Senat seinerseits hatte für Raffinement nicht viel übrig; er zog die »attische« der »asiatischen« Prosa vor und hielt die Senatoren dazu an, sich eines direkten, nüchternen Stils zu befleißigen, statt sich in blumenreichen oder »akademischen« Reden zu ergehen.[11] Kurzum, die Venezianer neigten zu einer eher pragmatischen Geisteshaltung und ließen sich stärker von der Kunst der Arithmetik beeindrucken als von der Kunst der Rhetorik. Dies legen zumindest die Berichte der heimkehrenden Diplomaten und auf dem Festland tätigen Beamten nahe, die in Venedig öffentlich vorgelesen wurden. Diese sogenannten *relazioni* sind zumeist in nüchternem Ton gehalten und voller präziser Fakten und Zahlen.

Auch für das große Interesse der Venezianer an der Geschichte liefern diese Berichte immer wieder Belege, weil sie wiederholt die gegenwärtige Lage in Frankreich oder im Osmanischen Reich unter Rückgriff auf die Vergangenheit zu erklären versuchen. Ein weiterer Beweis für das Interesse der Elite an der Geschichte ist die Tatsache, daß die venezianische Regierung regelmäßig offizielle Chronisten ernannte. Die Geschichtswerke von Paruta*, Contarini* und Nani* gingen sämtlich auf solche staatlichen Aufträge zurück.[12] Auch das Interesse an Geschichte hatte indes praktische Gründe. Die Geschichtsschreibung habe, so schrieb Nicolò Contarini*, der politischen Entscheidungsfindung zu dienen und nicht der Zurschaustellung der eigenen Redegewandtheit. Nach einer im siebzehnten Jahrhundert weitverbreiteten Auffassung bestand die Aufgabe des Historikers darin, konkrete politische Maximen zu formulieren und sie anhand von Beispielen zu veranschaulichen, damit der Leser, wie Lunardo Donà* bei seiner Lektüre von Guicciardinis *Geschichte Italiens*, zum Nachdenken angeregt und zu politischen Einsichten hingeführt werde.[13] Natürlich diente die offizielle venezianische Geschichtsschreibung, gleichsam als schriftliches Gegenstück zu den Historiengemälden im Dogenpalast, nicht zuletzt auch der politischen Propaganda. Dennoch war das Interesse an der Vergangenheit nicht ausschließlich zweckrational. Die Privatbibliothek Ferigo Contarinis* enthielt unter anderem fünfundvierzig Bücher über römische Altertümer, namentlich über die Münzen, Medaillen, Inschriften, Statuen, Triumphe, Familien, Religion und die soldatische Manneszucht des alten Rom.[14] Der venezianische Adel identifizierte sich gerne mit den Römern,[15] man denke nur an ihre Vorliebe für Ausdrücke wie »Senat«, »Toga« oder »Patrizier«. In der Tat war der venezianische Klan von der römischen *gens* gar nicht so verschieden. Der Corner-Klan behauptete, von den römischen Cornelii abzustammen, während die Loredan ihre Herkunft auf Mutius Scaevola zurückführten und die Zustinian auf Kaiser Justinian.

Das Interesse an den Naturwissenschaften (»Naturphilosophie« war der damals gebräuchliche Ausdruck) war, den Quellen nach zu urteilen, weniger ausgeprägt, wenngleich einzelne Patrizier sich auch mit diesem Bereich beschäftigten. Das berühmteste Beispiel unter ihnen dürfte wohl Zuanfrancesco Sagredo sein, der selbst zwar nicht der Elite angehörte, aber doch mit einigen Mitgliedern nahe verwandt war. Sagredo war mit Galilei befreundet und tritt in zweien seiner Dialoge als Gesprächspartner auf; außerdem interessierte er sich für Astronomie und Magnetismus, besaß ein eigenes Laboratorium und fertigte selbst wissenschaftliche Instrumente an.[16] Ein weiteres wichtiges Beispiel ist Nicolò Contarini*, der in seiner *Vervollkommnung der Dinge* nicht nur Fragen über Gott und die Engel erörtert, sondern auch die Planeten und Elemente behandelt. Er unterstützte die medizinischen Forschungen von Dr. Santorio Santorio, interessierte sich für Hydraulik und ließ in seinem Garten »eine große Maschine« bauen, die als Wasserpumpe diente.[17] Contarini* und Lunardo Donà* zählten zu den regelmäßigen Gästen der *Accademia Cacciatrice,* wo über naturwissenschaftliche Fragen diskutiert wurde, und Donà* stand in einem freundschaftlichen Verhältnis zu Galilei. Battista Nani* und andere Mitglieder seiner Akademie der »Wahrheitsliebenden« (*Filaleti*) interessierten sich für Botanik, und Zuanbattista Corner* besaß »mathematische und geometrische Instrumente«.[18]

Man darf diese Beispiele jedoch nicht überbewerten. Die *Cacciatrice* beschäftigte sich ebensosehr mit Fragen der Theologie und Ethik, und ganz allgemein darf man vermuten, daß das venezianische Ideal des aristokratischen Amateurs die naturwissenschaftliche Forschung eher behinderte. Im Grunde erlaubte es nur zwei Einstellungen gegenüber der Naturphilosophie. Die eine war die eines Sammlers. Ferigo Contarini* beispielsweise besaß eine jener für das Ende des sechzehnten Jahrhunderts typischen Wunderkammern, die unter anderem Mineralien, Knochen, Katzenhoden und ein Büffelhorn enthielt.[19] Die zweite mögliche Einstellung war die utilitaristische Haltung einer herrschenden Elite. Als Galilei in Padua Professor war, erstieg Antonio Priuli* mit ihm zusammen den Turm von S. Marco, um sich »die Wunder und einzigartigen Wirkungen des Teleskops des besagten Galileo« zeigen zu lassen, aber man darf dabei nicht vergessen, welch eminent praktischen Nutzen Galileis Fernrohr für eine Seemacht wie Venedig besaß.[20] Nicolò Contarini*, Pola Antonio Belegno* und Anzolo Diedo* interessierten sich für Maschinen. Belegno* ließ sich »eine hydraulische Maschine« bauen, die seinen Palast und Garten mit Wasser versorgte. Die pragmatische oder utilitaristische Einstellung der Venezianer wurde in Colluraffis* Abhandlung über die Erziehung auf den Punkt gebracht: Der Autor empfiehlt den adeligen venezianischen Studenten, »spitzfindige und übertrieben neugierige Untersuchungen« anderen Leuten zu überlassen und sich nur insoweit mit Mathematik zu beschäftigen, als es »für die Interessen des Gemeinwesens« nötig ist.[21] In der 1607 vom *capitano* von Padua, Pietro Duodo, für den venezianischen Adel gegründeten

Akademie namens *Delia* wurde die Mathematik im Verein mit den Militärwissenschaften unterrichtet, denn Duodo war der festen Überzeugung, daß die »mathematischen Wissenschaften« zum notwendigen Wissensschatz »eines vollkommenen Edelmanns und Soldaten« (*perfetto cavaliere e soldato*) gehörten. Die *Delia* gewann später Zuan Pesaro* als »Schutzherrn«.[22]

Dieser kurze Abriß der Interessen des venezianischen Adels bestätigt die heutige Auffassung, daß die Venezianer zu einem pragmatischen, empirischen Denkstil neigten. Aber auch die scholastische Philosophie, namentlich deren lokale Version, der Aristotelismus der »Schule von Padua«, hatte im Denken der venezianischen Elite ihre Spuren hinterlassen. Nicolò Contarinis* Buch über die Vervollkommnung des Universums erörtert die Ansichten von Thomas von Aquin, Wilhelm von Ockham und Gregor von Rimini. Lunardo Donà* interessierte sich besonders für die Philosophie des Aquinaten. Descartes scheint im Venedig des siebzehnten Jahrhunderts fast gar keinen Einfluß ausgeübt zu haben, obwohl seine und Malebranches Ideen von dem Philosophen Bernardo Trevisan rezipiert wurden. Im Jahre 1600 war Venedig ideengeschichtlich noch auf der Höhe seiner Zeit gewesen, hundert Jahre später war dies bereits nicht mehr der Fall. Die Tradition war übermächtig geworden und die Innovationsbereitschaft hatte nachgelassen. Vielleicht war dies der Preis, den Venedig für seine bemerkenswerten historischen Errungenschaften zahlen mußte. Schon der englische Zeitzeuge Addison brachte den wirtschaftlichen Niedergang Venedigs mit dem vorherrschenden Konservatismus in Zusammenhang, denn »eine Handelsnation muß stets zu Veränderungen und neuen Mitteln bereit sein, je nachdem auf welche Weggabelung oder unerwarteten Umstände sie trifft«.[23]

Die Elite Amsterdams veröffentlichte ebenfalls eine Reihe von Büchern, die jedoch ein ganz anderes Bild vermitteln. Zu den zeitgenössischen Veröffentlichungen gehören ein Buch über den Magnetismus von Laurens Real*; die medizinischen Beobachtungen von Nicolaes Tulp*; die Abhandlungen zur Botanik von Joan Commelin*; die Kartenwerke des Verlegers Joan Blaeu*; eine Tragödie mit dem Titel *Medea* von Jan Six*; die religiösen Ergüsse von Coenraed van Beuningen*; Joannes Huddes* Briefe über die Algebra und Geometrie; sowie die beiden berühmten Bücher von Nicolaes Witsen*, das eine über den Schiffsbau und das andere über die nördliche und östliche Tatarei.[24] Diese Aufzählung weist auf ein viel größeres Interesse an den Naturwissenschaften hin als in Venedig. Zwei Mitglieder der Elite, P. J. Hooft* und Jacob de Graeff* unterhielten gemeinsam ein Laboratorium, und man sagte ihnen nach, sie hätten das *perpetuum mobile* erfunden. Hooft* selbst hatte Medizin und Chemie studiert.

Die Aufzählung deutet auch darauf hin, daß die Amsterdamer Patrizier sich weniger stark für Geschichte interessierten als die Venezianer, aber an diesem Punkt ist Vorsicht geboten. Einer der angesehensten Historiker Europas im siebzehnten Jahrhundert, »der holländische Tacitus« P. C. Hooft, war der Sohn eines Amsterdamer Bürgermeisters, und auch sein Vater, C. P. Hooft*, verfügte über beachtliche historische Kenntnisse. In C. P. Hoofts* Papieren werden sechzehn geschichtswissenschaftliche Werke erwähnt, unter anderem Livius, Josephus, Guicciardini, Sleidan (die *Kommentare* zu den politischen und kirchlichen Verhältnissen im Deutschland des sechzehnten Jahrhunderts), Foxe, Camden (die *Annalen*) sowie Schriften des holländischen Historikers Bor.[25] Hoofts* noch belesenerer Kollege, Bürgermeister Martin Coster*, besaß an klassischen Autoren die Werke von Herodot, Thukydides, Xenophon, Livius, Plutarch und Josephus. Zu den modernen Autoren, die er in seiner Bibliothek stehen hatte, zählten die Bücher des italienischen Humanisten Flavio Biondo, die Chronik des Deutschen Sebastian Franck, die Memoiren von Philippe de Commynes, die Geschichte seiner eigenen Zeit aus der Feder des italienischen Bischofs Paolo Giovio, die Geschichte Frankreichs von Paolo Emilio, die Geschichte Polens von Martin Cromer, die Geschichte Englands von Polidore Vergil sowie Machiavellis Geschichte von Florenz.[26] Wenn es unter der Elite Amsterdams einen »Renaissancemenschen« gab, so war es sicherlich Coster*, der Mitte des sechzehnten Jahrhunderts in Italien studiert hatte. Einmal im Laufe der Epoche, nämlich 1689, bestallte Amsterdam sogar, wie Venedig, einen offiziellen Chronisten, den Zuschlag erhielt der Lombarde Gregorio Leti.[27]

Dieses Interesse an der Geschichte hatte zumindest teilweise utilitaristische Gründe. P. C. Hooft, der seine Biographie Henris IV. von Frankreich dem Patrizier Dirck Bas* widmete, erörtert an einer Stelle ausdrücklich den Nutzen, den ein Herrscher aus der Geschichte ziehen könne. Sein Vater C. P. Hooft* griff in seinen Reden im Stadtrat immer wieder auf Präzedenzfälle aus der Geschichte zurück. So wies er etwa auf die Tatsache hin, daß Moses über Aaron gestellt worden sei, und zog aus diesem »Beispiel« den Schluß, daß sich der Stadtrat nicht von den Amsterdamer Predigern in seine Geschäfte hineinreden lassen müsse.

Schließlich identifizierte sich auch die Amsterdamer Elite bis zu einem gewissen Grade mit der Vergangenheit. Die besondere Bedeutung, die der Aufstand der Bataver gegen das alte Rom für die Holländer besaß, ist allgemein bekannt; das Motiv ist von P. C. Hooft und Joost van den Vondel in Dramen und von Rembrandt und Govert Flinck in den Gemälden für das Amsterdamer Rathaus verewigt worden.[28] Die Holländer identifizierten sich mit ihren batavischen Vorfahren und sahen im spanischen Reich das Gegenstück zum römischen Imperium. Bisweilen konnte die Elite allerdings der Versuchung nicht widerstehen, sich statt dessen mit den Römern zu identifizieren. In einem Pamphlet mit dem Titel *Fin de la guerre*, das im frühen siebzehnten Jahrhundert in Amsterdam erschien, beraten Scipio Africanus und Fabius Maximus das beste Vorgehen gegen Karthago, aber unversehens geht der Dialog in die Gegenwart über und verlangt, das spanische Reich an seinem wundesten Punkt anzugreifen, nämlich in Westindien.[29] Die Bücher und die Grabmäler von Angehörigen der Amsterdamer Elite tragen häufig lateinische Inschriften, in denen die Bürgermeister als *consul* und die Ratsherren als *senator* betitelt werden, und in Schriften wie dem genannten Pamphlet werden Scipio und Fabius Maximus als »Bürgermeister« von Rom bezeichnet. Wie von einer vorwiegend calvinistischen Gruppe nicht anders zu erwarten, identifizierte sich die Amsterdamer Elite außerdem gern mit Figuren des Alten Testaments wie Salomo und Moses. Im großen Sitzungssaal des Rathauses hing ein Gemälde von Salomo, der um Erleuchtung bittet, und ein Bild von Moses, der von Jethro beraten wird; im Saal der Schöffen hing ein Gemälde, das Moses mit den Gesetzestafeln zeigte.[30]

Es gab jedoch auch Leute, die mit dem Studium der Geschichte keine unmittelbar praktischen Interessen verfolgten. Am deutlichsten wird dies an den Schriften von Nicolaes Witsen*, der ein großer Freund des Altertums war. Witsen* befaßte sich mit der Gestalt antiker Trireme, jener in ägyptischen Hieroglyphen und auf mittelalterlichen Münzen abgebildeten Kriegsschiffe, beschäftigte sich mit einem in Sibirien aufgefundenen antiken Spiegel und äußerte sich über die Echtheit von Dr. Woodwards römischem Schild.[31] Auch die Vielfalt der Sitten und Sprachen faszinierten ihn.

Die Idee, daß die Geschichte eine Schatzkammer politischer Lehrbeispiele sei, war natürlich im Europa des siebzehnten Jahrhunderts weitverbreitet. Für die damalige Zeit viel ungewöhnlicher ist es, daß eine herrschende Gruppe sich so stark für die Naturwissenschaften interessierte. Einer der offensichtlicheren Gründe hierfür war gewiß die Tatsache, daß im Amsterdamer Stadtrat praktizierende Ärzte saßen, ein für Venedig undenkbares Phänomen. Nicolaes Tulps* naturwissenschaftliche Bildung war ein Ergebnis seiner medizinischen Studien. Ein weiterer Grund für die Beschäftigung mit den Naturwissenschaften (der auch für Venedig gilt) war das vitale Interesse der Amsterdamer Elite an der Seefahrt. Dieser Zusammenhang mag erklären, weshalb Admiral Dr. Laurens Reael* ein Buch über den Magnetismus verfaßte und weshalb Wilhelm Blaeu, einstmals Schüler des großen dänischen Astronomen Tycho Brahe, sich dazu entschloß, in Amsterdam Landkarten und Globen herzustellen; sein Sohn Joan Blaeu* führte nicht nur das väterliche Gewerbe weiter, sondern schaffte auch den Sprung in die Elite. Nicolaes Witsen* hingegen zeichnete sich sowohl in seinen naturwissenschaftlichen wie auch in seinen historischen Untersuchungen durch eine eher zweckfreie Neugierde aus. Er interessierte sich für Mammuts und Kometen und beschäftigte sich unter anderem mit der Frage, ob ein angeblich von einem Einhorn stammendes Horn nicht in Wirklichkeit einem Narwal gehört habe. Witsen* war Mitglied der in London ansässigen Royal Society und korrespondierte mit anderen Mitgliedern über ungewöhnliche Muscheln und die Frage, ob Novaja Zemlia ein Kontinent sei.[32] Eine ganz unvoreingenommene Neugierde scheint auch bei Joannes Hudde* das vorherrschende Motiv gewesen zu sein. Hudde* galt als einer der besten Mathematiker seiner Zeit, interessierte sich außerdem für Astronomie, Optik und Medizin und war mit Huygens, Leibniz und Spinoza befreundet. Er kehrte seinen wissenschaftlichen Studien den Rücken, um eine politische Laufbahn einzuschlagen, beschäftigte sich jedoch weiterhin mit Hydraulik und hatte 1672 die technische Aufsicht, als zur Verteidigung gegen die vorrückenden Franzosen die Deiche eingerissen wurden.[33]

Man darf vermuten, daß die soziale Herkunft von Witsen* und Hudde* sich auf ihre Interessen auswirkte. In seinem Buch über den Schiffsbau legte Witsen* eine Begeisterung für technische Details wie etwa die genaue Größe der verwendeten Planken an den Tag, die in anderen Teilen Europas als eines Edelmanns unwürdig gegolten hätte. Er zeichnete eigenhändig einige der Illustrationen zu seinem Buch und hatte Jahre zuvor Ovids *Metamorphosen* mit Kupferstichen illustriert. Hudde* seinerseits zeigte keinerlei Hemmungen, so »spitzfindigen und übertrieben neugierigen Untersuchungen« nachzugehen, wie sie die Mathematik erforderten. Vielleicht war es Witsen* und Hudde* gerade deshalb möglich, ihren Interessen so ungehemmt zu frönen, weil sie sich nicht an adelige Werte gebunden fühlten.

Die bereitwillige Aufnahme von Neuheiten, eine ausgesprochen unternehmerische Tugend, scheint während des siebzehnten Jahrhunderts in Amsterdam viel ausgeprägter gewesen zu sein als in Venedig oder in anderen Teilen Europas. C. P. Hooft* sagte einmal treffend: »Nicht alles Neue ist schlecht, und nicht alles Alte ist gut.« Zur Begründung führte er wertvolle Entdeckungen im Bereich der Astronomie, der Medizin und der Navigation ins Feld; das Interesse an Innovationen und das Interesse an den Naturwissenschaften gingen fast natürlich Hand in Hand.[34] Auch zwei Vorlesungen am Amsterdamer Athenäum, an dem eine ganze Reihe von Mitgliedern der Elite ausgebildet wurden, bekunden ein deutlich innovatives Interesse. Professor Blasius hielt 1659 einen Vortrag über *Neue Entdeckungen* (*De rebus noviter inventis*), in dem er Harvey und seine Thesen zum Blutkreislauf vorstellte; und Professor de Raey hielt 1669 eine Vorlesung über *Die Weisheit der Antike* (*De sapientia veterum*), in der er zu dem Schluß kam, daß manche der antiken Weisheiten diesen Namen überhaupt nicht verdienten.[35]

Der Denkstil C. P. Hoofts* ist einmal als empiristisch, rationalistisch und individualistisch charakterisiert worden.[36] In der Tat kann man beobachten, wie sich im Verlaufe des siebzehnten Jahrhunderts innerhalb der Patrizierkreise ein bewußt mathematischer Denkstil ausbreitet, der an Descartes und Spinoza geschult ist. Ein schönes Beispiel für die Übertragung der geometrischen Methode auf die politische Entscheidungsfindung ist in den nachgelassenen Papieren von Joannes Hudde* erhalten. Hudde* äußert sich zu dem Plan eines Verteidigungsbündnisses gegen Frankreich. Er beginnt mit der Definition eines »Verteidigungsbündnisses«, stellt dann das Axiom auf, daß das Hauptinteresse jeder Einzelperson und jedes Staates in ihrer Selbsterhaltung liege, und zieht daraus den Schluß, daß die Idee eines Verteidigungsbündnisses mit einem Feind absurd sei.[37]

Die genannten Beispiele könnten den Historiker leicht dazu verleiten, die eigenartige Verknüpfung von Rationalismus, Protestantismus, Kapitalismus und Naturwissenschaft in der Amsterdamer Elite für moderner zu halten, als sie in Wirklichkeit war. Ein kurzer Blick auf den Fall Coenraed van Beuningen* mag hier als Korretiv dienen. Van Beuningen* war als ein hochbegabter Verhandlungsführer bekannt, pflegte daneben jedoch eine breite Palette von Interessen, die von der Literatur über die Geschichte bis zur Naturwissenschaft reichten. Er war mit dem

Biologen Jan Swammerdam befreundet und beschäftigte sich mit den Ideen Descartes', hegte jedoch gleichzeitig ein reges Interesse für Mystik, Millenarismus, Astrologie, Traumdeutung und »übernatürliche Wunder«. Möglicherweise besaß van Beuningen* leicht schizoide Züge. Er erlitt 1688 einen Nervenzusammenbruch und verkündete in den Straßen der Stadt den bevorstehenden Weltuntergang. In der Folge wurde er unter Vormundschaft gestellt. Wir würden es uns jedoch sehr leicht machen, wollten wir seine irrationalen Interessen allein auf seine Krankheit schieben. Viele seiner Zeitgenossen teilten dieselben Interessen. Van Beuningen* ist ein außergewöhnliches, aber keineswegs einzigartiges Beispiel für die Verbindung von neuer Wissenschaft, Cartesianismus, Astrologie und Millenarismus im Denken ein und desselben Mannes.[38]

Die religiösen Einstellungen der Patrizier Venedigs und Amsterdams weisen mehr Ähnlichkeiten auf, als man angesichts der Tatsache, daß die eine Stadt offiziell katholisch, die andere vorwiegend protestantisch war, erwarten würde. Schon vor dem Interdikt fiel einem französischen Botschafter auf, daß »katholisch« in Venedig nicht zugleich »papistisch« bedeutete. Nachdem der Papst 1606 ein Interdikt über Venedig verhängt hatte, trug der offizielle Theologe der Republik, Paolo Sarpi, schriftlich die venezianische Position vor. In Sarpis Schriften wird zwischen »katholisch« und »papistisch« eine klare Grenze gezogen. Sarpi vertrat die Auffassung, daß die Urkirche (und mithin die wahre »katholische« Position) demokratisch, arm, weltabgewandt und streng gewesen sei, während die zeitgenössische (»papistische«) Kirche monarchistisch, reich, verweltlicht und verdorben sei. Das größte Hindernis, das einer Kirchenreform im Wege stand, lag seiner Ansicht nach im Triumvirat von Papst, spanischer Krone und Jesuiten; in Wirklichkeit jedoch komme die Augustinische Auffassung von der Gnadenbedürftigkeit des Menschen der Wahrheit viel näher als die jesuitische Betonung des freien Willens.[39]

Wurde Sarpis Auffassung von der venezianischen Elite geteilt? Ein ähnliches Bündel von Einstellungen findet man zweifellos in Nicolò Contarini*, einem Mann von strengen moralischen Grundsätzen, der die Kirche von allen weltlichen Belangen fernhalten wollte und die Jesuiten verabscheute, weil sie die Religion als politisches Werkzeug mißbrauchten. In der Gnadenfrage eher auf der Linie des Augustinus, verfolgte er mit Interesse die Calvinistische Synode von Dort (Dordrecht) in den Niederlanden, doch sympathisierte er nicht etwa mit den Arminianern (die manchmal als verkappte Katholiken beschimpft wurden), sondern mit den Gomaristen (siehe S. 124 f. unten).[40] Contarini* vertrat eine Religion der Innerlichkeit, und in seinem Testament ist nur außergewöhnlich kurz von der Jungfrau Maria und den Heiligen die Rede. Manche dieser Einstellungen finden sich auch bei anderen Patriziern jener Zeit wieder. Lunardo Donà* war den Spaniern und dem Papsttum gegenüber nicht weniger kritisch eingestellt, hatte jedoch gegen die geistlichen Inhalte der Gegenreformation nichts einzuwenden. Er las Andachtsbücher von S. Carlo Borromeo und Fray Luis de Granada, letzteres sollte man seiner Ansicht nach sogar »zweimal im Jahr lesen«.[41] Antonio Priuli* hoffte, nach Aussage seines Testaments, »allein dank des Blutes, das unser Herr Jesus Christus für uns vergossen hat«, in den Himmel zu kommen. Nicolò da Ponte* interessierte sich für Augustinus und verteidigte den venezianischen Häretiker Buccella; sein Bruder Andrea floh ins calvinistische Genf; Papst Pius V. hielt ihn für einen schlechten Katholiken, aber der Patriarch von Jerusalem bescheinigte ihm das Gegenteil.[42] Aus den Berichten mancher Patrizier, die als Botschafter in Rom dienten, geht hervor, daß sie eine anti-spanische Position vertraten und, insofern der Papst sich auf die Seite Spaniens schlug, auch gegen die päpstliche Kirche opponierten; zu den offenkundigsten Beispielen hierfür gehören Paolo Tiepolo*, Paolo Paruta*, Agostino Nani* und Simone Contarini*. Man könnte diese Gruppe, die sich weitgehend, wenn nicht vollständig mit der Fraktion der »Jungen« in der venezianischen Politik deckt, in dem Sinne als antipapistisch bezeichnen, als sie sich den judikativen Ansprüchen des Papstes widersetzten, und zumindest in dem Sinne als antiklerikal, als sie die Steuerfreiheit der Kirche und deren Immunität gegen die weltliche Rechtsprechung ablehnten. Eine noch weitergehende Unorthodoxie läßt sich zwar nicht für die Mitglieder der Elite, aber immerhin für einige Angehörige des Adels belegen. Zuanfrancesco Loredan und sein Kreis sind das bekannteste Beispiel für das, was man im siebzehnten Jahrhundert »Libertins« nannte.[43]

Es wäre jedoch irreführend, wollten wir die nicht weniger markanten Beispiele für eine entgegengesetzte religiöse Einstellung verschweigen. In religiöser Hinsicht vertrat die Elite keinen einheitlichen Standpunkt. Es gab eine fromme Partei oder vielleicht eher Gruppierung von Patriziern, die dem Papsttum gegenüber freundlicher gesonnen war. Die päpstlichen Familien wurden regelmäßig zu Ehrenmitgliedern des venezianischen Adels erkoren; so wurden beispielsweise die Aldobrandini, die Peretti, ja sogar die Borghese, die Familie Papst Pauls V., der das

Interdikt über Venedig verhängt hatte, in den venezianischen Adel aufgenommen. Zu den wichtigeren Exponenten des frommen Lagers gehörte Zuanne Dolfin*, der sein Leben als Kardinal beendete und der angeblich zum Prokurator ernannt wurde, weil er einige bedeutende Reliquien nach Venedig gebracht hatte.[44] Weiterhin zählten zu dieser Gruppe Marin Grimani*, der von Papst Sixtus V. geadelt wurde und der den Jesuiten Geld hinterließ, damit sie Messen für ihn läsen; Ferigo Contarini*, der 1593 vom Nuntius in Venedig als »der Kirche stets wohlgesonnen« beschrieben wurde;[45] Giacomo Foscarini*, der sich für die Neueröffnung des Jesuitenkollegs zu Padua einsetzte; Zuan I. Corner*, der vom spanischen Botschafter als »gottesfürchtig« beschrieben wurde, dessen Sohn bis zum Kardinal aufstieg und dem der adelige Priester Zuan Tiepolo eine Abhandlung über die venezianischen Reliquien widmete.[46] Auch Zuan Pesaro unterstützte die Jesuiten.

Wenn man die Testamente der Elite über den gesamten Zeitraum hinweg genauer betrachtet, dann fällt auf, daß in der Mehrzahl der Fälle ein beträchtliches Gewicht auf äußere religiöse Formen gelegt wird, und vor diesem Hintergrund erscheinen die Testamente von Nicolò Contarini* und Antonio Priuli* eher als Ausnahmen. Die Prokuratoren wünschten im Ornat der Franziskaner oder Kapuziner bestattet zu werden; sie hinterließen Geld für dreihundert, fünfhundert oder gar dreitausend Messen; sie brachten ihre Ergebenheit gegenüber den Schutzheiligen und (ein verhältnismäßig neuer Kult) gegenüber den Schutzengeln zum Ausdruck; Zuan Bembo* stiftete dem Heiligen Haus in Loreto ein silbernes Schiff; Zuan I. Corner* bat in seinem letzten Willen darum, daß jemand in seinem Namen nach Loreto pilgern möge; und Alvise Barbarigo* bewahrte in seiner Villa die Reliquien des S. Sulpicio auf.[47]

Einzelbeispiele wie diese sind natürlich nur ein kläglicher Ersatz für eine repräsentative Erhebung. Einer solchen Erhebung am nächsten kommt vielleicht die Umfrage, welche die Jesuiten 1620 unter den Senatoren durchführten, um die Chancen für eine Wiederzulassung der Societas Jesu in Venedig abzuklären. Die Jesuiten schätzten seinerzeit, daß mindestens die Hälfte der Senatoren dagegen waren. Die Tatsache, daß Venedig es in seiner Opposition gegen den Papst sogar auf ein Interdikt ankommen ließ, spricht dafür, daß die Mehrheit der herrschenden Elite bis 1606 und darüber hinaus eine antipapistische Politik unterstützte, und zwar antipapistisch in dem Sinn, daß sie den Papst als einen bloß weltlichen Fürsten betrachtete, der die »Freiheiten« und Privilegien Venedigs zu beschneiden trachtete. Aber die Testamente machen zugleich deutlich, daß die meisten Mitglieder der Elite an den äußeren Formen der Religion festhielten, und mit dem Senatsbeschluß zum Bau der Kirche S. *Maria della Salute* als »einem Mittel, den Zorn des Himmels zu besänftigen«, stellten sie gleichsam in einem kollektiven Opfer ihre Frömmigkeit unter Beweis.[48] Wie ist dieser Widerspruch aufzulösen? Es scheint, als hätte sich die schweigende Mehrheit im Jahre 1606, als Venedig sich durch Spanien bedroht fühlte und der Papst sich auf die Seite Spaniens schlug, der Führung einer dezidiert antipapistischen Gruppe anvertraut, deren sonstige religiöse Einstellungen sie jedoch nicht teilte.

Erstaunlicherweise finden wir zur Zeit des niederländischen Aufstands in manchen holländischen Städten genau dieselbe Situation wieder. Die Furcht vor Spanien bewegte die schweigende Mehrheit dazu, sich der Führung einer calvinistischen Minderheit zu überlassen. In Amsterdam übernahm 1578 eine Gruppe von Glaubensemigranten die Regierung der Stadt. Zu ihnen gehörten Wilhelm Baerdesen*, Reynier Cant* (ein führender Calvinist aus Bremen), Martin Coster*, Adriaen Cromhout* (ebenfalls ein bedeutender Calvinist, der aus Medemblik eingewandert war), Dirck Graeff* (ein weiterer calvinistischer Führer, der sich später in Emden niederließ) und Adriaen Pauw* (der vorher in Emden und Hamburg gelebt hatte). Eine ganze Weile lang gehörte dem Stadtrat weiterhin eine Minderheit von Katholiken an, wie zum Beispiel Ysbrant Dommer*, der 1578 zum Ratsherren ernannt wurde und es bis zu seinem Tode 1582 blieb. Und selbst als die katholische Fraktion endgültig verschwunden war, setzte sich ein Teil der Ratsherren – wie groß diese Gruppe war, läßt sich leider nicht mehr eruieren – weiterhin für religiöse Toleranz ein. Das berühmteste Beispiel für diese Haltung war C. P. Hooft*. Hooft* hegte eine tiefe Abneigung gegen jede Form der religiösen Verfolgung, gleichgültig ob von katholischer oder protestantischer Seite, und begegnete den spitzfindigen theologischen Disputationen und dem Ehrgeiz des Klerus mit Mißtrauen; für ihn war das Christentum eher eine Frage des »guten Gewissens« als der tiefsinnigen theologischen Auslegung – kurzum, er favorisierte eine »innere Religiosität« (der Ausdruck *innerlycke religieusheydt* ist seine eigene Prägung). Sicherlich hätte Hooft* (der auch ein Buch von Kardinal Baronio, eines Vertreters der Gegenreformation, besaß) die Äußerung von Sir Thomas Browne unterschreiben können: »Weder verurteile ich alle Beschlüsse des Tridentinischen Konzils, noch heiße ich alle Beschlüsse der Synode von Dort gut.« Die Dordrechter Synode hatte unter anderem den Glaubenssatz, daß grundsätzlich alle Menschen verstoßen seien und Gott nur wenige Auserwählte der Erlösung teilhaftig werden lasse, als für jeden Calvinisten verbindlich erklärt. C. P. Hooft* heiratete eine Blaeu, und es ist sehr unwahrscheinlich, daß die Familie Blaeu zu den strengen Calvinisten zählte. Von jedem religiösen Eifer unberührt druckte Joan Blaeu* Meßbücher für den Export in die katholische Welt, die auf der Titelseite eine Radierung von Köln zeigten. Blaeus* Geschäftspraktiken haben vielleicht nicht mehr zu bedeuten als Andries Bickers* Schiffshandel mit Spanien, aber auch Bicker* scheint kein besonders strenger Calvinist gewesen zu sein, und Blaeu* ging sogar so weit, dem Papst Alexander VII. eines seiner Bücher zu widmen. Martin Coster* wird als ein »glühender Calvinist« beschrieben und scheint jedenfalls so unorthodox gewesen zu sein, daß man es für nötig hielt, ihn 1566 aus Amsterdam auszuweisen. Aber seine Bibliothek enthielt nicht nur Schriften Calvins (davon nicht einmal sehr viele), sondern auch Werke von Erasmus und Melanchthon und die Dekrete des Tridentinums. Selbst Reynier Cant*, der in der calvinistischen Kirche das Amt eines Ältesten innehatte, stellte sich 1578 gegen die Zwangsausweisung der Katholiken, und Gerüchte behaupten, er sei als katholischer Konvertit gestorben.[49]

Man ist zu Recht versucht, die Kontroverse zwischen Professor Arminius und Professor Gomarus über die Kernpunkte der Gnaden- und Prädestinationslehre, die sich um 1608 zuzuspitzen begann, mit der venezianischen Krise von 1606 in Analogie zu setzen. In beiden Städten wurde die theologische Frage nach der Gnade Gottes mit der politischen Frage verknüpft, ob der Staat die Kirche kontrollieren solle – oder genauer: ob die Patrizier den Klerus kontrollieren sollten. Man ist des weiteren versucht, den sanftmütigen Hooft* als einen typischen Vertreter des Amsterdamer Patriziats anzusehen, was er jedoch genausowenig war wie der Venezianer Nicolò Contarini*. Zwar heiratete Arminius ins Amsterdamer Patriziat ein – 1590 ehelichte er Lijsbeth, die Tochter von Laurens Reael* (dem Vater des berühmteren Admirals Dr. Laurens Reael*) –, und unterstützten auch andere Mitglieder der Elite wie Dirck Bas* und Albert Burgh* die Position der Arminianer oder »Remonstranten«. Ja selbst der Ratspensionär von Holland stellte sich hinter die Arminianer und die herrschende holländische Klasse, bis schließlich 1618, auf dem Höhepunkt der Kontroverse, der Fürst von Oranien, der die Gomaristen oder »Gegen-Remonstranten« unterstützte, die Arminianer aus der Regierung Amsterdams und anderer Städte entfernte. Nachdem die Remonstranten gezwungenermaßen ihre eigene Kirche gegründet hatten, ließen zwölf Mitglieder der Amsterdamer Elite (ihre Verwandten nicht mitgerechnet) zwischen 1633 und 1673 ihre Kinder dort taufen. Zu ihnen zählten unter anderen Hans Bontemantel*, dessen politisches Tagebuch ein so wichtiges Dokument für die Geschichte jener Zeit ist, Henrick Hooft* (der hier in die Fußstapfen seines Großonkels C. P. Hooft trat*), Nicolaes van Loon*, Willem van Loon* und Cornelis van Vlooswijk*.[50]

All dies erweckt den Eindruck, als habe die Elite Amsterdams auf Seiten der liberaleren Arminianer gestanden. Aber das ist nur die halbe Wahrheit. Wie in Venedig gab es auch in Amsterdam neben den *libertynen* eine fromme Partei oder Fraktion, die sogenannten *kerkelyken*. Oranien war es nur deshalb möglich, den Amsterdamer Stadtrat 1618 erfolgreich zu säubern, weil er dort gewichtige Verbündete besaß. Die fromme Fraktion wurde von Reynier Pauw* angeführt, einer der treibenden Kräfte hinter der Synode von Dordrecht, auf der die Remonstranten exkommuniziert wurden. Leider sind Pauws* Papiere nicht erhalten geblieben, so daß wir über seine religiöse Einstellung im einzelnen nicht viel wissen.[51] Aber wir verfügen über Dokumente aus seinem engeren Umkreis, etwa von Pieter Schaep*. Schaep* schrieb 1617 einen Brief an seinen Sohn Gerard Schaep*, der damals an der Universität Leiden studierte.[52] Es fällt einem angesichts der Einstellungen, die in diesem Brief zum Ausdruck kommen, schwer, sich des Adjektivs »puritanisch« zu enthalten. (Oldenbarnevelt bezeichnete die Gegen-Remonstranten dem britischen Botschafter gegenüber einmal als »doppelte Puritaner«.) Dr. Schaep* ermahnt darin seinen Sohn, ordentlich zu studieren, keine Zeit zu verlieren, sich nicht dem Trunk und der »Hurerei« hinzugeben, und vor allem beschwor er ihn: »Fürchte Gott!« Zitate aus den Sprüchen Salomos und dem Predigerbuch, die zur Gottesfurcht ermahnen, ziehen sich durch den gesamten Brief. Auch die Schriftstücke des Sohnes, Gerard Schaep*, sind uns erhalten. Aus ihnen spricht ein Bild von Gott als einem Wesen, das fortwährend ins tägliche Leben eingreift und somit ganz anders gegenwärtig ist als in der Gottesvorstellung C. P. Hoofts*, der in Fragen der Transzendenz die Unwissenheit des Menschen betonte.[53]

Es gab also im calvinistischen Amsterdam ebenso wie im katholischen Venedig innerhalb der Elite sowohl eine fromme als auch eine antiklerikale Gruppierung. Aber während die Furcht vor Spanien in Venedig den Antiklerikalen in die Hände spielte, verhalf sie in Amsterdam den Frommen an die Macht. Vielleicht muß man die rigiden Beschlüsse der Synode von Dordrecht als Ausdruck einer allgemeinen Verängstigung begreifen, die mit dem Abnehmen der spanischen Gefahr Mitte des siebzehnten Jahrhunderts an Bedeutung verlor. Der letzte strenge Calvinist innerhalb der Amsterdamer Elite war vermutlich Nicholaes Tulp*, der 1674 im Alter von einundachtzig Jahren starb. Erhellend ist diesbezüglich auch der Vergleich zweier Mitglieder der Familie Witsen, die im frühen beziehungsweise späten siebzehnten Jahrhundert Bedeutung erlangten. Gerrit Witsen* war ein begeisterter Calvinist und mit Reynier Pauw* befreundet. Nicolaes Witsen* interessierte sich ebenfalls für Religion, aber vertrat eine viel ökumenischere Haltung. In Rußland besuchte er den Patriarchen Nikon und machte sich Notizen über den Ikonenkult, die Bedeutung des heiligen Nikolaus und andere Besonderheiten des orthodoxen Glaubens. Seine Sympathien erstreckten sich bis auf den »heiligen Konfuzius«, und seine Interessen reichten bis hin zum Schamanismus.[54]

Nur mit Vorsicht darf man Coenraed van Beuningen* als Beispiel heranziehen, aber auch er verkörperte eine für das späte siebzehnte Jahrhundert nicht untypische religiöse Einstellung, die ebenfalls mit dem strengen Calvinismus brach. Van Beuningen* lehnte Katholizismus, Lutheranismus und Calvinismus gleichermaßen als »drei unreine Geister« ab; er sympathisierte nicht mit den großen Kirchen, sondern mit den Sekten – seien es nun die *Collegianten* von Rijnsburg, die Quäker, die Anhänger Jakob Böhmes, die Jünger von Jean de Labadie oder eine andere Gruppe von »Christen ohne Kirche«, deren es im siebzehnten Jahrhundert zahlreiche gab.[55]

Anmerkungen zu Kapitel 6

1 Meine Berechnungen fußen auf P. A. Zeno, *Memoria de'scrittori veneti patritii*, Venedig 1662, einer alphabetisch nach Autoren geordneten Liste veröffentlichter Werke.
2 N. Contarini*, *De perfectione rerum*, Venedig 1576; P. Paruta*, *Perfettione della vita politica*, Venedig 1579; B. Nani*, *Historia della Republica Veneta* I, Venedig 1662, G. Sagredo*, *L'Arcadia in Brenta*, Venedig 1669, erschienen unter dem Pseudonym »Ginnesio Gavardo Vacalerio«; G. Sagredo*, *Memorie istoriche de'monarchi ottomani*, Venedig 1673; von N. da Pontes* Buch scheint kein Exemplar erhalten, aber Zeno, a.a.O., siehe unter *Ponte*, behauptet, es sei 1585 erschienen.
3 Die Gedichte von S. Contarini* und A. Ottobon* werden in der Bibliothek Marciana in Venedig verwahrt; Abschriften von N. Contarinis* venezianischer Geschichte befinden sich im ASU, im British Museum und an anderen Orten.
4 G. Cozzi, *Il doge Nicolò Contarini*, Venedig und Rom 1958, S. 200, Anm.

5 A. Colluraffi, *Il nobile Veneto*, Venedig 1623; M. Boschini, *La Carta del navegar pitoresco. Dialogo. Tra un senator venetian deletante e un profesor di pitora* ..., ich benutze die 1660 in Venedig erschienene Ausgabe.
6 G. F. Sagredo (der Bruder von Zaccaria Sagredo*) an M. Welser (1614), zitiert in W. J. Bouwsma, *Venice and the Defense of Republican Liberty*, Berkeley und Los Angeles 1968, S. 87.
7 G. Sagredo*, *Arcadia in Brenta*, Venedig 1669, S. 1.
8 A. Lupis, *Vita di G.F. Loredano*, Venedig 1663, S. 25.
9 EIP, S. 34.
10 B. Castiglione (1528), *Das Buch vom Hofmann*, aus dem Italienischen von Fritz Baumgart, München 1986, Buch 1, Abschnitt 27.
11 Zu dieser Unterscheidung siehe M.W. Croll, »Attic prose in the 17th century« in *Studies in Philology* 1921, wiederabgedruckt in ders., *Style, Rhetoric and Rhythm*, Princeton 1966.
12 Zur offiziellen Geschichtsschreibung siehe G. Cozzi, »Cultura politica e religione nella publica storiografia veneziana« in *Bollettino* 5 (1965).
13 F. Seneca, *Leonardo Donà*, Padua 1959, S. 36.
14 Siehe das Verzeichnis der Bücher und andere Besitztümer des F. Contarini*, hg. von M.T. Cipollato im *Bollettino* 3 (1961).
15 Vgl. hierzu die Beobachtungen von D. Chambers, *The Imperial Age of Venice*, London 1970, S. 12 f.
16 A. Favaro, »G. F. Sagredo e la vita scientifica in Venezia« in *Nuovo Archivio Veneto* (1902).
17 Cozzi, a.a.O., S. 57; A. Tenenti, »Il libro de perfectione rerum di N. Contarini« in *Bollettino* 1 (1959); A. Favaro, *Galileo Galilei e lo studio di Padova*, 2 Bde., Florenz 1883, Bd. 2, S. 74.
18 Zu Donà* siehe Favoro, a.a.O., Bd. 2, S. 94; zu Z. B. Corner* siehe F. Sansovino, *Venezia città nobilissima*, hg. von G. Martinioni, Venedig 1663, S. 371; zu B. Nani* und seiner Akademie siehe S. Romanin, *Storia documentata di Venezia*, Bd. 7, Venedig 1858, S. 557.
19 Cipollato, a.a.O.
20 A. Priulis* Erinnerungen werden zitiert in *Nuovo Archivio Veneto*, 1891, S. 69.
21 *Dimettendo ad altri le sottili e troppo curiose investigationi*, Colluraffi, a.a.O., S. 56.
22 Favaro, a.a.O., Bd. 2, S. 2 und Dokument XCI.
23 Bouwsma, a.a.O., betont den Empirismus, unterschätzt aber möglicherweise die scholastischen Tendenzen; J.H. Randall Jr., *The School of Padua and the Emergence of Modern Science*, Padua 1961, sagt nur wenig über die Zeit nach 1600; L. Berthé de Besaucèle, *Les Cartésiens d'Italie*, Paris 1920, erwähnt Venedig nur selten; B. Trevisan, *Meditazioni filosofiche*, Venedig 1704; J. Addison, *Remarks on several parts of Italy*, London 1705, S. 84.
24 L. Real*, *Observatien aen de magnetsteen*, Amsterdam 1651 (posthum); N. Tulp*, *Observationes medicae*, Amsterdam 1641; J. Commelin*, *Catalogus plantarum indigenarum Hollandiae*, Amsterdam 1681; J. Blaeu*, *Geographia*, Amsterdam 1662; J. Six*, *Medea*, Amsterdam 1648; C. van Beuningen*, *Alle de brieven ende schriften*, Amsterdam 1689; J. Hudde*, »De reductione aequationum« und »De maximis et minimis« in R. Descartes, *Geometria*, hg. von F. Schooten, Leiden 1659; N. Witsen*, *Scheepsbouw en bestier*, Amsterdam 1671; N. Witsen*, *Noord en Oost Tartarye*, 2. Auflage, Amsterdam 1705. Es ist dies lediglich eine Auswahl der bedeutendsten Werke der Elite und keine erschöpfende Aufzählung.
25 Die Bücher werden aufgelistet in H. A. Enno van Gelder, *De levensbeschouwing van C. P. Hooft*, Amsterdam 1918, Anhang 2.
26 Zu Costers* Büchern siehe das Inventar aus dem Jahre 1594 im Amsterdamer GA, Weeskamer, Boedelpapieren, Lade 139.
27 Zu diesem außergewöhnlichen Mann siehe A. Cameroni, *Uno scrittore avventuriero del secolo xvii*, o.O. 1893.
28 Zu Moses und Aaron siehe C.P. Hooft*, *Memoriën en Adviesen*, Bd. I, Utrecht 1871, S. 97; die genannten Schauspiele heißen *Baeto* (P. C. Hooft, Amsterdam 1626) und *Batavische Gebroeders* (J. Vondel, Amsterdam 1662).
29 *Fin de la Guerre*, Nr. 3428 in Knuttels Katalog der in der Königlichen Bibliothek zu Den Haag verwahrten Pamphlete aus dem siebzehnten Jahrhundert.
30 Zum Rathaus siehe K. Fremantle, *The Baroque Town Hall of Amsterdam*, Utrecht 1959.

31 Zu Witsens* Interessen siehe die in Anm. 24 oben zitierten Bücher. Die Bedeutung von Dr. Woodwards Schild wird demnächst in einem Buch von J. Levine erörtert.
32 Diese Seite Witsens* tritt in dem Dokumentationsband deutlich zu Tage, der als zweiter Band von J. Gebhards Biographie erschien: *Het leven van Mr Nicholaes Witsen*, Utrecht 1882.
33 Eine gute kurze Studie zu Hudde* gibt C. de Waard, *Nieuw Nederlands Biographische Woordenboek*, Bd. 1, Leiden 1911.
34 C. P. Hooft* [Anm. 28 oben], S. 206.
35 C. L. Thijssen-Schoutte, *Nederlands Cartesianisme*, Amsterdam 1954, S. 246 und 125 f.
36 Van Gelder, a.a.O., insbesondere Teil 2.
37 Amsterdam GA, Hudde, Brieven en Papieren, Nr. 49.
38 C.W. Roldanus, *Coenraad van Beuningen*, Den Haag 1931.
39 Die erwähnte Beobachtung von Philippe Canaye de Fresnes aus dem Jahre 1604 wird zitiert in Cozzi, a.a.O., S. 44; zu Sarpis Ideen siehe L. Salvatorelli, »Le idee religiose di fra Paolo Sarpi« in *Atti della Accademia Nazionale dei Lincei, Scienze Morali*, 1953; G. Cozzi, »Paolo Sarpi tra il cattolico Philippe Canaye de Fresnes e il calvinista Isaac Casaubon« in *Bollettino* 1 (1959); *Sarpi*, hg. von P. Burke, New York 1967; Bouwsma, a.a.O., insbesondere die letzten drei Kapitel.
40 Cozzi. a.a.O., S. 211 f.
41 F. Seneca, *Leonardo Donà*, Padua 1959, S. 36.
42 A. Stella, *Chiesa e stato nelle relazioni dei nunzi pontifici a Venezia*, Vatikanstadt 1964, S. 13 f; A. Stella, *Dall'anabattismo al socianesimo nel '500*, Padua 1967, S. 132.
43 Bouwsma, a.a.O., übertreibt in seinem Kapitel »Venice under the giovani« den inneren Zusammenhalt dieser Gruppe. Zu den »Libertins« siehe G. Spini, *Ricerca dei libertini*, Rom 1950, insbesondere das Kapitel über den Kreis um G. F. Loredan in Venedig. Den Inquisitionsdokumenten im Archivio di Stato in Venedig zufolge wurde kein Angehöriger der Elite je direkt der Häresie oder Blasphemie angeklagt.
44 Diese Meinung vertrat wenigstens Nicolò Contarini*; siehe Cozzi, a.a.O., S. 218.
45 G. Cozzi, »Federico Contarini« in *Bollettino* 3 (1961), insbesondere S. 196 und 200.
46 G. Tiepolo, *Trattato delle santissime reliquie...*, Venedig 1617.
47 Alle Angaben entstammen den Testamenten, die mit Hilfe der Personenkartei in der ASV aufgefunden werden können.
48 Das Zitat stammt von den *deputati alla fabrica* aus dem Jahre 1679 und wird zitiert in G.A. Moschini, *La chiesa e il seminario di S. Maria della Salute*, Venedig 1842, S. 27.
49 Eine erhellende Erörterung von C. P. Hoofts* religiösen Ansichten findet sich bei Van Gelder, a.a.O., Teil 2; eine kurze Darstellung in englischer Sprache gibt J. Lecler, *Toleration and the Reformation*, London 1960, Bd. 2, S. 292 f.; eine allgemeine Darstellung des Calvinismus in Amsterdam liefert R. B. Evenhuis, *Ook dat was Amsterdam*, 2 Bde., Amsterdam 1965–7, darin insbesondere Bd. 1, S. 99 über R. Cant* und S. 275 über M. Coster*. Costers* Bücher über die Religion sind in einem Verzeichnis aus dem Jahre 1594 aufgeführt [siehe Anm. 26 oben].
50 Die Remonstranten werden von G.W. Kernkamp in seiner Einleitung zu H. Bontemantel*, *De regeering van Amsterdam*, Den Haag 1897, S. lxiv, namentlich aufgezählt.
51 Zur »frommen Partei« siehe J. E. Elias, *Geschiedenis van het Amsterdamsche Regentenpatriciaat*, Den Haag 1932, S. 149 f.; eine gute Kurzdarstellung von R. Pauw* gibt W. van Ravesteyn in *Nieuw Nederlands Biografische Woordenboek*, Bd. 9, Leiden 1911–37.
52 Amsterdam, GA, Bicker Papiere, Nr. 717, S. 218–20.
53 Zu den »doppelten Puritanern« siehe D. Carletons Bericht über ein Gespräch mit Oldenbarnevelt im Jahre 1617 in seinen *Letters*, London 1775, S. 100. Zu den Ansichten von G. Schaep* siehe Nr. 717 der Bicker Papiere [Anm. 52 oben], passim.
54 Vgl. D.W. Howe, »The decline of Calvinism« in *Comparative Studies in Society and History* 14 (1972); wie Howe außerdem darlegt, ging in Boston der Abfall der oberen Mittelklasse vom Calvinismus mit einem Orientierungswechsel einher, weg von der Identifikation mit dem Kleinbürgertum und hin zur Identifikation mit der Aristokratie. Ähnliches mag für Amsterdam gegolten haben. Zu N. Witsen* siehe seine *Moscovische Reyse*, hg. von T. J. G. Locher und

P. de Buck, 3 Bde., Den Haag 1966-7, insbesondere S. 400 f. und 455 f., sowie sein *Noord en Oost Tartarye*, 2. Ausgabe, Amsterdam 1705, S. 664 f.

55 Zu C. van Beuningen* siehe Roldanus, a.a.O., insbesondere S. 165 f.; zur Bewegung um Labadie siehe L. Kolakowski, *Chrétiens sans église*, Paris 1969.

7 Mäzenatentum

Die Unterschiede im Lebensstil und in den Einstellungen und Werten der Patrizier Amsterdams und Venedigs spiegelten sich in ihrem Mäzenatentum wider.

Trotz des Ideals der persönlichen Sparsamkeit glaubten die venezianischen Patrizier an die »Pracht«, und die große Geste erforderte ihrem Selbstverständnis nach, daß man »großzügig ausgibt« (*spendere largamente*, was man frei als demonstrativen Konsum übersetzen könnte). Zu den Anlässen solch prachtvoller Selbstdarstellung gehörten »Bankette, Hochzeiten und Gebäude, bei denen man ohne Rücksicht auf die Kosten Geld ausgeben soll«. Nicht von ungefähr werden hier die Gebäude erwähnt, denn sie gehörten mit zur öffentlichen »Fassade« der venezianischen Adeligen. Der Architekt Scamozzi hielt den venezianischen Palast für einen Ausdruck »des Lebensstils des Adels« (*l'uso del vivere della nobiltà*) und wies auf die besondere Bedeutung des Haupteingangs hin, weil man dort »bei Hochzeiten für die Verwandten Empfänge geben und Einladungen und Feste veranstalten können muß«.[1] Das wichtigste Motiv für die Prachtentfaltung war der Familienstolz, ein Gefühl für die »Würde« und »Großartigkeit« des eigenen »Hauses«, seine *honorevolezza*, sein *decoro, lustre, splendore*. Der Familienpalast stand im Mittelpunkt der Aufmerksamkeit der Patrizier. Über Generationen hinweg träumten sie davon, ihn auszubauen, neu einzurichten oder die angrenzenden Häuser aufzukaufen, und immer wieder beschworen sie in ihren Testamenten die Erben, daß begonnene Werk fortzuführen. Marin Grimani* vermerkte in seinem letzten Willen, daß er für den *soler*, das heißt für die obere Etage, des Palasts in S. Luca, den der berühmte Renaissancearchitekt Sammicheli für seinen Vater erbaut hatte, 2844 Dukaten aufgewendet habe, und wies seine Erben an, das Hauptportal durch eine Treppe aus veronesischem Marmor zu ergänzen. Der Palast war nicht nur die Wohnung, sondern das Symbol der Familie, und es ist gewiß kein Zufall, daß für beide dasselbe Wort *casa* benutzt wurde. So schrieb etwa Antonio Grimani* in seinem Testament über sein Haus: »Ich will nicht, daß es je vermietet wird; es muß auf ewige Zeiten von meinen Söhnen und deren Nachkommen bewohnt werden.« Auch Zuan da Lezze* wies seine Erben an, den Palast nicht aufzuteilen, zu verkaufen oder zu vermieten. Im Verlauf des siebzehnten Jahrhunderts wurden in Venedig einige großartige neue Paläste gebaut, unter anderem der Palazzo Pisani am Campo S. Stefano, errichtet während Alvise Pisani* dem Familienzweig vorstand, und der Palazzo Pesaro am Canal Grande, der von Zuan Pesaro* geplant und schließlich von Longhena für dessen Neffen Lunardo Pesaro* erbaut wurde. Ein Palast in dieser Größe wäre nicht möglich gewesen, hätte nicht der Familienzweig bereits in den Jahren 1558, 1569 und 1628 die angrenzenden Häuser angekauft. Auch Zuan da Lezze* erklärte in seinem Testament, er habe über 34 000 Dukaten für den Familienpalast (nahe der Kirche der Lahmen Brüder) ausgegeben und im Hinblick auf künftige Erweiterungen das Nachbarhaus erworben.[2]

Kostspielige Denkmäler, die von Architekten und Bildhauern gemeinsam entworfen wurden, waren eine weitere Möglichkeit, den Ruhm der Familie zu mehren. Die Grabmäler aus dem siebzehnten Jahrhundert sind viel imposanter als früher. Das Denkmal für Marin Grimani* in S. Iseppo kostete 5 865 Dukaten, war aber im Vergleich zu dem Monument für Silvestro Valier* in S. Zanipolo, das auf 20 000 Dukaten zu stehen kam, noch verhältnismäßig billig. Die Porträtbüsten, die heute in manchen Museen zu bewundern sind, wie etwa Vittorias berühmte Büste von Nicolò da Ponte*, stammen häufig von solchen Gräbern. Manche Patrizier stifteten ihrer Gemeindekirche eine neue Fassade und beauftragten die Bildhauer, daraus ein gewaltiges Familiendenkmal zu machen. Andrea Contarini, der Sohn von Carlo Contarini*, hinterließ bei seinem Tode 10 000 Dukaten, um die Fassade von S. Vidal zu erneuern und mit den Büsten seiner Eltern auszuschmücken. Vincenzo Fini* und sein Bruder ließen sich mit der Fassade von S. Moisè zum Preis von 90 000 Dukaten selbst ein Denkmal setzen. Sogar die Landhäuser nahmen zu jener Zeit Züge eines Palastes an. Man denke etwa an die Villa Corner in Poisuolo, die Zuan I. Corner* von Scamozzi entwerfen ließ, an die Villa Contarini in Piazzola, die von Marco Contarini* vergrößert wurde, oder an die zwei imposantesten Herrschaftsgebäude des frühen achtzehnten Jahrhunderts, die Villa Manin in Passeriano (für die Familie von Ottavio Manin*) und die Villa Pisani in Strà für die Pisani von S. Stefano, die im Laufe der Epoche mit sechs Mitgliedern in der Elite vertreten waren. Eine Ausnahme von dieser Entwicklung stellt die von Zuan Sagredo* erbaute Villa in Conselve nahe Padua dar, aber Sagredos* Knauserigkeit war, wie schon erwähnt, wenn nicht sprichwörtlich, so doch immerhin Gegenstand mancher Anekdote.

Man könnte auch sagen, daß Sagredo* in einem Zeitalter zunehmender Ausschweifung an der alten Tugend der Sparsamkeit festhielt.³

Die Unterstützung von Malern und Schriftstellern dagegen war weniger eine Frage der Familienehre als eine des persönlichen Geschmacks und weist viel eher auf ein echtes Kunstinteresse der Auftraggeber hin. Marcantonio Barbaro* beauftragte Veronese mit der Dekoration seiner Villa und versuchte sich selbst als Bildhauer. Zuan Pesaros* Schwäche für die Malerei verleitete ihn dazu, als Oberbefehlshaber der venezianischen Streitkräfte an anderen Orten Gemälde zu plündern. Wer als Besucher in das Haus eines venezianischen Patriziers kam, war unweigerlich von der Vielzahl der Gemälde beeindruckt, zumeist handelte es sich um Porträts. Tintoretto porträtierte Marcantonio Barbaro*, Pasquale Cicogna*, Paolo Paruta*, Vincenzo Morosini* und andere Mitglieder der Elite. Bisweilen wurden die Porträts auch zum Ruhm der Familie in Auftrag gegeben. Nicolò Corner* ließ drei Porträts von seiner Ahnin Caterina, der Königin von Zypern, malen, und das Verzeichnis der Gemälde, die im Besitze von Francesco da Molin* waren, erwähnt als erstes sechs Bilder von Senatoren und Generalen aus der Familie da Molin. Manchmal verraten die Porträts ein breiteres Interesse an Geschichte, so etwa wenn Dogen, Kardinäle, der eine oder andere Papst oder König oder gar »der Große Türke« porträtiert wurden. Auch religiöse Gemälde waren häufig zu bewundern; sie machten rund ein Drittel der Sammlungen von Ferigo Contarini* (57 von 153) und von Francesco da Molin* (39 von 136) aus. In der Mehrzahl handelte es sich um Darstellungen Christi, der Jungfrau Maria und verschiedener Heiliger. Johannes der Täufer, Franziskus, Maria Magdalena und Sebastian zählten zu den beliebtesten Heiligen, aber auch die lokalen Patrone Sankt Markus, Sankt Marina und der heiliggesprochene Lorenzo Giustinian (der selbst ein venezianischer Adeliger war) traten öfters in Erscheinung. Der Rest der Sammlungen enthielt vermutlich Motive aus der antiken Mythologie, so etwa Gemälde von Venus und Apollo; eine Reihe von »moralischen Phantasien«, wie die Zeitgenossen sagten, worunter wir allegorische Gemälde mit Titeln wie *Wahrheit, Zeit* oder *Klugheit und Ruhm* zu verstehen haben; und schließlich waren darunter auch Historienbilder, zumeist mit Motiven aus der Antike, wie etwa *Alexander und die Familie des Darius* oder *Scipio und der spanische Sklave*, in denen es um die Darstellung der vorbildlichen Tugenden der großen Eroberer ging, nämlich ihrer Milde und Zurückhaltung. Dergleichen Gemälde waren das private Gegenstück zu den geschichtlichen Szenen im

Dogenpalast, die ebenfalls als »Beispiele der Tugend« (*esempi virtuosi*) gedacht waren. Namentlich Giacomo Correr* besaß eine feine Sammlung von Historienbildern. Die eine oder andere Sammlung dürfte außerdem einige Landschaftsbilder enthalten haben, aber insgesamt blieb dieses Genre im Venedig des siebzehnten Jahrhunderts deutlich im Hintergrund.[4]

Auf dem Sterbebett soll Zuanfrancesco Loredan seinem Sohn erklärt haben: »Neben den anderen Pflichten, die ich dir auferlege, überlasse ich dir auch die Förderung der *virtuosi*... der venezianische Edelmann war seit jeher ein Schirmherr der Literaten.« Immer wieder wurden den Mitgliedern der Elite Bücher gewidmet, und manche Adelige wie Nicolò Sagredo* wurden so häufig erwähnt, daß die Vermutung naheliegt, sie hätten sich den Autoren entsprechend erkenntlich gezeigt. Im späteren siebzehnten Jahrhundert gab es in Venedig einen inoffiziellen Poeta laureatus, den Priester Cristoforo Ivanovitch, der regelmäßig zu Hochzeiten und zur Ernennung von Prokuratoren und anderen Amtsträgern (zumindest für den heutigen Geschmack) unerträglich schmeichlerische Lobeshymnen verfasste. Anläßlich der Ernennung von Girolamo Zustinian* zum Prokurator schrieb er 1675 ein Sonett, in dem er pflichtschuldigst auf den Adler im Familienwappen Bezug nahm, und auch als Girolamo Grimani* im selben Jahr zum *provveditore generale* Dalmatiens berufen wurde, durfte der »poetische Beifall«, wie Ivanovitch seine Erzeugnisse nannte, natürlich nicht fehlen.[5]

Einige Mitglieder der frommen Partei wie Agostino Barbarigo* und Zaccaria Contarini* setzten sich im späten sechzehnten Jahrhundert dafür ein, daß die Theater geschlossen und alle Schauspieler aus Venedig ausgewiesen würden.[6] Andere Patrizier hingegen zeigten ein lebhaftes Interesse am Theater und an der Musik. Im ausgehenden sechzehnten Jahrhundert existierten immer noch einige aristokratische Amateurtheater der sogenannten »Schuhgesellschaften« (*compagnie delli calzi*), und Andrea Dolfin* gehörte in seiner Jugend einer dieser Gesellschaften an. Marin Grimani* war ein begeisterter Musikliebhaber, und Venedig war eine der ersten Städte Europas, in der man die neue Kunstform der Oper willkommen hieß. Das erste kommerzielle Opernhaus (das sein Publikum nicht über private Einladungen, sondern durch den Verkauf von Eintrittskarten rekrutierte) wurde in Venedig 1637 eröffnet. Gegen Ende des Jahrhunderts gab es in Venedig bereits zwölf solcher Opern, von denen acht im Besitz adeliger Familien waren, unter anderem von Alvise Duodo*, der 1651 in S. Aponal ein Opernhaus eröffnete, und von

Marcantonio Zustinian, in dessen Oper in S. Moisè im Jahre 1640 Monteverdis *Arianna* uraufgeführt wurde. Marco Contarini* ließ auf seinem Landsitz in Piazzola am Brenta ein Theater und einen Musiksaal errichten und war für seine umfangreiche Sammlung an Partituren berühmt. Von den heute in der Bibliothek Marciana aufbewahrten Partituren stammen einhundertzwanzig Handschriften aus seiner Sammlung, darunter die siebenundzwanzig Opern von Cavalli. Besonders beliebt waren Opern über die römische und griechische Geschichte, namentlich über Scipio und Alexander; 1595 wurde in Anwesenheit des Dogen Marin Grimani* das Musikdrama *Der Triumph des Scipio* aufgeführt, 1651 eine Oper mit dem Titel *Alexander der Eroberer,* und 1664 wurde Cavallis *Scipio Africanus* gegeben. Die inhaltlichen Parallelen zu den Gemäldesammlungen der Patrizier liegen auf der Hand.[7]

Die Baukunstwerke und Skulpturen der Amsterdamer Elite waren, wie zu erwarten, weniger auf Prachtentfaltung und demonstrative Selbstverherrlichung der Familie angelegt. Zwar gab es einige recht eindrückliche Gebäude, wie das Haus Andries de Graeffs*, die heutige Herengracht Nr. 446; das Haus Alexander Velters'*, ebenfalls an der Herengracht, das seinerzeit auf 40 000 Gulden geschätzt wurde; das Trippenhuis, eine Art Rathaus im Miniaturformat; oder das Haus Vingboons am Singel, das Joan Huydecoper* an der Stelle dreier alter Häuser erbauen ließ und das mit seinem prachtvollen Garten, dem Springbrunnen und den Statuen von hinten eher den Eindruck eines Landsitzes als eines Stadthauses erweckte. Im allgemeinen jedoch lassen sich die Häuser der Amsterdamer Elite mit den venezianischen Palästen nicht vergleichen und waren auch nicht so kostspielig. Jan de Bisschop* und Daniel Bernard* besaßen beide ein Haus an der Keizersgracht, das im frühen beziehungsweise im späten siebzehnten Jahrhundert auf jeweils 14 000 Gulden geschätzt wurde; das entspräche umgerechnet rund 7 000 Dukaten, einer nach venezianischen Maßstäben geradezu lächerlichen Summe. (Nicht berücksichtigt sind dabei Bernards* Stallungen in der nahe gelegenen Blomstraat, deren Wert auf weitere 2 500 Gulden geschätzt wurde.) Aber es gab Angehörige der Elite, die noch weit schlichter lebten. Dirk Munter* und seine Frau, zum Beispiel, bewohnten als kinderloses Paar ein Sechstel Haus an der Herengracht, das auf 3400 Gulden geschätzt wurde. In Amsterdam war das Haus im Grunde nichts anderes als der Wohnraum einer Kleinfamilie. Es besaß nicht die symbolische Bedeutung des venezianischen Palastes.[8]

Auch für Familiengräber gaben die Amsterdamer wenig Geld aus. Nicht daß es in der niederländischen Republik keine imposanten Grabmäler gegeben hätte, die Beisetzungsstätten Wilhelms des Schweigers und Piet Heins bewiesen prachtvoll das Gegenteil; aber sich kostspielige Denkmäler zu setzen, paßte, von wenigen Ausnahmen abgesehen, nicht zum Lebensstil der Amsterdamer Elite. Eine der Ausnahmen war die Familie de Graeff, die in der Alten Kirche eine eigene Kapelle besaß, die ehemalige St. Cornelius-Kapelle, für die Cornelis de Graeff* bei Quellin ein Grabmal mit Skulpturen in Auftrag gab.[9]

Die Landhäuser der Amsterdamer Elite nehmen sich, trotzdem man sie gelegentlich dichterisch als »Paläste« verklärte, im Vergleich zu den venezianischen Villen des siebzehnten Jahrhunderts ebenfalls recht bescheiden aus. Sie wiesen keine Säulen und Pilaster auf; die meisten von ihnen sind inzwischen verschwunden, aber zeitgenössische Zeichnungen und gelegentliche Schätzungen legen die Vermutung nahe, daß es sich – sowohl was die Größe als auch was den Stil anbelangt – um eher bescheidene Bauwerke handelte. Betrachten wir, zum Beispiel, den Vredenhof, ein Landhaus in der Nähe von Voorschoten, das einmal Andries de Graeff* gehörte. 1733 wurde es, einschließlich des Gartens und der umliegenden Ländereien, auf einen Wert von 7000 Gulden geschätzt. Das Inventar von 1733 führt sämtliche Räume auf. Es gab einen »großen Saal« (*groote zaal*), aber alles in allem nur elf Räume, die vier Haushaltsräume – Küche, Keller, Dienstbotenraum und Kutschenremise – miteingerechnet.[10]

In Amsterdam kamen die bedeutenden architektonischen Aufträge nicht von Privatleuten, sondern von den öffentlichen Institutionen. Die große Expansion der Stadt stellte sicher, daß die Baumeister nicht ohne Arbeit blieben, aber wenn die de Graeffs oder die Bickers Aufträge wie den für die Südkirche (1603), die Westkirche (1620), die Börse oder für das bekannteste Bauwerk jener Zeit, das neue Rathaus, vergaben, geschah dies in ihrer Funktion als Bürgermeister und nicht als Privatleute. Im Amsterdam des siebzehnten Jahrhunderts lag die Förderung der Architektur, wie im Florenz oder im Venedig des Mittelalters, vorwiegend in der öffentlichen Hand.

Was das Interesse an der Malerei betrifft, scheint die Elite Amsterdams spätestens in der zweiten Hälfte des siebzehnten Jahrhunderts mit den Venezianern gleichgezogen zu haben. Jan Six*, der Mäzen Rembrandts, ist das bekannteste Beispiel, aber der Förderer gab es viele. Wie in Venedig war auch in Amsterdam das Porträt das wichtigste Genre.

Gerard Schaep*, ein begeisterter Familienhistoriker, notierte eine Ausgabe von 450 Gulden für das Kopieren und Rahmen von Familienporträts.[11] Typischer für Amsterdam wie für die holländische Republik insgesamt war jedoch das Gruppenbild wie zum Beispiel die Anatomielektion, die Rembrandt für Nicolaes Tulp* malte, und die vergleichbaren Gemälde von Aert Pieterszoon und Thomas de Keyser für einen anderen zur Elite gehörigen Arzt, Sebastian Egbertszoon*. Als Genre noch bedeutender war indes das *schutterstuk*, Bilder von Angehörigen der Schützengilde in Uniform. Das Rijksmuseum besitzt heute zehn solcher Gemälde, bei denen die abgebildeten Hauptmänner, von Jan de Bisschop* (1599) bis hin zu Joan Huydecoper* (1648), der Elite angehörten. Solche Gemälde wurden gelegentlich im *doelen*, dem Armeehauptquartier, zur Schau gestellt, konnten jedoch ebenso im Privathaus des betreffenden Hauptmanns hängen. Daneben fanden sich in den Häusern der Patrizier auch Historienbilder: Lucretia und Portia, zum Beispiel, vermutlich als Sinnbild weiblicher Tugend, oder die Horatier als Sinnbild des staatsbürgerlichen Patriotismus. Es gab »moralische Phantasien« wie die umfangreiche Serie von Allegorien, die Nicolaes Held-Stokade für Louys Trip* anfertigte und die mit Gemälden zum Thema Umsicht, Weisheit, Glück und Reichtum ganz offensichtlich eine bildliche Lobrede auf Trips* geschäftliche Erfolge darstellte.[12] Wie nicht anders zu erwarten, erfreuten sich Motive aus dem Alten Testament in Amsterdam einer größeren Beliebtheit als in Venedig – Abraham, zum Beispiel, oder David, Joseph und Salomo waren häufig gemalte Figuren – und auch der vergleichsweise hohe Stellenwert von Landschaftsmalerei, Stilleben und Genrebildern dürfte kaum überraschen. Verwunderlicher ist es, mitunter einem heiligen Sebastian oder Stephan zu begegnen oder feststellen zu müssen, daß einige Bürgermeister offenbar auch mythologische Gemälde sammelten; Andries de Graeff* hatte in seinem Haus Darstellungen von Ceres, Flora, Juno, Venus sowie eine »liegende nackte Diana« hängen. Der streng calvinistische Bürgermeister Tulp* protestierte einmal gegen die Flut von »heidnischen Göttern und Göttinnen«, die zur Unterhaltung des Fürsten von Oranien aufgeboten wurden, und man fragt sich unweigerlich, was er wohl von den Gemäldesammlungen seiner Kollegen hielt. Aber selbst Tulp* betätigte sich als Kunstmäzen. Rembrandts berühmte *Anatomie des Dr. Tulp* wurde von ihm in Auftrag gegeben, und ganz besonders schätzte er die Arbeiten Paul Potters, der sich auf Tierdarstellungen in Landschaften spezialisiert hatte. Tulp* lud Potter nach Amsterdam ein und besaß auch die Mehrzahl seiner Werke. Wenngleich an nur zwei Fällen, so untermauert der Gegensatz zwischen den Sammlungen von de Graeff* und Tulp* doch die These, daß der Calvinismus indirekt zum Aufstieg der Landschaftsmalerei beitrug.[13]

Es war weitgehend dieselbe kleine Gruppe von Patriziern, die sich als Förderer der Literatur betätigte. Die »Rhetorischen Kammern«, eine Art literarischer Klubs, waren im frühen siebzehnten Jahrhundert für die Kultur der Vereinigten Provinzen immer noch von erheblicher Bedeutung. Der Amsterdamer Kammer namens »Die Weinrose« gehörten Patrizier aus den Familien Pauw, Reael und Schaep an. Die Gebrüder de Graeff*, Vater und Sohn Huydecoper* und Jan Six* tauchen wiederholt in den Widmungen der Werke von Vondel und Jan Vos auf; letzterer war ein geringerer Dichter, der in Amsterdam in etwa dieselbe Rolle spielte wie Ivanovitch in Venedig. Auch die Amsterdamer Patrizier nahmen, wie die Venezianer, bei Hochzeiten oder anläßlich ihrer Ernennung zum Botschafter oder Bürgermeister gerne »poetischen Beifall« entgegen und ließen ihre Porträts oder Landhäuser lobpreisen. Die Beispiele für dergleichen Gelegenheitsdichtung sind Legion. Mindestens vierundzwanzig verschiedene Leute besangen in lateinischen Versen Willem Backers* Leistungen als Bürgermeister und seinen Tod. Was die ernsthafteren literarischen Werke anbelangt, so findet sich in den Schauspielen, die für die Elite Amsterdams geschrieben wurden, dieselbe Mischung aus biblischen und antiken Themen wieder, der wir schon in den Gemäldesammlungen der Huydecopers* und de Graeffs* begegnet sind: Die Stücke handelten von David, Salomo, Medea und Claudius Civilis, dem Helden des batavischen Widerstands gegen die Römer.[14]

Man fragt sich natürlich, ob die Patrizier auf die Dramen, die ihnen gewidmet waren, einen Einfluß hatten und wenn ja, welchen. Für wenigstens einen Fall, nämlich Vondels *Palamedes*, läßt sich diese Frage beantworten. Eines Tages im Jahre 1625 unterhielt sich Vondel mit Albert Burgh* über Oldenbarnevelt, der sechs Jahre zuvor hingerichtet worden war. Burgh* schlug dem Dichter vor: »Machen Sie eine Tragödie daraus.« Vondel wandte ein: »Dafür ist die Zeit noch nicht reif«, woraufhin Burgh erwiderte: »Ändern Sie einfach den Namen.«[15] Das Ergebnis hieß *Palamedes*. Zu einer Zeit, in der man gewohnt war, historische Parallelen zu ziehen, war leicht zu erkennen, daß der »verwundete, unschuldige« Palamedes in Wirklichkeit für Oldenbarnevelt, Agamemnon für Moritz von Oranien und Megeer für Reynier Pauw* stand. Vondel wurde vor die Schöffen zitiert, um für sein Schauspiel Rechenschaft abzulegen. Einige von ihnen wünschten, ihn freizusprechen, während die fromme Fraktion eine harte Strafe verlangte. Am Ende kam er mit einer Geldbuße davon. Es war dies jedoch nicht das einzige Mal, daß Vondel wegen eines seiner Theaterstücke in Schwierigkeiten geriet. 1638 monierte der Kirchenrat (*kerkeraad*), daß sein Stück *Gysbrecht van Amstel* »abergläubisch« sei. Das Drama spielte im Mittelalter und nahm verschiedentlich auf den katholischen Glauben Bezug. Erst als Bürgermeister Jacob de Graeff* erklärte, das Schauspiel enthalte nichts Anstößiges, konnten die Aufführungen wiederaufgenommen werden. Im Jahre 1654 erhob der Kirchenrat erneut Einspruch gegen eines von Vondels Stücken, und zwar gegen seinen *Lucifer*. Diesmal beschlossen die Bürgermeister (unter ihnen Tulp*), das Schauspiel zu verbieten. Der Gegensatz zwischen der Familie de Graeff und Tulp* erstreckte sich bis auf die Bühne. Der Stadtrat war nicht nur im Hinblick auf Vondels Dramen geteilter Meinung, sondern stritt sogar zeitweilig darüber, ob man das Theater nicht grundsätzlich verbieten sollte. Die fromme Partei forderte (wie die englischen Puritaner), das Theater zu schließen und aus dem Gebäude eine Schule zu machen. In der Regel vertraten die Bürgermeister jedoch eine gemäßigtere Linie, indem sie die Existenz des Theaters grundsätzlich guthießen, aber die Schauspieler dazu ermahnten, keine Skandale zu verursachen. Diese gemäßigte Linie scheint ein Kompromiß zwischen den gegensätzlichen Kräften gewesen zu sein. Im Jahr 1666 zum Beispiel, als die Bürgermeister, nicht ohne die Schauspieler ernsthaft verwarnt zu haben, die Wiedereröffnung des Theaters erlaubten, bekleideten sowohl Tulp* als auch Vondels Mäzene Cornelis van Vlooswijk* und Andries de Graeff* dieses Amt.[16]

Über die mutmaßlichen Zusammenhänge zwischen Gegenreformation und Barock ist schon viel geschrieben worden, einiges auch über das Verhältnis von Calvinismus und Klassizismus.[17] In einer Studie zum ästhetischen Geschmack zweier Eliten des siebzehnten Jahrhunderts, deren eine katholisch und deren andere vorwiegend calvinistisch war, drängt sich eine vergleichende Betrachtung dieser Zusammenhänge geradezu auf.

Im späten sechzehnten Jahrhundert gab es in Venedig noch einige einflußreiche Patrizier wie Ferigo Contarini*, die einen nüchternen Stil bevorzugten, doch schon bald setzte sich der dekorative Stil durch. Tintoretto war zu seiner Zeit als Maler noch umstritten gewesen, aber die religiösen Darstellungen seines Nachfolgers Sante Peranda erfreuten sich in der folgenden Generation bereits großer Beliebtheit. Zu Perandas Förderern gehörten so prominente Mitglieder der frommen Fraktion wie Marin Grimani*, der den Maler 1652 nach Rom mitnahm, und Renier Zen*, der zwei Gemälde von Peranda besaß, eine *Agonie im Garten* und eine *Geißelung an der Säule*. Für Zens* demonstrative und üppige Frömmigkeit gibt es noch weitere Belege. Perandas Stil wurde von den Zeitgenossen wegen seiner Anmut und Eleganz, seiner *maniera cosi graziosa, gentile e leggiadra*, hoch geschätzt.[18] Der begehrteste Porträtmaler war gewiß Tiberio Tinelli, der stark von van Dyck beeinflußt war. Antonio Nani* und Antonio Priuli* besaßen beide Werke des Künstlers. Pietro Liberi, ein Schüler Padovaninos, war ebenfalls als Maler sehr beliebt. Francesco Molin* bewunderte Liberis Arbeiten und veranlaßte, daß der Maler 1652 geadelt wurde; die Familie Fini* beauftragte ihn mit der Dekoration ihres Palastes; Alvise Pisani* und Giacomo Correr* besaßen je ein Gemälde von ihm. Correr* hatte außerdem ein Werk des »kapriziösen« Joseph Heinz und ein »merkwürdig schönes Gemälde« (*pittura pelegrina*) von Luca Ferrari in seinem Besitz.[19] Der Aufstieg eines überschwenglicheren Stils ab 1640 läßt sich sehr schön am Beispiel der Oper verfolgen, die in jener Zeit zuerst ein Spektakel, sodann ein Drama und nebenbei auch Musik bot. Die berühmteste Barockskulptur, Berninis *Heilige Theresa,* wurde von Kardinal Ferigo Corner, dem Sohn des Dogen Zuan I. Corner*, in Auftrag gegeben. Tiralis Grabmal für Silvestro Valier* (errichtet 1705–08) zieht alle Register der barocken Bildhauerei, einschließlich Vorhängen, Girlanden und farbigem Marmor. Vincenzo Fini* beauftragte den Baumeister Tremignon und den flämischen Bildhauer Meyring, der im Stile Berninis arbeitete, mit der Ausgestaltung der Fassade von S. Moisè (siehe Abb. 6). Eine üppigere Ornamentik läßt sich kaum vorstellen. Die Säulen der Fassade von S. Moisè sind nicht nur kanneliert, sondern von Querbändern unterbrochen, die selbst noch einmal mit Rosetten verziert sind. Vielleicht ist es kein Zufall, daß die Auftraggeber dieses wahrhaft monumentalen Beispiels für einen ebenso teuren wie schlechten Geschmack erst zwanzig Jahre zuvor geadelt worden waren.

Der Doge Nicolò Sagredo* scheint demgegenüber eher eklektische Vorlieben besessen zu haben. In seinem Testament werden einige seiner Gemälde erwähnt; von den zwei Bildern »im Raum, in dem ich schlafe«, stammte eines von Pietro da Cortona und das andere von Poussin. An Poussin Gefallen zu finden, war für einen venezianischen Patrizier der Zeit recht ungewöhnlich, und möglicherweise handelte es sich bei dem Bild um ein Überbleibsel aus den fünfziger Jahren des 17. Jahrhunderts, als Sagredo* Botschafter in Rom war.

Was die Literatur anbelangte, waren die Vorlieben der venezianischen Elite gespalten, die einen bevorzugten einen schnörkeligen und schwierigen, die anderen einen nüchternen und einfachen Stil. Von Pietro Basadonna* wird gesagt, er sein »ein Liebhaber gezierter Gedankengänge und prickelnder Witzeleien« (*amico delle arguzie e de'concettini frizzanti*) gewesen. Zuanfrancesco Loredan bewunderte den Barockdichter Marino so sehr, daß er eine Biographie über ihn schrieb, und befleißigte sich dabei selbst eines Stils, den manche Zeitgenossen als »geziert« empfunden hätten. Sowohl in den Themen der Opern und Romanzen als auch in ihrer Ausführung läßt sich eine Vorliebe fürs Exotische erkennen.[20] Auf die Dauer kam es zu einer Abnutzung (um nicht zu sagen Entwertung) der Sprache: Das Wort »heroisch« ist ein besonders augenfälliges Beispiel für diesen Prozeß, namentlich wenn es der Feder von Cristoforo Ivanovitch entfloß, der unter anderem die Errichtung des Theaters in Piazzola als eine Frucht des »heroischen Genies« und der »heroischen Großzügigkeit« Marco Contarinis* pries. Wortspiele waren ebenfalls außerordentlich populär und begegnen einem noch in den ernstesten Kontexten. Domenico Contarini* sprach in seinem Testament von den »engelhaften Tugenden« seines Bruders, aber welcher moderne Leser würde erwarten, daß er damit auf den Eigennamen des Gemeinten, Angelo, anspielte?

Andere Venezianer, wie Paolo Sarpi und sein Kreis, zu dem auch Nicolò Contarini* und Lunardo Donà* gehörten, bemühten sich um einen schlichten Stil. Sie waren damit keine Ausnahme. Der Senat hatte kein Gehör für Basadonnas* raffinierte und schnörkelige Reden, weil er »handfeste und kraftvolle Sentenzen« (*le sode e vigorose sentenze*) bevorzugte. Und es war wiederum der Senat, der aus den zwei Entwürfen für die Kirche *S. Maria della Salute* denjenigen Longhenas auswählte, an dem der Bauausschuß nicht etwa Monumentalität und Ornamentik rühmte, sondern seine Weitläufigkeit und Lichtheit.[21] Vielleicht kann man die Vorliebe für das Schlichte als eine Fortsetzung des traditionellen venezianischen Stils der Sparsamkeit ansehen und die Vorliebe für die Ornamentik als eine stilistische Neuerung, die mit der wachsenden Freizügigkeit in Verbindung stand. Jedenfalls setzte sich der dekorative Stil im Verlaufe des siebzehnten Jahrhunderts durch.

In Amsterdam dagegen scheint der schlichte Stil während der gesamten Epoche die Oberhand behalten zu haben, ganz gleich ob wir uns die Architektur Vingboons' und Van Campens, die Landschaftsbilder Potters, die Blumenstilleben der Van Huysums oder die Porträts Van de

Helsts vor Augen halten. Van de Helst dürfte zwischen den vierziger und den sechziger Jahren des 17. Jahrhunderts der gesuchteste Porträtmaler gewesen sein: Zu seinen Modellen zählten Daniel Bernard*, Frans Banningh Cocq* (der eher durch Rembrandts üppigere *Nachtwache* bekannt sein dürfte), Joan Huydecoper*, Albert Pater*, Cornelis de Vlooswijk* und Cornelis Witsen*. Seine Bilder sind einfühlsam, idealisieren jedoch die dargestellten Personen nicht. Der Künstler und Schriftsteller Houbraken wies ausdrücklich auf die fehlende Ornamentik in den architektonischen Entwürfen von Philips Vingboons hin, und das in Pijnenburgh bei Utrecht für die Witwe von Jacob Hinlopen* gebaute Haus bietet hierfür ein schönes Beispiel.[22]

Für einen prachtvolleren Stil hat sich offenbar nur eine kleine Gruppe von Patriziern erwärmen können. Nicht nur ließ sich Andries de Graeff* von Rembrandt malen und feilschte danach um den Preis, er beschäftigte auch den Maler Jacob Jordaens und den Bildhauer Artus Quellin, die beide einen barocken Stil pflegten und bezeichnenderweise aus Antwerpen kamen, und war außerdem mit dem Maler Govert Flinck befreundet, der sich die eleganten Posen Van Dycks zu eigen machte, um seinen Modellen einen aristokratischeren Anschein zu geben. So malte Flinck beispielsweise ein Porträt eines Mitglieds der Familie Munter (die insgesamt vier Männer in die Elite entsandte), bei dem das Modell eine Hand an die Brust legt, während es die andere elegant herunterhängen läßt.[23]

Coenraed van Beuningen*, exzentrisch wie immer, paßt in keine der beiden Kategorien, insofern sich sein Kunstgeschmack an Dürer und Bles orientierte. Insgesamt jedoch scheinen die Amsterdamer Patrizier einen überwiegend nüchternen Geschmack besessen zu haben, in dem sich nur ausnahmsweise ein üppigerer Einschlag bemerkbar machte. Diese Mischung hat im Amsterdamer Rathaus ihren bleibenden Ausdruck gefunden, einem an und für sich schlichten Gebäude, dessen klare Linien nur schlecht mit den von Artus Quellin geschaffenen, gewaltigen Giebeln voller allegorischer Skulpturen harmonieren (siehe Abb. 7). An verspielter und gekünstelter Prosa scheinen die Amsterdamer dagegen mehr Geschmack gefunden zu haben als an der dekorativen Malerei. Immer wieder stößt man in den Texten, die für die Elite geschrieben wurden, auf Sprachspiele, Anagramme und Akrosticha. Für Pieter Schaep* (Petrus Schaepius) dachte sich jemand das Anagramm »*tu spe hic superas*« aus. Als Vos ein Epitaph für Abraham Boom* schrieb, konnte er dem Vergleich mit einem Baum nicht widerstehen, und in seiner Grabschrift auf Albert Burgh* rühmt er den Verstorbenen als eine »Burg der Bürger« (*burgerburg*). Und auch in seiner Beschreibung von Marsseveen, der Villa seines wichtigsten Mäzens Joan Huydecoper*, konnte sich der Dichter einer schmeichelhaften Anspielung auf »Mars und Venus« nicht enthalten.[24]

Anmerkungen zu Kapitel 7

1. Zur »Pracht« siehe P. Paruta*, *Della Perfezione della vita politica*, Venedig 1579, S. 282; die Aussage stammt von Michele Surian. V. Scamozzi, *Idea dell'architettura universale*, Venedig 1615, S. 243.
2. Neben den erwähnten Testamenten wurde für diesen Abschnitt E. Bassi, *Architettura del '600 e del '700 a Venezia*, Neapel 1968, herangezogen.
3. Zu den Villen siehe das unverzichtbare Handbuch *Le ville venete*, hg. von G. Mazzotti, 2. Auflage, Treviso 1953.
4. Das Grundlagenwerk über die Kunstsammlungen ist S. Savini-Branca, *Il collezionismo veneziano nel'600*, Padua 1964; der Anhang enthält eine Beschreibung der Sammlungen von fünfzehn Mitgliedern der Elite.
5. A. Lupis, *Vita di G.F. Loredano*, Venedig 1663, S. 41; C. Ivanovitch, *Minerva al tavolino*, Venedig 1681, insbesondere S. 83 und 103.
6. G. Cozzi, »Appunti sul teatro e i teatri a Venezia, agli inizi del '600« in *Bollettino* 5 (1965).
7. Zur Oper siehe S.T. Worsthorne, *Venetian Opera in the 17th century*, Oxford 1954; T. Wiel, *I codici musicali contariniani*, Venedig 1888, führt 120 Handschriften aus der Sammlung Contarini auf. Eine köstliche Beschreibung der Aufführung einer Oper über Caesar und Scipio in Venedig gibt J. Addison, *Remarks on several parts of Italy*, London 1705, S. 97 f.
8. Zum Haus von Huydecoper* siehe P. Vingboons, *Gronden en afbeeldsels der voornaamste gebouwen*, Amsterdam 1688, F. 2 recto; die Häuser von J. de Bisschop* und D. Bernard* wurden 1623 beziehungsweise 1714 geschätzt.
9. J. Wagenaar, *Amsterdam*, Bd. 1, Amsterdam 1779, S. 103.
10. R. van Luttervelt, *De buitenplaatsen aan de Vecht*, o.O. 1943, S. 128; zum »Vredenhof« siehe Amsterdam, GA, de Graeff Papiere, Nr. 608, F. 82 recto.
11. Amsterdam, GA, Bicker Papiere, Nr. 717, Sektion 4, S. 99.
12. J. Vos, *Alle de gedichten*, Amsterdam 1726, S. 380 f. Ein großer Teil dieser Anthologie (S. 323 ff. der genannten Ausgabe) besteht aus dichterischen Beschreibungen der Gemäldesammlungen bedeutender Amsterdamer Bürger und ist als Quelle über das holländische Mäzenatentum noch kaum bearbeitet worden.
13. Zur Sammlung de Graeff* siehe Amsterdam, GA, de Graeff Papiere, Nr. 608; darin enthalten das 1733 erstellte Inventar der Besitztümer von Alida de Graeff, die Andries de Graeff* beerbte hatte (wir können allerdings im Einzelfall nicht sicher sein, ob ein Gegenstand ursprünglich ihm gehörte oder nicht); Folios 56 f. sind in diesem Zusammenhang besonders relevant. Tulps* Protest wird zitiert in K. Fremantle, *The Baroque Town Hall of Amsterdam*, Utrecht 1959, S. 64; zu Tulp* und Potter siehe A. Houbraken, *De Groote Schouwburg*, Bd. 2, Maastricht 1944, S. 102; zum Zusammenhang zwischen Calvinismus und Landschaftsmalerei siehe A. Cuyper, *Calvinism*, London 1932, Kapitel »Calvinism and art«.
14. J.A. Worp, *Jan Vos*, Groningen 1879, S. 11 f., erörtert das Mäzenatentum der Amsterdamer Patrizier; Vondels *King David in Ballingschap* ist A. de Graeff* zugeeignet, seine Übersetzungen von *Oedipus Rex* und *Iphigenia in Tauris* sind J. Huydecoper* gewidmet, die *Batavische Gebroeders* sind S. van Hoorn* und *King David Hersteld* ist C. van Vlooswijk* gewidmet; die

lateinischen Verse auf Willem Backer* werden aufbewahrt im Amsterdamer GA, Backer Papiere, Nr. 70.
15 G. Brandt, *Leven van Vondel*, hg. von S. Leendert jun., Amsterdam 1932, S. 14; Brandt kannte Vondel persönlich.
16 Zum Amsterdamer Theater findet sich eine gute, kurze Darstellung in J.A. Worp, *Geschiedenis van het drama ... in Nederland*, Bd. 2, Groningen 1908, S. 99 f.; vgl. G. Kalff, *Literatuur en tooneel te Amsterdam in de 17de eeuw*, Haarlem 1895.
17 Für eine allgemeine Erörterung dieser Zusammenhänge siehe W. Weisbach, *Der Barock als Kunst der Gegenreformation*, Berlin 1921, und L. Wencelius, *L'esthetique de Calvin*, Paris 1937.
18 Zum Geschmack von F. Contarini* siehe O. Logan, *Culture and Society in Venice 1470–1790*, London 1972, S. 192; zur barocken Malerei siehe das Standardwerk von Savini-Branca, a.a.O., darin insbesondere die Hinweise auf Tintoretto, Peranda etc. im Register; die Beschreibung von Perandas Stil stammt aus Boschinis *Minere*, Einleitung (ohne Seitenzahl).
19 M. Boschini, *Carta del navegar pittoresco*, Venedig 1660, S. 553.
20 Zur Vorliebe fürs Exotische im Venedig des siebzehnten Jahrhunderts siehe G. Getto, »Il romanzo veneto nell'età barocca«, wiederabgedruckt in ders., *Barocco in prosa e in poesia*, Mailand 1969.
21 Zum Senat und Basadonna* siehe RA, S. 386; zur Kirche der Salute siehe G.A. Moschini, *La chiesa e il seminario di S. Maria della Salute*, Venedig 1842, S. 7 f.
22 Houbraken, a.a.O., Bd. 3, S. 402.
23 Ebd., Bd. 2, S. 18; zu de Graeff* und Rembrandt siehe S.A.C. Dudok van Heel, »Het maecenaat de Graeff en Rembrandt« in *Amstelodanum Maandblad* (1969), S. 149 ff.
24 C.W. Roldanus, *Coenraad van Beuningen*, Den Haag 1931, S. 57 Anm.; P. Schaeps* Anagramm findet sich in Amsterdam, GA, Bicker Papiere, Nr. 717, Sektion 4, S. 222; Vos, a.a.O., S. 339.

8 Erziehung und Ausbildung

Das folgende Kapitel befaßt sich mit Erziehung nicht nur in dem relativ engen Sinn einer formellen Ausbildung an Schulen und Universitäten, obschon wir natürlich auch diese behandeln werden, sondern im umfassenderen Sinn einer »Sozialisation« – mit jenem Prozeß also, der mit der Geburt anhebt und durch den die ältere Generation ihre Kultur an die jüngere Generation weitergibt.

Über die ersten Lebensjahre der adeligen Venezianer wissen wir leider nur sehr wenig, und so bleiben die folgenden Bemerkungen zwangsläufig impressionistisch und spekulativ. Das Thema ist jedoch zu wichtig, als daß wir es einfach übergehen dürften. Wie wir gesehen haben, waren die aristokratischen Haushalte Venedigs oft von beachtlicher Größe und umfaßten nicht nur Brüder und Schwestern, sondern auch Onkel und zahlreiche Dienstboten. Der Vater selbst war häufig abwesend, weil er als Marineoffizier, Botschafter oder als *rettore* auf dem Festland diente. In einer solchen Situation entstand denn auch der folgende Brief, in dem eine venezianische Edelfrau 1540 ihrem in Zypern weilenden Gatten die letzten Neuigkeiten über das Vorankommen der Kinder schrieb: »Lunardo lernt sehr gut, und ich glaube, wir dürfen uns Gutes von ihm erhoffen... Antonio... beginnt zu sprechen und ist mir ein Trost.« »Lunardo«, damals vierjährig, ist kein anderer als der berühmte Doge Lunardo Donà*, von dem auf diesen Seiten schon öfter die Rede war.[1] Ebenfalls erwähnt wurde Zuan Dolfin, der seine Kirchenlaufbahn aufgab, um für seine jüngeren Brüder zu sorgen, als ihr Vater von Amtes wegen Venedig verlassen mußte. Die adeligen Kinder Venedigs wurden von ihren Vätern erzogen, soweit diese zugegen waren, von ihren Müttern, aber auch von ihren Onkeln, den älteren Geschwistern und den Dienstboten. Es gibt überdies Gründe für die Vermutung, daß sie von Ammen (und nicht von ihren Müttern) gesäugt und (für heutige Begriffe) erst relativ spät, nämlich im Alter von ungefähr zwei Jahren, abgestillt wurden.[2]

Durch die streng hierarchische Ordnung des Haushalts, in dem sie aufwuchsen, waren die Kinder des venezianischen Adels von Anbeginn an Rangfolgen gewöhnt. Die Dienstboten, Frauen und jüngeren Brüder wußten genau um ihren Platz in der Hierarchie. Das einzelne Kind dürfte sich emotional weniger an bestimmte Einzelpersonen gebunden haben sondern vielmehr an die Gruppe als Ganze. Zu Beginn der Epoche dürfte die Erziehung strenger ausgefallen sein als gegen Ende. In der traditionellen Erziehung, wie sie der Adelige Francesco Barbaro im fünfzehnten Jahrhundert beschrieb, wurden die Kinder dazu angehalten, bescheiden zu essen und zu trinken, höflich zu schweigen und »nicht übermäßig zu lachen«. Dieser Erziehungsstil entspricht weitgehend dem Verhalten der besser dokumentierten erwachsenen Patrizier zu Beginn des siebzehnten Jahrhunderts. Dennoch kam es offenbar im Laufe des Jahrhunderts zu einigen Veränderungen, denn einem französischen Besucher aus dem späteren siebzehnten Jahrhundert fiel auf, mit welcher »Freizügigkeit« die Kinder der Adeligen erzogen würden. Ein anderer Franzose bemerkte, daß die adeligen Kinder von Vater, Mutter und Dienstboten gleichermaßen vergöttert würden und deshalb zu einem stolzen, aufbrausenden und eigensinnigen Benehmen neigten. Die venezianischen Adelssprosse wuchsen also in einem warmen, geschützten Raum auf, der in vielen von ihnen das Bedürfnis, den Familienpalast zu verlassen, gar nicht erst aufkommen ließ. Die Großfamilie ist für ein individuelles Profilierungsstreben an sich schon kein günstiger Nährboden, weil der einzelne nie auf sich selbst zurückgeworfen wird, aber ganz besonders galt dies für die adeligen Familien Venedigs, weil sich dort die Identität des einzelnen nicht über seine persönlichen Leistungen, sondern über das »Haus« definierte.[3]

Was die Ausbildung im engeren Sinne betrifft, so wissen wir von einem ausländischen Beobachter, daß in Venedig »der höhere Adel... seine Kinder gewöhnlich zu Hause von Privatlehrern unterrichten läßt«, und Silvestro Valier* und Zuan II. Corner* wurden mit Sicherheit so erzogen. Die Ausbildung außer Haus oblag in der Hauptsache den geistlichen Orden mit Ausnahme des berühmtesten Lehrordens, der Jesuiten. Adelige Mädchen wurden bisweilen ins Kloster geschickt, adelige Knaben wurden, wie Battista Nani*, von den Dominikanern oder, wie Francesco Molin*, von den Somaschi unterrichtet. Einige von ihnen erhielten ihre Ausbildung außerhalb Venedigs; Francesco Morosini* beispielsweise wurde nach Modena ins Seminar S. Carlo geschickt, und die Tatsache, daß er auswärts zur Schule ging, hat ihn offensichtlich nicht daran gehindert, die erfolgreichste Marinelaufbahn des Jahrhunderts zu beschreiben.[4]

Im Alter von ungefähr sechzehn Jahren gingen viele junge Männer zur Universität, und zumindest von einer Frau, der berühmten Blaustrumpf Elena Lucrezia Corner, einer unehelichen Tochter Zuanbattista Corners*, wissen wir, daß sie ebenfalls studierte. Die Universität hieß für venezianische Edelleute stets Padua, da ihnen der Besuch anderer Hochschulen verboten war, was allerdings Lunardo Donà* nicht davon abhielt, 1555 kurzzeitig in Bologna zu studieren. Leider läßt sich heute nicht mehr ermitteln, wie viele Mitglieder der Elite insgesamt in Padua studierten, aber immerhin acht der fünfundzwanzig Dogen der Epoche hatten die Universität dort besucht. Dieser Anteil von rund 30 Prozent mag für den gesamten höheren Adel, aus dem sich Dogen und Prokuratoren rekrutierten, repräsentativ sein. Ein großer Teil des niederen Adels verfügte nur über eine sehr mangelhafte Bildung, ja, wenn man einem zeitgenössischen Urteil folgen darf, konnten viele von ihnen kaum lesen und schreiben. Das Studium in Padua war kostspielig. Nicolò Contarini*, dessen Familienzweig im Vergleich zu anderen Zweigen des berühmten Klans nicht sehr vermögend war, verdiente sich sein Studium gewissermaßen selbst, indem er im Alter von zwanzig Jahren in Padua als *camerlengo* eines der unbedeutenderen venezianischen Ämter ausübte.[5]

Die beliebtesten Studienfächer in Padua waren Rhetorik, Philosophie und Jurisprudenz. Philosophie bedeutete damals immer noch scholastische Philosophie, und gelehrt wurde eine für Padua spezifische Form des Aristotelismus, die sich bis ins siebzehnte Jahrhundert hinein hielt. Zwischen 1591 und 1631 lehrte in Padua der angesehene Philosoph Cesare Cremonini. Sein Gehalt war doppelt so hoch wie dasjenige Galileis, und obschon die Inquisition dreimal wegen Abweichens von der orthodoxen Lehre gegen ihn ermittelte, hielt ihn der venezianische Senat für »die Ehre der Universität Padua«. Einmal wurde der Professor zur Rechenschaft gezogen, weil er ein geheimes Seminar über die Sterblichkeit der Seele abgehalten haben soll, ein andermal soll er sich über die frommen Gläubigen lustig gemacht haben, die in Padua das Grab des heiligen Antonius küßten, und das dritte Mal hatte er angeblich die Ansicht vertreten, daß Gott nicht direkt in die Abläufe des Universums eingreife. Ein Mann in seiner Stellung übte einen nicht unbeträchtlichen Einfluß auf manche der jungen Männer aus, die später in Venedig eine wichtige Rolle spielten, und die Einstellungen Zuanfrancesco Loredans und seines Kreises gehen vielleicht teilweise auf Cremoninis Vorbild zurück.[6]

Soviel zur formellen Ausbildung der Patrizier, die informelle Prägung war jedoch nicht weniger wichtig. Ob sie lesen und schreiben konnten oder nicht, die venezianischen Edelleute lernten, wie ein Zeitgenosse säuerlich bemerkte, »einen bestimmten Stil und eine gedämpfte, von gravitätischen Gebärden begleitete Redeweise, mit deren Hilfe sie jedermann leicht für sich einnehmen«.[7] Genausowenig wie im Oxford oder Cambridge jener Zeit beschäftigten sich die jungen Edelmänner in Padua ausschließlich mit ihrem Studium. Von Anbeginn der Epoche gab es in Padua auch Reitschulen, Fechtschulen und Tanzschulen. Manche venezianischen Väter waren überdies der Ansicht, daß das Reisen die beste Schule sei, namentlich was die Vorbereitung auf politische Ämter anbelangte. Der Doge Domenico Contarini* und sein Bruder Anzolo Contarini*, der sich als Diplomat einen Namen machte, wurden als junge Männer ausgeschickt, um an verschiedenen Fürstenhöfen im Ausland Erfahrungen zu sammeln, »damit wir desto fähiger würden, das Gemeinwesen gut zu regieren«. Francesco Contarini* bereiste in seiner Jugend Frankreich, Spanien und Portugal, und Ferigo Corner* besuchte Frankreich, Spanien und Deutschland. Es war keineswegs ungewöhnlich, daß junge Männer aus gutem Hause im Gefolge eines Gesandten mitreisten; Giacomo Foscarini* kam auf diese Weise nach Frankreich und Pietro Basadonna* nach Istanbul.[8]

Es gab jedoch auch eine institutionalisierte Form des »politischen Noviziats«, wie es ein Zeitgenosse nannte, nämlich die Berufung zum *savio agl'ordini* im Alter von ungefähr fünfundzwanzig Jahren; dieses Amt erlaubte jungen Männern, die Staatsgeschäfte aus erster Hand kennenzulernen, indem sie den Diskussionen im Staatsrat beiwohnten. Lunardo Donà*, Agostino Nani* und Bertucci Valier* wurden mit fünfundzwanzig zu *savi* berufen, Marcantonio Barbaro* schaffte den Sprung ins Kolleg mit dreiundzwanzig und Nicolò da Ponte* durfte den Sitzungen sogar schon mit zweiundzwanzig lauschen. Diese Form des politischen Noviziats gewährte jungen Männern mit guten Beziehungen im Wettrennen um die Ämter einen stattlichen Vorsprung vor ihren Altersgenossen. Den Zugang zu wichtigen Ausbildungsmöglichkeiten für sich selbst zu reservieren, war seit jeher eine der Strategien, mit der sich Aristokratien über Generationen hinweg an der Macht hielten. In Venedig gab es fünf solcher *savi*, die ihr Privileg jeweils für sechs Monate wahrnahmen. Es war jedoch möglich, das Amt mehrmals zu bekleiden, und Francesco Erizzo* saß insgesamt dreimal im Staatsrat.[9] Eine letzte Variante informeller Ausbildung, die schon mit zwölf Jahren beginnen konnte, war der Dienst als *nobile di galera*, eine Art Kadett zur See, um das Befehlen zu lernen. Auf jeder Galeere waren zwei solche Posten für junge Edelmänner reserviert und sechs auf jeder Galeasse. Die Karrieren von Zuan Bembo*, Francesco Morosini* und anderen mehr begannen auf diese Weise.[10]

Wie im Falle Venedigs wissen wir auch im Fall von Amsterdam fast gar nichts über die so wichtigen ersten Jahre der Sozialisation, aber die wenigen verfügbaren Anhaltspunkte weisen auf einen deutlichen Kontrast zwischen den beiden Städten hin. In Amsterdam wurden die Kinder der Elite in einem verhältnismäßig kleinen Haushalt aufgezogen, dem keine Onkel und auch viel weniger Dienstboten angehörten. Der Haushalt war demokratischer organisiert als in Venedig. Die holländischen Ehefrauen und das Dienstpersonal hatten so viel Gewicht, daß sich mancher auswärtige Besucher überrascht zeigte.[11] Weil insgesamt weniger Dienstboten angestellt waren, darf man annehmen, daß in Amsterdam seltener von Ammen Gebrauch gemacht wurde, und wenn weniger Ammen beschäftigt wurden, dann wurden die Kinder vermutlich früher abgestillt. Psychologen haben die These vertreten, daß frühes Abstillen beim Kleinkind zu einer gesteigerten Angst führt, die Angst zu Gier, die Gier wiederum zu erhöhtem Ehrgeiz beim Erwachsenen, der sich durch diesen Ehrgeiz zu besonderen Leistungen anspornen läßt.[12] Ob es sich tatsächlich so verhielt oder nicht, die Elite Amsterdams orientierte sich jedenfalls stark an Leistung, und auch das Laster der Habgier dürfte unter ihnen weiter verbreitet gewesen sein als unter den Venezianern. In den kleineren Haushalten spürte jeder einzelne viel deutlicher als in Venedig die Notwendigkeit, durch seinen persönlichen Beitrag das wirtschaftliche Überleben der Familie zu gewährleisten, und da die Amsterdamer gemeine Bürger waren, hing auch ihre Identität viel stärker von ihren vergangenen und gegenwärtigen Leistungen ab, als dies für den venezianischen Adel der Fall war. Die Kindererziehung dürfte in Amsterdam vermutlich strenger ausgefallen sein als in Venedig. Die Calvinisten betrachteten Kleinkinder tendenziell als gottlose und lasterhafte Wesen, die durch eine strenge Erziehung in »Furcht vor Gott« gebessert werden mußten, eine Vorstellung, die mit dem besonderen Gewicht der Erbsünde in der calvinistischen Lehre zusammenhing.[13] Das Schamgefühl dem eigenen Körper gegenüber war in Holland weiter entwickelt als überall sonst in Europa. Nicolaes Witsen* berichtet von seinem Entsetzen, als er in Rußland Männer und Frauen »ohne Scham, wie die Tiere« nackt baden sah. Die außerordentliche Sauberkeit holländischer Häuser machte auf Besucher aus England und Frankreich großen Eindruck, und man darf vermuten, daß die so ordentlichen Erwachsenen schon als Kleinkinder zu Sauberkeit und Ordnung angehalten wurden.[14] Kurzum, man ist versucht, die Kindheit der Amsterdamer mit der von Erik Erikson so brillant beschriebenen Erziehung der Yurok-Indianer zu vergleichen: Wie unterschiedlich die Sozialstrukturen der beiden Gesellschaften auch sein mögen, in beiden wurden Sparsamkeit und Sauberkeit über das gewöhnliche Maß hinaus betont. Die Yurok waren eine Gesellschaft von Lachsfischern, während sich der Wohlstand Amsterdams auf den Heringshandel gründete.[15]

Das Jahr 1578 ist aus negativen Gründen für die Geschichte der Erziehung und Ausbildung in Amsterdam besonders bedeutsam, weil in diesem Jahr sämtliche Klosterschulen abgeschafft wurden. Übrig blieben nur Privatschulen und die »öffentlichen Gymnasien« oder Lateinschulen auf der »Alten Seite« und der »Neuen Seite« von Amsterdam. Das Gymnasium auf der Alten Seite war das berühmtere; im frühen siebzehnten Jahrhundert unterrichtete dort Matthew Slade, ein Lehrer aus Devonshire und Anhänger Sir Thomas Brownes. Der Stadtrat zeigte ein großes Interesse an dieser Schule und bestimmte aus den eigenen Reihen sogenannte »Scholarchen« zu ihrer Verwaltung: Gerard Schaep*, Nicolaes Tulp*, Jacob de Graeff* und Cornelis de Graeff*, zum Beispiel, waren alle zeitweilig als Schulräte tätig. Manche Mitglieder der Elite waren dort selbst zur Schule gegangen, so etwa Willem Backer*, Nicolaes Tulp*, Nicolaes Witsen* und Coenraed van Beuningen*. Ab 1685 sind Schülerlisten erhalten, aus denen hervorgeht, daß dort rund zweihundert Schüler unterrichtet wurden, unter denen sich eine ganze Reihe von Patriziernamen finden. Durch Preisverleihungen versuchte man die Konkurrenz unter den Jugendlichen zu beleben. Joannes Corver aus der bekannten Bürgermeistersfamilie erhielt 1704 den Preis für herausragenden Fleiß, und in einem gesonderten Bericht werden seine Fähigkeiten gerühmt und die Tatsache herausgestrichen, daß er seinen Mitschülern ein Ansporn war.[16] Einen kleinen Einblick in die Lateinkenntnisse und die Werte, die den Schülern dort beigebracht wurden, liefern die alljährlich zu Beginn des akademischen Jahres von einem der Primusse vorgetragenen und später veröffentlichten Verse: Jan Backer*, zum Beispiel, hielt 1678 als Sechzehnjähriger eine Laudatio auf die Vereinigte Ostindische Kompanie, und Jan Trip* äußerte sich 1681 in »metrischer Rede« über die Notwendigkeit staatsbürgerlicher Harmonie. Offenbar konnte man auf diesen Schulen auch »ein wenig Griechisch« lernen, wie Nicolaes Witsen* in seiner Autobiographie vermerkte. Alle diese Hinweise stammen jedoch aus der zweiten Hälfte der Epoche, während die frühere Zeit weitgehend im dunkeln bleibt. Zwar wissen wir von dem 1547 geborenen C. P. Hooft*, daß er aus dem Stehgreif Livius rezitieren konnte, doch besitzen wir keinerlei Anhaltspunkte, um zu entscheiden, ob er damit für die Elite typisch oder eher eine Ausnahme war.[17]

Nach der Schule wechselten über ein Drittel der Elite auf die Universität über, die meisten von ihnen entschieden sich für die 1575 gegründete Universität von Leiden, an der mehr als 50 Angehörige der Elite studierten. Es war jedoch niemand gezwungen, nach Leiden zu gehen, und die Amsterdamer Väter konnten ihre Söhne auch an die Universität Franeker in Friesland schicken (mindestens acht waren dort eingeschrieben) oder an Universitäten im Ausland; Martin Coster* studierte in Ferrara, Pieter Schaep* in Heidelberg, Gerard Schaep* in Orléans, Volckert Overlander* in Basel, Andries de Graeff* in Poitiers und Francois de Vicq* in Padua. Das begehrteste Studienfach war die Jurisprudenz. In Leiden schrieben sich 30 spätere Mitglieder der Elite in den Rechtswissenschaften ein, zehn in Philosophie, acht in den »literarischen Wissenschaften«, und Frans Reael* schließlich immatrikulierte sich 1637 in Geschichte, eine für die damalige Zeit recht ungewöhnliche Wahl, obschon die Geschichtsvorlesungen in Leiden seinerzeit von Koryphäen wie Lipsius, Merula und Heinsius gehalten wurden. Dennoch dürfte das für die Gruppe insgesamt so charakteristische Interesse an Geschichte durch ihre Universitätsausbildung gefördert worden sein.[18]

Von 1632 an besaß Amsterdam eine eigene Hochschule, das Athenaeum, das offenbar als eine Art Durchgangsstation zwischen Schule und Universität fungierte, denn im späten siebzehnten Jahrhundert kam es vor, daß die beste Lateinklasse des Gymnasiums direkt ans Athenaeum überwiesen wurde. Die Immatrikulationsverzeichnisse für das gesamte Jahrhundert sind verloren, aber man darf getrost annehmen, daß mehr Mitglieder der Elite zu Hause in Amsterdam studierten als in Leiden. Die Besonderheit des Athenaeums bestand in seinem Lehrplan. Ein neues Institut kann leichter neue Fächer in den Lehrplan aufnehmen und alte fallen lassen als eine traditionsreiche Bildungsstätte. Bei Eröffnung des Athenaeums lehrten dort Barlaeus und Vossius Philosophie und Geschichte. Beide Gelehrten zählten zu den Arminianern (Barlaeus hatte deswegen seinen Lehrstuhl in Leiden verloren), und ihre Berufung an die neue Hochschule zeigt, welche Fraktion 1632 in Amsterdam das Sagen hatte. Die Inaugurationsvorlesungen der beiden Professoren lassen einen eher pragmatischen Umgang mit ihren jeweiligen Disziplinen vermuten: Barlaeus sprach über »den weisen Kaufmann« (*mercator sapiens*) und Vossius über »den Nutzen der Geschichte«. Auch die Naturwissenschaften wurden schon bald zu einem wichtigen Bestandteil im Lehrangebot des Athenaeums. Mitte des siebzehnten Jahrhunderts wurden dort Mathematik, Astronomie, Botanik und Medizin gelehrt. Wir wissen, daß Nicolaes Witsen* am Athenaeum Astronomie studierte. Manche Dozenten setzten sich dort schon mit Descartes und seiner Philosophie auseinander, als man den Philosophen andernorts, in Leiden wie in Frankreich, noch für einen gefährlichen Umstürzler hielt. Professor de Raey, der ab 1669 am Athenaeum lehrte, versuchte sich noch an einer Synthese von Aristoteles und Descartes, aber später scheinen die Anhänger Descartes' die Oberhand gewonnen zu haben, denn 1694 gab das Athenaeum für seine Studenten eine Sammlung der wichtigsten Werke des Philosophen heraus. Ein Interesse für die Naturwissenschaften, eine positive Haltung gegenüber geistigen Neuerungen (siehe S. 119 oben) und eine cartesianische Grundeinstellung zählten zu den wichtigsten Dingen, welche die Lehrer ihren Studenten am Athenaeum mit auf den Weg gaben.[19]

Schließlich gab es in Amsterdam eine politische Einrichtung, die manche Ähnlichkeit mit der Stellung eines *savio agl'ordini* in Venedig gemein hatte. Es handelte sich um den Posten eines »Sekretärs«, eine untergeordnete Stellung, die oft von jungen Männern aus Patrizierfamilien und manchmal Jahre vor ihrer Berufung in den Stadtrat eingenommen wurde. Coenraed van Beuningen* wurde im Alter von einundzwanzig Jahren zum Sekretär bestellt, aber erst mit achtunddreißig zum Ratsherrn gewählt; Gerrit Hooft* war mit vierundzwanzig Jahren Sekretär und kam mit dreißig in den Stadtrat; Cornelis Munter* wurde ebenfalls im Alter von vierundzwanzig Jahren zum Sekretär, aber erst mit neunundvierzig zum Ratsherrn berufen. Wie in Venedig betrachtete man auch in Amsterdam das Reisen als eine wichtige, wenn auch informelle Form der Bildung. Manche jungen Männer machten sich aus geschäftlichen Gründen auf den Weg – C. P. Hooft* reiste Anfang zwanzig »ostwärts«, wie er schrieb, vermutlich nach Königsberg, wo er drei oder vier Jahre als Kaufmannsgesell (*iong coopgesel*) zubrachte. In anderen Fällen waren die Reisen eher politisch motiviert. Coenraed van Beuningen* reiste 1642 im Alter von zwanzig Jahren als Sekretär des berühmten Grotius nach Paris, und der dreiundzwanzigjährige Nicolaes Witsen* fuhr 1664 im Gefolge von Botschafter Jacob Boreel* nach Moskau. Wieder andere begaben sich, mit oder ohne Privatlehrer, auf die Große Tour (*groote tour, speelreis*). 1591 begleitete der bedeutende Gelehrte Lipsius als Privatlehrer sieben junge Niederländer auf ihrer Reise ins Ausland; mit von der Partie war unter anderem der zwanzigjährige Jacob de Graeff*. Jacobs Sohn, Cornelis de Graeff* verbrachte Anfang zwanzig einige Zeit in Paris, und Joan Huydecoper* der Jüngere bereiste neben Frankreich auch Italien. Nicolaes Witsen* schließlich besuchte auf seiner Rückreise von Moskau unter anderem Paris, Mailand, Florenz, Rom, Genf und Frankfurt am Main.

Obwohl die Große Tour zunehmend in Mode kam, dürften beide Gruppen, die Venezianer wie Amsterdamer, aus politischen und wirtschaftlichen Gründen weiter herumgekommen sein als die meisten anderen Regierungseliten im Europa des siebzehnten Jahrhunderts. Solche in jungen Jahren absolvierten Reisen mögen mit für die Toleranz verantwortlich sein, die in beiden Eliten einen so erstaunlich hohen Stellenwert besaß.

Anmerkungen zu Kapitel 8

1 Zitiert in F. Seneca, *Leonardo Donà*, Padua 1959, S. 9.
2 Eine unverzichtbare Quelle zum Leben venezianischer Adelsfamilien ist Francesco Barbaros *De re uxoria*. Obschon er seine Abhandlung bereits im fünfzehnten Jahrhundert verfaßte, dürften die beschriebenen Einstellungen zumindest in den traditionelleren venezianischen Haushalten bis ins siebzehnte Jahrhundert fortbestanden haben. Im 8. Kapitel des 2. Buches empfiehlt Barbaro zwar, daß Mütter ihre Kinder selbst stillen sollten, gibt jedoch auch Ratschläge zur Wahl einer geeigneten Amme. Zum Abstillen siehe O. Ferrarius, dessen Buch über Kinderkrankheiten 1577 in Brescia (das heißt auf venezianischem Territorium) veröffentlicht wurde und der – ganz als sei dies eine weitverbreitete Sitte gewesen – den Eltern davon abrät, ihre Kinder länger als zwei Jahre zu stillen, weil sie andernfalls zu »Spätentwicklern« (*tardiusculi*) würden.
3 Barbaro, 2. Buch, Kapitel 8 (ich benutze die Pariser Ausgabe von 1513); C. Freschot, *Nouvelle relation de la ville et république de Venise*, Utrecht 1709, S. 261; A. de St-Didier, *Venise*, Paris 1680, S. 302; vgl. P. Molmenti, *La storia di Venezia nella vita privata*, 4. Ausgabe, Bd. 3, Bergamo 1908, S. 52 f.
4 Das Zitat über den »höheren Adel« stammt von Freschot, a.a.O., S. 261.
5 Zu Donà* siehe Seneca, a.a.O., S. 9; zu Contarini* siehe G. Cozzi, *Il doge Nicolò Contarini*, Venedig und Rom 1958, S. 55.
6 L. Mabilleau, *Cesare Cremonini*, Paris 1881.
7 *Relatione del politico governo di Venezia* (1920), anonym, British Museum, Add. Mss., 18,660, f. 145 recto.
8 Vgl. Sir Dudley Carletons Ausführungen über die Verlagerung der Motive für Auslandsreisen vom kaufmännischen zum sozialen Interesse, S. 158 unten.
9 Der Ausdruck »politisches Noviziat« stammt aus A. Lupis, *Vita di G.F. Loredano*, Venedig 1663, S. 14.
10 M. Nani Mocenigo, *Storia della marina veneziana*, Rom 1935, S. 24.

11 J. de Parival, *Les délices de la Hollande*, Neuausgabe, Amsterdam 1669, S. 20 und 25.
12 Vgl. Melanie Klein, *Our Adult World and its Roots in Infancy*, London 1960; ich verdanke diesen Hinweis Riccardo Steiner.
13 E. S. Morgan, *The Puritan Family*, Neuausgabe, New York 1966, Kapitel 3, »Parents and Children«. Zu dieser Studie über Neuengland im siebzehnten Jahrhundert gibt es leider keine niederländische Entsprechung, aber in Jacob Cats, *Wercken*, Amsterdam 1955, kommen einige der verbreitetsten Einstellungen zum Ausdruck (von seinen Werken wurden bis 1655 rund 55 000 Exemplare verkauft); siehe insbesondere sein Gedicht über die Ehe, *Houwelick*, das erstmals 1624 erschien, und darin vor allem die Passage über die Frau als Mutter, die ihre Kinder in Furcht vor Gott aufziehen soll; Cats war ein Angehöriger der herrschenden Klasse, allerdings in Zeeland. Vergleiche auch die Dokumente zweier führender Mitglieder der frommen Fraktion in Amsterdam, P. Schaep* und W. Backer*, im GA, Bicker Papiere Nr. 717, beziehungsweise Backer Papiere Nr. 66.
14 N. Witsen, *Moscovische Reyse*, hg. von T. J. G. Locher und P. de Buck, 3 Bde., Den Haag 1966 bis 1967, S. 441; Parival, a.a.O., S. 25; und Sir William Temple, *Observations upon the United Provinces of the Netherlands*, hg. von G.N. Clark, Cambridge 1932, S. 96.
15 E. H. Erikson (1950), dt: *Kindheit und Gesellschaft*, Stuttgart 1957; die Yurok werden im 4. Kapitel beschrieben.
16 Amsterdam, GA, Curatoren van de openbare gymnasia, Nr. 19.
17 Joannes Backer, *Augustissimae societatis indiae orientalis encomium*, Amsterdam 1678; Joannes Trip, *Oratio metrica de civium concordiae necessitate*, Amsterdam 1681; N. Witsen*, »Kort verhael van mijn levensloop«, hg. von P. Scheltema in ders., *Aemstel's Oudheid* 6, Amsterdam 1872, S. 41.
18 Zu den Studenten in Leiden und Franeker siehe *Album studiosorum academiae Lugduno Batavae*, hg. von W.N. du Rieu, Den Haag 1875, und *Album studiosorum academiae Franekerensis*, hg. von S. J. Fockema Andreae und T. J. Meijer, Franeker 1968.
19 Eine gute Kurzdarstellung des Athenaeums im siebzehnten Jahrhundert gibt P. Dibon, *La philosophie néerlandaise au siècle d'or*, Paris 1954, S. 220 f.

9 Vom Unternehmer zum Rentier

In jedem der bisherigen Kapitel sind wir auf gesellschaftliche Veränderungen zu sprechen gekommen. Diese Veränderungen verdienen ein eigenes Kapitel, in dem wir die Unterschiede zwischen den Patriziern Venedigs und Amsterdams im Jahre 1580 und den Patriziern der beiden Städte im Jahre 1720 genauer zu fassen suchen. Die naheliegendste Frage, die man sich seit dem siebzehnten Jahrhundert immer wieder gestellt hat, ist die nach dem »Niedergang«: Kann man die untersuchte Zeit als eines Epoche des Niedergangs der beiden Städte charakterisieren? Nun ist »Niedergang« ein Begriff, auf den die Historiker zwar ungern verzichten, der jedoch reichlich vage bleibt. Bevor wir ihn sinnvoll verwenden können, sind einige Unterscheidungen nötig. Betraf der Niedergang die Städte Venedig und Amsterdam als Ganze oder lediglich ihre Eliten? Wenn wir vom Niedergang der Eliten sprechen, meinen wir damit eine Verringerung ihrer Anzahl, ihres Wohlstands oder ihrer Macht? Und schließlich, handelte es sich um einen absoluten oder um einen relativen Niedergang?

Betrachten wir zuerst die Anzahl von Elitemitgliedern. In Venedig, wo die Elite aus der obersten Schicht einer formal definierten Aristokratie bestand, läßt sich deutlich ein demographischer Niedergang erkennen. 1594 betrug die Zahl der Edelmänner im Alter von über fünfundzwanzig Jahren (das heißt der Mitglieder des Großen Rats) noch 1967, im Jahre 1719 war ihre Anzahl auf 1703 gesunken. In der Zwischenzeit waren dem Adel einhundert neue Familien beigetreten, die in der Zählung von 1719 mit 316 über fünfundzwanzigjährigen Männern zu Buche schlugen, so daß der zahlenmäßige Niedergang der alten Familien in Wirklichkeit noch viel markanter war, nämlich von 1967 auf 1387. Es muß hinzugefügt werden, daß die neuen Familien nicht wie die alten in Klans organisiert waren; während zu jeder alten Familie im Jahre 1719 im Schnitt zwölf erwachsene Männer gehörten, waren es in den neuen Familien durchschnittlich nur jeweils drei.[1]

Einer der Gründe für die Bevölkerungsabnahme innerhalb der venezianischen Elite war die Pest, vor allem die Epidemie von 1630–31, da die Auswirkungen der anderen großen Epidemie von 1575–77 sich bereits in den Ausgangszahlen niedergeschlagen haben. Im Gegensatz zum Adel erholte sich Venedig als Ganzes im Laufe der Zeit von der Seuche, denn die Bevölkerung der Stadt wuchs wieder auf die ursprüngliche Größe von 140 000 Einwohnern an. Möglicherweise wurde nicht nur der Adel, sondern die Gesamtzahl der in Venedig gebürtigen Familien dezimiert und der Bevölkerungsverlust der Stadt durch Zuwanderer ausgeglichen, doch gibt es hierüber keine genaueren Untersuchungen. Die Historiker haben jedoch noch mit einer weiteren Erklärung aufgewartet, die schon im siebzehnten Jahrhundert kursierte, nämlich daß sich die Anzahl der Adeligen verringerte, weil immer weniger von ihnen heirateten. Eine Fallstudie über 21 venezianische Adelsfamilien hat ergeben, daß im sechzehnten Jahrhundert 51 Prozent der Edelmänner in heiratsfähigem Alter nicht in den Bund der Ehe traten; im siebzehnten Jahrhundert stieg der Anteil auf 60 Prozent, im achtzehnten machten die Junggesellen schließlich 66 Prozent der Edelmänner aus.[2]

Eine weitere längerfristige Veränderung in der Struktur des venezianischen Adels war die »Inflation von Würdenträgern«, wie man sie auch aus England im siebzehnten Jahrhundert kennt. Während der Kriege um Kreta und um den Peloponnes, die Venedig Mitte und Ende des siebzehnten Jahrhunderts gegen das Osmanische Reich führte, befand sich die Regierung in großen finanziellen Schwierigkeiten und nahm gegen eine Gebühr von jeweils 100 000 Dukaten zahlreiche neue Familien in den Adel auf. Selbst eine Familie von Wurstverkäufern aus Bergamo konnte sich zu diesem Preis in die Noblesse einkaufen, ein Zugeständnis, auf das die alteingesessenen Familien mit großer Verbitterung reagierten. Prokuratorenämter wurden gegen eine Summe von 20 000 bis 25 000 Dukaten verkauft, so daß es 1719 fast doppelt so viele Prokuratoren gab wie 1578. Für manche von ihnen war es das einzige wichtige Amt, das sie je bekleideten. Für eine Gerontokratie wie Venedig besonders überraschend ist der Verkauf von fünf Prokuratorenämtern an Jugendliche, die noch nicht einmal das zwanzigste Lebensjahr erreicht hatten: 1649 ging eine Stelle an Silvestro Valier*, den Sohn des Dogen, während die restlichen vier alle in den neunziger Jahren des 17. Jahrhunderts eingesetzt wurden, als sich die venezianische Regierung in großen Personal- und Geldnöten befand. Nichtsdestoweniger besaßen die alteingesessenen Adelsfamilien so etwas wie ein Monopol auf die staatlichen Würden. Nur fünf Angehörige neuer Familien brachten es in der gesamten Epoche bis zum Prokurator.[3]

Manche Städte der niederländischen Republik, zum Beispiel Zierikzee, sahen sich wie Venedig mit dem Problem der Ausdünnung ihres

Patriziats konfrontiert, nicht jedoch Amsterdam. Bis 1680 wuchs die Stadt stetig an, und die Zahl der zu besetzenden Ämter war im Vergleich zu Venedig gering. Im Gegenteil, die Elite Amsterdams neigte gegen Ende des siebzehnten Jahrhunderts zunehmend dazu, sich einzuigeln: Von den vierzig Bürgermeistern, die zwischen 1696 und 1748 ernannt wurden, waren lediglich drei nicht mit früheren Bürgermeistern verwandt. Eine Familie wie die Corvers hatte keinerlei Machteinbuße zu verzeichnen.[4]

Weder in Venedig noch in Amsterdam scheinen die Patrizier im Verlauf der Epoche ärmer geworden zu sein. Die 18 Mitglieder der venezianischen Elite, die 1581 ihre Steuererklärung ausfüllten, hatten im Schnitt ein Einkommen von 1300 Dukaten im Jahr, während die 38 Mitglieder der Elite, die 1711 veranlagt wurden, auf ein durchschnittliches Jahreseinkommen von 7500 Dukaten kamen. Diese beiden Zahlen sind nicht leicht in Beziehung zu setzen. Es ist unwahrscheinlich, daß sich das Einkommen des venezianischen Hochadels in diesem Zeitraum fast versechsfachte. Man wird zumindest für die Zeit von 1581 bis 1620 einen gewissen Prozentsatz für die Geldentwertung in Abzug bringen und außerdem berücksichtigen müssen, daß durch den Verkauf von Prokuratorenämtern gegen Ende der Epoche verhältnismäßig mehr reiche Adelige in der Elite vertreten waren. Schließlich besteht der leider nicht zu verifizierende Verdacht, der Einkommensunterschied zwischen 1581 und 1711 könnte sich darauf zurückführen lassen, daß die Elite zu Beginn der Epoche einen stattlichen Teil ihres Kapitals in Handelsunternehmungen investiert hatte (die in den Steuererklärungen nicht ausgewiesen wurden), während sie ihr Geld gegen Ende vornehmlich in Land- und Hausbesitz angelegt hatte. Aber selbst wenn man all dies in Rechnung stellt, scheint die Elite von einem wirtschaftlichen Niedergang weit entfernt gewesen zu sein. Es war weniger die Elite als vielmehr die Stadt insgesamt, die sich auf einer wirtschaftlichen Talfahrt befand, weil ihr Hafen von seiner ehemals gesamteuropäischen auf eine bloß regionale Bedeutung herabsank. Doch selbst diese Entwicklung beruhte weniger auf internen Veränderungen in Venedig als vielmehr auf dem Wandel der Welt darum herum: Die Holländer und Engländer hatten sich das Mittelmeer erschlossen, und das Mittelmeer selbst verlor gegenüber dem Atlantik zunehmend an Bedeutung.[5]

In Amsterdam war die atemberaubende Zunahme des Wohlstands der reichsten Bürger (einschließlich der Elite) mit Händen zu greifen. Ende des sechzehnten Jahrhunderts war Amsterdam weder eine wohlhabende noch eine volkreiche Stadt gewesen: 1585 zählte sie rund 30 000 Einwohner, und nur 65 Haushalte verfügten über ein Vermögen von über 10 000 Gulden. Knapp neunzig Jahre später war sie beides: 1674 besaß die Stadt annähernd 200 000 Einwohner und 259 Haushalte, die auf ein Vermögen von über 100 000 Gulden veranlagt wurden. Der Reichtum der Stadt nahm (bis etwa 1730) weiter zu, und an diesem Wohlstand vermochte sich die Elite stets einen stattlichen Anteil zu sichern.

Wo also bleibt der Niedergang? Gab es überhaupt einen? Die Zeitgenossen machten ihre Diagnose an einem Wandel im Lebensstil der beiden Eliten fest, der häufig als moralischer Niedergang gedeutet wurde: dem Wandel (um auf Pareto zurückzukommen) vom Unternehmer zum Rentier. Fand ein solcher Wandel wirklich statt? Und wenn ja, wann und weshalb setzte er ein?[6]

Beginnen wir mit den Antworten, die man sich im siebzehnten Jahrhundert selbst auf diese Fragen gab. Um 1612 beschrieb der britische Botschafter, Dudley Carleton, seine Eindrücke vom venezianischen Adel wie folgt:

> Sie ändern hier ihre Sitten... Früher drehte sich ihr Leben um den Handel; der liegt heute recht eigentlich brach, und sie blicken landwärts, kaufen Häuser und Ländereien, staffieren sich mit Kutsche und Pferden aus und geben sich mit mehr Pomp und Galanterie dem Vergnügen hin als es ehedem Brauch war... Früher war es Sitte, die Söhne auf Galeeren in die Levante zu schikken, damit sie navigieren und handeln lernten. Heute schicken sie sie auf Reisen, damit sie sich wie Edelmänner zu benehmen lernen statt wie Kaufleute.

1620 bemerkte ein namentlich unbekannter Italiener, die venezianischen Adeligen säßen neuerdings untätig zu Hause, statt wie früher in die Levante zu reisen, und hätten sich »zum großen Nachteil der unterworfenen Bevölkerung« ganz der Ausbeutung des Festlands verschrieben.[7]

Was die Niederlande anbelangt, so überlieferte der holländische Historiker Aitzema eine im Jahre 1652 in Amsterdam vorgebrachte Beschwerde, »daß die Regierenden keine Kaufleute seien, daß sie auf den Weltmeeren keine Wagnisse mehr eingingen, sondern ihr Einkommen aus Häusern, Ländereien und Rentenbriefen (*renten*) bezögen und das Meer anderen überließen«. Wann immer in den letzten hundert Jahren von holländischer Sozialgeschichte die Rede war, ist diese Passage zitiert worden.[8]

Den Zeitgenossen fiel also auf, daß sich im Lebensstil der beiden Eliten im Verlauf des siebzehnten Jahrhunderts ein merklicher Wandel vollzog. Ihr Interesse verlagerte sich von der See aufs Land, von der Arbeit zum Spiel, ihr Lebensstil von der Sparsamkeit zum demonstrativen Konsum, sie wurden von Unternehmern zu Rentiers, vom Bourgeois zu Aristokraten.

Bevor wir nach Erklärungen für diese Verlagerung suchen, sollten wir John Seldens ausgezeichnetem Rat folgen, der da lautet: »Es sollte nicht nach dem Grund für eine Sache gesucht werden, solange man nicht sicher ist, daß die Sache sich wirklich so verhält. Wir stürzen uns häufig auf die Frage nach dem Warum, bevor wir noch der Sache selbst sicher sind.« Hat also wirklich eine solche Verschiebung stattgefunden? Auch Zeitzeugen können sich hinsichtlich der sozialen Prozesse in den von ihnen besuchten oder gar bewohnten Ländern irren. Schon zu Beginn des sechzehnten Jahrhunderts beklagte ein venezianischer Edelmann aus dem Klan der Priuli in seinem Tagebuch im großen und ganzen dieselben Dinge, die dem Engländer Carleton ins Auge stachen: daß der venezianische Adel sich vom Meer abkehre und dem Land zuwende und sich lieber vergnüge als arbeite. Um 1600 stellte der venezianische *capitano* von Padua fest, daß rund ein Drittel der Ländereien im Padovano Venezianern gehörten; aber dieselbe Beobachtung wurde schon 1446 gemacht. Tatsächlich hatten die Venezianer bereits Ende des dreizehnten Jahrhunderts umfangreiche Ländereien in der Umgebung von Padua in ihrem Besitz. Und wenn wir schon dabei sind, so dürfen wir nicht zu erwähnen vergessen, daß der venezianische Adel schon im neunten Jahrhundert nachweislich auf dem norditalienischen Festland Grund und Boden besaß. Womit die Verschiebung vom Unternehmer zum Rentier einen leicht schimärischen Zug annimmt, nicht unähnlich dem vielbeschworenen »Aufstieg des Bürgertums«, der mittlerweile in so vielen verschiedenen Epochen geortet wurde, daß man sich zu fragen beginnt, ob er überhaupt je stattfand.[9]

Was Amsterdam betrifft, haben die Historiker, welche sich der Passage aus Aitzemas Text bedienten, häufig übersehen, daß es sich dabei nicht um das Urteil des nüchternen und sorgfältigen Chronisten selbst handelte.[10] Aitzema kolportiert vielmehr die Meinung einiger Amsterdamer Kaufleute, die sich zu Beginn des ersten englisch-holländischen Seekrieges (1652–54) darüber beschwerten, daß der Krieg nicht ernst genug geführt werde und ihre Interessen nicht wahrgenommen würden. Diese Leute versuchten, mit ihren Behauptungen Politik zu machen und nicht den sozialen Wandel zu beschreiben. Wenn man nämlich die Berufe der Stadträte im Jahre 1652 etwas genauer unter die Lupe nimmt, stellt sich heraus, daß 18 von 37 Ratsherren ihr Geld als Kaufleute oder Fabrikanten verdienten und weitere acht im Direktorium der VOC oder der Westindischen Gesellschaft saßen; somit bleiben elf Ratsherren, die weder das eine noch das andere taten, der bekannteste unter ihnen war Cornelis de Graeff*. Auch im Falle Amsterdams scheint demnach ein gerüttelt Maß Skepsis am Platze.[11]

Man kann das Problem, ob eine Verschiebung vom Unternehmer zum Rentier stattgefunden hat oder nicht, auch dadurch angehen, daß man einzelne Familien betrachtet. Für Venedig läßt sich dies schwer durchführen, weil wir über die Handelsaktivitäten der Adeligen nur höchst lückenhaft Bescheid wissen, aber immerhin könnten wir dem Kaufmann Zuanbattista Donà, der mit der Levante Handel trieb, seinen Sohn Lunardo Donà* gegenüberstellen, dessen Wohlstand auf Ländereien in der Umgebung von Verona gründete.[12] Die Untersuchung der Veränderungen innerhalb einzelner Familien ist im Falle Amsterdams schon viel weiter gediehen. Eines der beliebtesten Beispiele der Historiker sind die drei Generationen der Familie de Graeff. Dirck Graeff* war von Beruf Eisenhändler und wurde 1578 Bürgermeister. Sein Sohn Jacob war ebenfalls Kaufmann, erwarb jedoch den Landsitz Zuidpolsbroek und nannte sich fortan Jacob de Graeff*, Vrijheer van Zuidpolsbroek. Von 1613 an übte er das Amt eines Bürgermeisters aus. Seine beiden Söhne wiederum, das berühmte Bruderpaar Andries und Cornelis de Graeff*, waren gar nicht mehr als Kaufleute tätig, sondern lebten allein von ihren Einkünften als Rentiers und Politiker. Nicolaes Elias Pickenoys berühmtes Porträt von Cornelis de Graeff* zeigt ihn nicht etwa im traditionellen Kaufmannskittel, sondern als einen Edelmann im Brokatwams mit Spitzenkragen und -ärmeln und Strumpfhosen. Oder betrachten wir die drei Generationen der angesehenen Familie Bicker: Gerrit Bicker*, der 1603 zum Bürgermeister ernannt wurde, war von Beruf Bierbrauer. Sein Sohn, der berühmte Andries Bicker*, der 1627 Bürgermeister wurde, verdiente sein Geld im Handel mit Rußland. Er besaß einen Landsitz und benutzte den Titel Heer van Engelenberg, aber das Porträt zeigt ihn schlicht gekleidet und mit strenger Miene. Holländische Historiker stellen diesem Bildnis gerne das Porträt seines Sohnes Gerard gegenüber, der fett und unförmig wirkt und es im Leben zu nichts brachte. Ein weiterer solcher Gegensatz, im Bildnis wie im Leben, findet sich zwischen C. P. Hooft*, dem Kaufmann und Bürgermeister in langem nüchternen Gewand, und dessen Sohn P. C. Hooft, dem Historiker und Dichter, der weder in kaufmännischer noch in stadtpolitischer Hinsicht in die Fußstapfen seines Vaters trat, sondern wie ein Edelmann auf Schloß Muiden lebte.

Dergleichen Veränderungen im Lebensstil einzelner Familien sind unbestreitbar, und es ließen sich weitere Beispiele finden, dennoch muß der Einstellungswandel innerhalb einzelner Familien nicht ohne weiteres für die gesamte Gruppe repräsentativ sein. In der Familie Graafland, zum Beispiel, zeigte sich genau dasselbe Muster von sozialer Mobilität und Veränderung des Lebensstils erst ein volles Jahrhundert später. Cornelis Graafland*, der Sohn eines aus Rotterdam zugewanderten Kistners, war, wie Dirck Graeff*, von Beruf Eisenhändler und wurde 1667 als erstes Mitglied der Familie in den Stadtrat aufgenommen. Sein Sohn Joan Graafland* wurde 1652 geboren, besuchte die Universität, heiratete in eine der bedeutendsten Familien des Amsterdamer Patriziats, die Familie Valckenier, ein und wurde 1703 Bürgermeister. Sein Sohn Gillis Graafland* wiederum nannte sich nach dem von ihm erworbenen Landsitz Heer van Mijnden.

Die Lehre daraus lautet, daß wir uns nicht auf Fallbeispiele verlassen können. Um die Frage nach der »Aristokratisierung« beziehungsweise Verschiebung vom Unternehmertum zum Rentiersdasein zu beantworten, ist eine quantitative Erhebung nötig.[13] Zwei Merkmale, die sich statistisch auswerten lassen, sind: erstens, ob die Mitglieder der Elite einen Beruf ausübten oder nicht, und zweitens, ob sie ein Landhaus besaßen oder nicht. Unternehmer üben sehr wahrscheinlich einen Beruf aus, besitzen aber nicht unbedingt einen Landsitz, während Rentiers zwar häufig über ein Landhaus verfügen, aber wahrscheinlich seltener über einen Beruf. Natürlich gibt es Ausnahmen von dieser Regel; definiert man die beiden Gruppen statt dessen über ihre Einstellungen, lassen sich leicht sowohl unternehmerische Gutsbesitzer (wie Jacob Poppen*) als auch Rentiers ohne Landbesitz finden. Dennoch dürfte eine Zunahme des Besitzes an Landhäusern und eine Abnahme von Berufsangaben innerhalb der Elite ein deutliches Indiz für eine Verschiebung vom Unternehmer zum Rentier sein. Die Entwicklung stellt sich folgendermaßen dar:[14]

Zeitraum	ohne Beruf	mit Landhaus
1618–1650	33 %	10 %
1650–1672	66 %	41 %
1672–1702	55 %	30 %
1702–1748	73 %	81 %

Diese Zahlen deuten darauf hin, daß die fragliche Verschiebung tatsächlich stattgefunden hat, daß sie nicht plötzlich, sondern allmählich erfolgte und daß der Rentier nicht schon (wie es das Zitat Aitzemas nahelegt) 1650 den Unternehmer als vorherrschendes Modell ablöste, sondern erst um 1700. Die Verschiebung scheint außerdem mit einem wachsenden Interesse an den Künsten zusammenzufallen.

Leider läßt sich im Falle Venedigs keine vergleichbare quantitative Erhebung durchführen, weil dort alle Patrizier sowohl zu Beginn wie am Ende der Epoche über Landgüter verfügten. Da sich die venezianische Elite überdies ausschließlich aus Adeligen zusammensetzte, hielt es keiner von ihnen für nötig, seinen Beruf anzugeben; obschon eine ganze Reihe von ihnen direkt oder indirekt im Handel tätig waren, enthalten ihre Steuererklärungen darüber keinerlei Informationen. Dennoch gibt es einige Hinweise darauf, daß sich mehr und mehr Adelige aus dem Handel zurückzogen und in Land investierten.[15]

Es gabe eine Reihe von äußeren Faktoren, welche die venezianische Elite aus dem Handel in die Gutswirtschaft drängten. Der Verlust Zyperns im Jahre 1570 versetzte dem Handel mit der Levante einen schweren Schlag; ebenso das Auftauchen holländischer und englischer Schiffe, die etwa ab 1580, sei es als Händler oder Piraten, das Mittelmeer und die Adria für sich erschlossen; und schließlich machten auch die nordafrikanischen Seeräuber und die von der dalmatinischen Küste aus operierenden Uskoken die Handelswege zunehmend unsicher. Ein weiterer Schlag für den venezianischen Handel war 1584 der Bankrott der letzten Privatbank, die den Klans der Pisani und Tiepolo gehörte. Der Verlust Zyperns traf manche Mitglieder der Elite wie Francesco Corner*, der Zuckerplantagen auf der Insel besaß, besonders hart. Corner* verfaßte gerade sein Testament, als die Nachricht vom Fall Zyperns ihn erreichte, und mußte umgehend neue Verfügungen treffen. Was die Attraktivität von Landbesitz anbelangt, müssen wir uns vergegenwärtigen, daß sich die Weizenpreise in Venedig zwischen 1550 und 1590 etwa verdreifachten. Weizen war für die Venezianer ein wichtiges Erzeugnis, noch 1570 hatte die Bevölkerung gegen die Versorgung mit Hirsebrot protestiert. Die wachsende Macht des Osmanischen Reiches gefährdete die Kornimporte aus Osteuropa, und so wurde der Anbau von Weizen auf dem Festland zu einer einträglichen Verdienstquelle.[16]

Es scheint daher wahrscheinlich, daß der venezianische Adel, einschließlich der Elite, im späten sechzehnten und frühen siebzehnten Jahrhundert vermehrt in Land investierte, ohne deshalb seine unternehmerische Einstellung aufzugeben. Im Gegenteil, es wurden in diesen Jahren enorme Anstrengungen zur wirtschaftlichen Rückgewinnung von Brachland unternommen, die häufig von adeligen Konsortien ausgingen, an denen auch Mitglieder der Elite wie Ferigo Contarini* und Luca Michiel* beteiligt waren. 1636 gehörten den Venezianern 38 % des Padovano, während es 1600 noch 33 % gewesen waren.[17] Die Hochkonjunktur in der Landwirtschaft hielt jedoch nicht lange an. Die allgemeine Rezession des siebzehnten Jahrhunderts, die den größten Teil Europas traf, war in Venezien schon ab 1610 spürbar und wurde 1630 durch die große Pestepidemie verschärft, welche die rund 1 700 000 Menschen unter venezianischer Herrschaft innerhalb zweier Jahre auf rund eine Million dezimierte. Zwar erholte sich die ländliche Bevölkerung bis 1690 wieder von diesem Schlag, aber man kann sich des Eindrucks nicht erwehren, daß die venezianischen Großgrundbesitzer zu diesem Zeitpunkt schon merklich weniger Interesse an der unternehmerischen Nutzung ihrer Güter zeigten und sich zunehmend auf ein Rentiersdasein zurückzogen. In den zwanziger Jahren des 17. Jahrhunderts hielt Renier Zen* im Großen Rat eine berühmte Rede gegen den Handel. Zur selben Zeit warnte Colluraffi in seiner Abhandlung über die Erziehung des venezianischen Edelmanns seine Leser davor, daß der Handel von dem viel wichtigeren Geschäft der Politik ablenken könne. Ein anonymes Traktat, das Paolo Sarpi zugeschrieben wird, empfahl den Adeligen, sich vom Handel fernzuhalten, und im späten siebzehnten Jahrhundert kam der kretische Edelmann Zuanantonio Muazzo in einer Abhandlung auf die Verlagerung der venezianischen Interessen vom Seehandel aufs Land zu sprechen und erklärte sich diese Veränderung durch das Bedürfnis nach einem sichereren, wenn auch geringeren Einkommen.[18] Auch die Anlage der Villen weist in die gleiche Richtung. Der Architekt Scamozzi unterschied zwischen zwei Arten von Villen: der kleineren Villa, deren Gehöft in der Nähe der Wohnbauten des Besitzers liegt, damit dieser sich selbst einen Überblick verschaffen kann, und der größeren Villa mit weitgehend isolierten Wohnbauten. Die Entwicklung von der Villa Maser von Marcantonio Barbaro* (gestorben 1595), bei der die Stallungen und die Kelterei zum zentralen Gebäudekomplex gehörten, bis hin zur Villa Manin oder zur Villa Pisani in Strà, deren Wirtschaftsgebäude weit von den Wohngebäuden entfernt lagen, ist unverkennbar: Der Gutshof wurde im Lauf der Zeit durch einen Landpalast ersetzt.[19] Der Aufstieg des Berufsstands des Hofmeisters oder Verwalters, auf den wir oben bereits zu sprechen gekommen sind (S. 84), ist ein weiterer Beleg für diese Entwicklung.

Kurzum, es scheint, als hätte sich tatsächlich in beiden Eliten ein Einstellungswandel vom Unternehmer zum Rentier vollzogen. In Venedig fand diese Verlagerung um 1630 statt, in Amsterdam gegen 1700 – in beiden Städten sollte sie also später datiert werden, als dies gemeinhin getan wird. Aber weshalb kam es überhaupt zu diesem Einstellungswandel? Wie immer stehen uns grundsätzlich zwei Erklärungsmöglichkeiten offen, die wir nacheinander erörtern wollen: eine Erklärung durch äußere oder durch innere Faktoren. In beiden Fällen haben wir es mit dem zu tun, was Fernand Braudel »unbewußte Geschichte« nannte, da weder die eine noch die andere Elite diesen Wandel der Einstellungen und des Lebensstils bewußt beabsichtigte. Einige Zeitgenossen wie Michele Foscarini oder Zuanantonio Muazzo bemerkten im siebzehnten Jahrhundert, daß immer weniger Adelige heirateten, und brachten dieses Phänomen mit dem Niedergang des Handels in Verbindung; doch es ist äußerst unwahrscheinlich, daß dergleichen Überlegungen in den Planungen der betreffenden Familien ein Rolle spielten. Nur in sehr wenigen Gesellschaften begreifen sich die handelnden Individuen als Teil allgemeinerer sozialer Entwicklungen. Gleichzeitig muß betont werden, daß die beiden Eliten von diesen Veränderungen nicht zwangsläufig ereilt wurden, sondern ihnen durchaus andere Reaktionsweisen und Verhaltensstrategien offenstanden. Es bestand keine Notwendigkeit dafür, daß ein Patrizier sein Geld in Land oder in die Staatsverschuldung investierte; er tat dies, weil es ihn zum gegebenen Zeitpunkt die klügste Entscheidung dünkte. Er wußte, warum er diese Entscheidung traf, aber er konnte nicht alle Folgen absehen, welche diese Entscheidung sowohl für seine als auch für die Familien seiner Zeitgenossen, die ihrerseits ähnliche Entscheidungen fällten, nach sich zog.[20]

Eine mögliche Erklärung für den Einstellungswandel vom Unternehmer zum Rentier sucht die Ursachen in gesellschaftsinternen Faktoren. Das Wesen der Entwicklung wurde schon von Adam Smith auf den Punkt gebracht, als er schrieb, daß »Kaufleute in der Regel den Ehrgeiz haben, Gutsbesitzer zu werden«.[21] Die Kaufleute waren Unternehmer;

sie waren leistungs- und aufstiegsorientiert, besaßen aber als gesellschaftliche Gruppe nicht den höchsten Status; die Gruppe mit dem höchsten Status, ihre »Bezugsgruppe« oder ihr kulturelles Vorbild war der Adel; aber die Adeligen waren Rentiers. Im vorindustriellen Europa neigten daher erfolgreiche Kaufleute (oder spätestens ihre Söhne) stets dazu, sich als Grundbesitzer zu etablieren. Dieser Prozeß läßt sich im sechzehnten und siebzehnten Jahrhundert sowohl in England wie in Frankreich und Spanien vielfach belegen. Die Kaufleute erwarben ein Gut mitsamt Titel und zogen sich aus dem Geschäft zurück. Aus diesem Blickwinkel betrachtet, ist nicht die Entwicklung an sich das Erstaunliche, sondern vielmehr die Tatsache, daß sie in Venedig und insbesondere in Amsterdam so lange auf sich warten ließ. Man kann sich die Verzögerung dadurch erklären, daß beide Städte zu Republiken gehörten, in denen es keinen König und Hofadel gab, dem man hätte nacheifern können, und durch die Tatsache, daß beide Städte kein geeignetes Umland besaßen, so daß die beiden Eliten bis zu einem gewissen Grad zu produktiveren Investitionen gezwungen waren. Aber diese Hindernisse vermochten die Entwicklung nicht aufzuhalten, sondern lediglich hinauszuzögern.

Diese Erklärung scheint insbesondere für Amsterdam recht plausibel. Die Amsterdamer Elite stellte in der niederländischen Republik nicht die höchste Statusgruppe dar. Zwar hatte das Land keinen König, aber es gab einen angestammten Adel, der sich am Hof des Statthalters im Haag aufhielt und der den Amsterdamer Kaufleuten als Bezugsgruppe dienen konnte. Einzelne Kaufleute suchten ihren Lebensstil entsprechend zu verändern. Manche Gesandten kehrten als Adelige aus dem Ausland zurück. Die Versuchung, ihren Lebensstil dem neuen Status und Titel anzugleichen, war beträchtlich. Wenn sie auch selbst noch auf eine Anhebung ihres Lebensstils verzichten mochten, wie es beispielsweise Sir Reynier Pauw* tat, so sollten doch wenigstens ihre Kinder gesellschaftlich besser dastehen und wurden entsprechend erzogen und aufs Athenaeum oder zur Universität geschickt. Mindestens drei Mitglieder der Elite promovierten, bevor sie ins Geschäftsleben eintraten: Dr. Cornelis van Dronckelaer*, Dr. Jan ten Grootenhuys* und Dr. Gerard van Hellemont*. Diese Männer waren *mercatores sapientes* im eigentlichen Sinn des Wortes, bildeten jedoch eine Ausnahme. Im allgemeinen hielt eine höhere Bildung die Söhne davon ab, in das Geschäft ihrer Väter einzutreten. Dieser soziale Mechanismus ist allgemein bekannt. Die Medici sind eines der berühmtesten Beispiele, und nicht von ungefähr dürfte P. C. Hooft in seinem Buch über die Florentiner Familie dem reichen und intelligenten, aber ungebildeten Cosimo seinen Enkel Lorenzo gegenübergestellt haben, der als Literaturmäzen und Dichter wirkte, aber keinerlei Interesse am Geschäftsleben zeigte. Die Vermutung liegt nahe, daß Hooft hier seinen Vater und sich selbst vor Augen hatte.[22] Der Prozeß läßt sich kaum eleganter und unerbittlicher zusammenfassen, als dies in einem japanischen *haiku* aus dem achtzehnten Jahrhundert geschehen ist:

> Haus zu verkaufen
> Schreibt er im feinem chinesischen Stil
> Die dritte Generation.[23]

Im Falle Venedigs läßt diese Erklärung einiges zu wünschen übrig. Die venezianische Elite war Teil eines formal definierten Adels. Für sie gab es keine äußere Bezugsgruppe, es sei denn der Adel des norditalienischen Festlands. Die Venezianer bauten im Laufe des fünfzehnten Jahrhunderts in Norditalien ein Reich auf. Nach und nach kaufte der venezianische Adel immer mehr der unterworfenen Ländereien und glich sich in seinem Lebensstil und seinen Werten dem Adel des norditalienischen Festlands an. Ähnlich wie China die eindringenden Mongolen und Mandschu assimilierte, so assimilierte auch das norditalienische Festland die venezianischen Eindringlinge. Das Land begann als Knecht und endete als Meister.

Im Fall von Amsterdam läßt sich die Entwicklungslinie einzelner Familien wie der de Graeffs, der Bickers oder der Hoofts recht gut durch innere Faktoren plausibel machen, aber zur Erklärung des Wandels der Gruppe als ganzer reichen sie nicht aus. Im Falle Venedigs sahen wir uns ohnehin schon zum Rückgriff auf äußere Faktoren genötigt. Der naheliegendste äußere Faktor, der zur Erklärung des sozialen Wandels herangezogen werden kann, ist natürlich die Ökonomie. Wie schon Pareto feststellte, begünstigen Zeiten wirtschaftlichen Wachstums die unternehmerischen Eliten, während Zeiten wirtschaftlicher Stagnation oder Rezession den Rentiers zugute kommen. Wenn eine Phase der Hochkonjunktur von einer Rezessionsphase gefolgt wird, gibt es grundsätzlich zwei Möglichkeiten: Entweder die herrschende Gruppe ändert ihre Einstellungen und ihr Verhalten, oder sie wird durch eine andere Gruppe ersetzt. Seinen klassischen Ausdruck hat dieses Dilemma in Lampedusas *Leopard* gefunden, wo ein Aristokrat der jüngeren Generation dem älteren Adeligen Fabrizio erklärt: »Wenn wir wollen, daß alles bleibt, wie es ist, ist es nötig, daß alles sich verändert« (*se vogliamo che tutto rimagna come è, bisogna che tutto cambi*). Die Anpassung wird nicht immer so bewußt vollzogen wie hier, aber man darf zu Recht vermuten, daß in wirtschaftlich schwierigen Zeiten auch die Verachtung gegenüber dem Handel steigt; daß die Leute nicht nur ihr Investitionsverhalten ändern, sondern auch ihre sozialen Einstellungen. Das siebzehnte Jahrhundert war für ganz Europa ein Zeitalter wirtschaftlicher Rezession und Krisen, und es ist daher nicht verwunderlich, daß sich in diesem Zeitraum eine Verschiebung vom Unternehmertum zum Rentiersdasein einstellte. Für Venedig, das zwischen 1602 und 1669 eine anhaltende kommerzielle Krise durchmachte, scheint diese äußere Erklärung recht plausibel. Fast könnte man von einem Teufelskreis sprechen: Da sich der Handel im Niedergang befand, zogen sich immer mehr Adelige daraus zurück, und je mehr Adelige sich aus dem Handel zurückzogen, desto tiefer geriet dieser in die Krise. Als Addison zu Beginn des achtzehnten Jahrhunderts Venedig besuchte, erklärte er sich den Niedergang des Handels dadurch, daß »ihre Adeligen es für unter ihrer Würde halten, Geschäfte zu machen«, und »die Kaufleute, die reich geworden sind, kaufen sich in den Adel ein und geben das Gewerbe auf«.[24]

Im Falle Amsterdams ist größere Vorsicht geboten. Die holländische Wirtschaft insgesamt florierte bis etwa 1730, als die Niederländer die Vermittlerposition einbüßten, auf der ihr Wohlstand beruhte. Vor dieser Zeit läßt sich in Amsterdam lediglich ein Niedergang des baltischen Getreidehandels feststellen. Im späten sechzehnten und frühen siebzehnten Jahrhundert nahmen die Amsterdamer Unternehmer im Getreidehandel eine Schlüsselposition ein. Sie importierten das Korn aus Polen und anderen osteuropäischen Ländern und setzten es entweder in den Niederlanden selbst ab oder exportierten es nach Italien, Spanien und in andere Länder weiter. C. P. Hooft, zum Beispiel, hatte sein Vermögen im Getreidehandel gemacht. 1631 erreichte der Preis für preußischen Roggen mit 263 Gulden pro Last in Amsterdam seinen Höchststand. Danach sanken die Roggenpreise wieder, und die Weizenpreise folgten nach. Der Niedergang des Getreidehandels wurde durch den wachsenden Handel mit Ostindien aufgewogen, dennoch war die Zeit zwischen 1650 und 1670 (nach den sinkenden Einnahmen aus Geleitkonvois und Schiffahrtskonzessionen zu urteilen) für Amsterdam insgesamt eine Phase wirtschaftlicher Rezession. In dieser Zeit versuchte Jan de Witt, die öffentlichen Schuldverschreibungen zu einer attraktiveren Anlageform zu machen. Während sich also die venezianische Elite vom Handel auf den Landbesitz verlegte, verschoben die Amsterdamer ihr Kapital vom Handel in Schuldverschreibungen der öffentlichen Hand.[25]

Diese Erklärungen sind natürlich nicht erschöpfend. Im Falle Amsterdams muß man außerdem berücksichtigen, daß die Aufgaben des Stadtrats im Laufe der Epoche erheblich umfangreicher wurden, so daß die Ratsherren immer mehr Zeit für ihr politisches Amt aufbringen mußten und sich nebenher kaum noch aktiv als Geschäftsleute betätigen konnten. Wenn wir voraussetzen dürfen, daß erfolgreiche Herrscher ein gewisses Charisma benötigen, dann besaßen die von der Amsterdamer Elite erworbenen Adelstitel und die entsprechende Veränderung ihres Lebensstils auch eine politische Funktion: Die »unheroischen Bürger« mußten zu Edelmännern werden, damit man ihren Anordnungen Folge leistete.[26]

Schließlich läßt sich der Einstellungswandel innerhalb der Familien nicht ohne weiteres zu dem Wandel innerhalb der sozialen Gruppen in Beziehung setzen. In Venedig kann man dieses Problem vernachlässigen, weil die Prokuratoren des Jahres 1720 mehr oder minder aus denselben Klans stammten wie schon die Prokuratoren des Jahres 1580. Aber in Amsterdam, wo im Laufe des siebzehnten Jahrhunderts zahlreiche neue Zuwandererfamilien in die Elite aufstiegen, könnten die Entwicklung einzelner Familien und diejenige der Elite insgesamt erheblich auseinanderklaffen. Das Problem läßt sich jedoch lösen, indem wir den Einstellungswandel in den einzelnen Familien über die demographische Entwicklung der Stadt mit dem Verhalten der Elite als Ganzer in Beziehung setzen.

Im Europa des siebzehnten Jahrhunderts trat nicht nur eine wirtschaftliche Stagnation ein, sondern kam auch das Bevölkerungswachstum zu einem Stillstand. Es bestand eine Art Teufelskreis: Die allgemeine Not führte dazu, daß die Menschen gar nicht oder erst spät heirateten (weil die Paare sich eine Heirat nicht leisten konnten), aber dieses Verhalten wiederum verstärkte den Bevölkerungsrückgang und vergrößerte dadurch mittelbar die allgemeine Not (weil die Nachfrage nach Waren sank).[27] Dieser demographische Niedergang wirkte sich in Amsterdam erst relativ spät aus, weil sowohl Zuwanderung als auch natürlicher Zuwachs die Bevölkerung stark ansteigen ließen. Von 1580 bis 1680 nahm die Stadt einen stetigen Strom von Zuwanderern auf, darunter eine ganze Reihe von Leuten, die über Kapital, besondere Fähigkeiten und einen beträchtlichen Ehrgeiz verfügten. Einige dieser Immigranten stiegen selbst in die Elite auf, in anderen Fällen taten es ihre Söhne. Dieser stetige Zustrom von Einwanderern war meiner Ansicht nach der Grund dafür, weshalb unternehmerische Einstellungen in Amsterdam so lange überlebten. Als beispielsweise die de Graeffs durch den Prozeß der »Aristokratisierung« dem Handel entzogen wurden, nahmen andere Familien wie die Graaflands ihre Stelle ein. Um das Jahr 1680 hörte Amsterdam jedoch auf zu wachsen und so nahm zuletzt auch hier die Entwicklung ihren Lauf. Nach 1672, als der Fürst von Oranien zwei Außenstehende in den Stadtrat hievte, tauchte nur noch ein Einwanderer der ersten Generation in der Amsterdamer Elite auf, die naturgemäß zunehmend von Rentiers bevölkert wurde.

Die Republiken von Venedig und der Vereinigten Provinzen bestanden bis Ende des achtzehnten Jahrhunderts fort, aber vom sozialgeschichtlichen Standpunkt aus war mit dem Jahr 1720 eine Periode wichtiger Veränderungen vollendet.

Anmerkungen zu Kapitel 9

1 Die Berechnungen beruhen auf den *libri di nobili* aus dem Jahre 1594 (BCV, Donà 225) und aus dem Jahre 1719 (BCV, Cicogna 913).
2 E. Rodenwalt, »Untersuchungen über die Biologie des venezianischen Adels« in *Homo* 8 (1957). Rodenwalt stellt außerdem fest, daß 40 Prozent der Ehen entweder kinderlos blieben oder nur einen Nachkommen zeugten, und erklärt dies mit der Vermutung, daß ein hoher Prozentsatz der Adeligen an Gonorrhöe litt; J. C. Davis, *The Decline of the Venetian Nobility as a Ruling Class*, Baltimore 1962, wendet dagegen ein, daß jung verstorbene Kinder in den von Rodenwalt benutzten Quellen häufig unerwähnt bleiben.
3 H. van Dijk und D. J. Roorda, »Sociale mobiliteit onder regenten van de Republiek« in *Tijdschrift voor Geschiedenis* (1971).
4 J. E. Elias, *De Vroedschap van Amsterdam*, Bd. 1, Haarlem 1903, stellt diesen Sachverhalt in tabellarischer Form dar.
5 Davis, a.a.O., Kapitel 2, meint, die reichen Adeligen seien im Verlauf der Epoche noch reicher, die armen dagegen noch ärmer geworden.
6 Mit dieser Art von sozialem Wandel haben sich Historiker beider Städte schon verschiedentlich auseinandergesetzt. Zu Venedig siehe A. Stella, »La crisi economica veneziana« in *Archivio Veneto* 58 (1956), und G. Cozzi, *Il doge Nicolò Contarini*, Venedig und Rom 1958, Kapitel 1; zu Amsterdam siehe G. W. Kernkamp, »Historie en Regeering« in *Amsterdam in de 17e eeuw*, hg. von A. Bredius, 3. Bde., Den Haag 1897 f., S. 107 f.; W. van Ravesteyn, *Onderzoeking over de ontwikkeling van Amsterdam*, Amsterdam 1906, S. 186, sowie Van Dijk und Roorda, a.a.O.
7 Carleton zitiert in Cozzi, a.a.O., S. 15 Anm.; *Relatione del politico governo di Venezia* (1620), anonym, in British Museum, Add. Mss. 18,660, F. 144.
8 L. van Aitzema, *Saken van Staat en Oorlogh*, Bd. 3, Den Haag 1669, S. 762.
9 Der *capitano* von Padua wird zitiert in D. Beltrami, *Forze di lavoro e proprietà fondiaria*, Venedig und Rom 1961, S. 52; zum dreizehnten Jahrhundert siehe G. Cracco, *Societa e stato*

nel medioevo veneziano, Florenz 1967, S. 82; zum neunten Jahrhundert siehe G. Luzzatto (1949), *An Economic History of Italy*, London 1961, S. 35.

10 Bekannte Beispiele hierfür sind H. Brugmans, »Handel en nijverheid« in *Amsterdam in der 17e eeuw*, hg. von A. Bredius, Bd. 1, Den Haag 1897, S. 158, und G.J. Renier, *The Dutch Nation*, London 1944, S. 105.

11 Von den vier Bürgermeistern im Jahre 1652 war einer, Nicolaes Corver*, ein Kaufmann. Unter den Ratsherren waren folgende Kaufleute: J. Backer*, A. Bicker*, C. Bicker*, J. Blaeu*, S. Does*, C. Dronckelaer*, J. Huydecoper*, J. van Neck*, A. Pater*, J. van de Poll*, J. Rendorp*, G. Reynst*, S. Rijck*, W. Six*, H. Spiegel*, J. Vlooswijck* und C. Vrij*. Als Direktoren einer der Handelsgesellschaften waren tätig: W. Backer*, R. Bicker*, C. Burgh*, S. Hoorn*, N. Pancras*, L. Reynst*, G. Valckenier* und C. Witsen*.

12 F. Seneca, *Leonardo Donà*, Padua 1959, S. 7.

13 Dieser Punkt wird insbesondere von Van Dijk und Roorda, a.a.O., hervorgehoben.

14 Die Tabelle wurde Van Dijk und Roorda, a.a.O., entnommen.

15 Siehe Stella, a.a.O., und vor allem S. K. Woolf, »Venice and the terraferma« in *Crisis and change in the Venetian economy*, hg. von B. Pullan, London 1968; D. Beltrami, *Forze di lavoro e proprietà fondiaria*, Venedig und Rom 1961, streicht die Fortschritte heraus, die in jener Epoche im Landbau gemacht wurden; R. Romano, »L'Italia nella crisi del secolo 17« in *Studi Storici* (1968), befaßt sich mit der allgemeinen Wirtschaftskrise.

16 Zu den Piraten siehe A. Tenenti, *Venezia e i corsari 1580–1615*, Bari 1961; zu den Weizenpreisen siehe A. Aymard, *Venise, Raguse et le commerce du blé*, Paris 1966, S.1 f.

17 Beltrami, a.a.O., S. 61.

18 Zu Zen* siehe Cozzi, a.a.O., S. 229 f.; A. Colluraffi, *Il nobile veneto*, Venedig 1623, S. 179; P. Sarpi (zugeschrieben), *Opinione toccante il governo della della repubblica veneziana*, London 1788, S. 27; Muazzo zitiert in Davis, a.a.O., S. 43 Anm.

19 V. Scamozzi, *Idea dell'architettura universale*, Venedig 1615, S. 285 f.; vgl. F. Barbieri, »Le ville dello Scamozzi« in *Bollettino Centro A. Palladio* XI (1969), der künstlerische und wirtschaftliche Entwicklungen miteinander in Zusammenhang bringt.

20 Zur »unbewußten Geschichte« siehe Fernand Braudel, »History and the social sciences« in P. Burke (Hg.), *Economy and society in early modern Europe*, London 1972, S. 26 f.

21 Adam Smith, *Eine Untersuchung über Natur und Wesen des Volkswohlstandes*, aus dem Englischen von E. Grünfeld, unter Zugrundelegung der Übersetzung von Max Stirner, Jena 1923, S. 181 (3. Buch. 4. Kapitel).

22 P. C. Hooft, *Rampsaligheden der verheffinge van den huize van Medicis*, Amsterdam 1661, S. 5 f. und 22.

23 R. P. Dore, *Education in Tokugawa Japan*, London 1965, S. 218.

24 G. Tomasi di Lampedusa, *Der Leopard*, aus dem Italienischen von Ch. Birnbaum, München 1984, S. 21; zur wirtschaftlichen Rezession im siebzehnten Jahrhundert siehe P. Chaunu, *La civilisation de l'Europe classique*, Paris 1966, Teil 2; E. Hobsbawm, »The crisis of the seventeenth century« in *Crisis in Europe*, hg. von T. Aston, London 1965; speziell zu Venedig siehe D. Sella, *Commerci e industrie a Venezia nel secolo xvii*, Venedig und Rom 1961; J. Addison, *Remarks on several parts of Europe*, London 1705, S. 83 f.; F. Pannocchieschi machte dieselbe Beobachtung über frischgebackene Adelige, die aus dem Handel aussteigen, vgl. hierzu seine »Relazione« in *Curiosità di storia veneziana*, hg. von P. Molmenti, Bologna 1919, S. 313.

25 Zur holländischen Wirtschaft siehe Brugmans, a.a.O., S. 112 f.; I. Schöffer, »Did Holland's golden age coincide with a period of crisis?« in *Acta Historiae Neerlandicae* 1 (1966); J.A. Faber, »The decline of the Baltic grain-trade in the second half of the seventeenth century«, ebd.; J.G. van Dillen, *Van rijkdom en regenten*, Den Haag 1970; zu den statistischen Daten konsultiere man H.E. Becht, *Statistisch Gegevens betreffend den Handels omzet van de Republik*, Den Haag 1908.

26 Die Zunahme der städtischen Aufgaben läßt sich unter anderem an der Zunahme untergeordneter Verwaltungsämter, zum Beispiel der Kommissare, ablesen; den Listen in den *kohieren* zufolge gab es 1631 lediglich 22 solcher Amtsträger, während ihre Zahl 1674 bereits auf 46 angestiegen war. Zum Charisma und dem »unheroischen Bürger« siehe J.A. Schumpeter

(1943), *Kapitalismus, Sozialismus und Demokratie*, aus dem Englischen von S. Preiswerk, München 1975, S. 223; den letzten Hinweis verdanke ich Rupert Wilkinson.

27 B. H. Slicher van Bath, »Report on the study of historical demography in the Netherlands« in *Afdeling Agrarische Geschiedenis, Bijdragen* 11 (1964).

1 Die Patrizier beim Spiel: Mit Gewehren und *archi da balle* (Bogen und Terrakottakugeln) bewaffnete Adelige auf Geflügeljagd in den venezianischen Lagunen.

2 Amsterdamer Ungezwungenheit: B. van de Helsts Porträt von Daniel Bernard* (1626–1714), der siebenundzwanzig Jahre lang dem Stadtrat angehörte. Im Hintergrund sieht man den Turm der Börse, und auf dem Tisch liegen Dokumente der Ostindischen Kompanie.

3 Venezianische Förmlichkeit: ein Prokurator in seiner Amtstracht.

4 Venezianische Prachtentfaltung: Die Villa Contarini bei Piazzola, ein typisches Beispiel für einen Villen-Palast, gehörte dem reichen Kunstliebhaber Marco Contarini* (1631–89).

5 Amsterdamer Schlichtheit: Gunterstein an der Vecht. Die Villa gehörte Ferdinand van Collen* (1651–1735).

6 Die Kirche von S. Moisè in Venedig. Dieses üppige Beispiel barocker Architektur und Skulptur wurde von Lorenzo Fini*, einem der wenigen Parvenus der venezianischen Elite, in Auftrag gegeben.

7 Das Rathaus von Amsterdam. Die monumentale Schlichtheit des Gebäudes spiegelt den Geschmack des holländischen Bürgertums wider. Die barocken Skulpturen in den Giebeln wirken in diesem Stich unauffälliger als in Wirklichkeit.

8 Willem van Loon* (1633–95) im Alter von dreißig Monaten. Er wurde fünfzig Jahre später Bürgermeister. Die Existenz eines derartigen Porträts weist darauf hin, daß Kinder in dieser sozialen Schicht von ihren Eltern als Individuen wahrgenommen wurden; das Kostüm des Knaben legt die Vermutung nahe, daß selbst sehr junge Kinder als kleine Erwachsene angesehen wurden.

Anhang

Die Investitionen der Amsterdamer Elite

Im frühen 17. Jahrhundert

Das Eigentum von *J. P. Reael*, verstorben 1621, wurde wie folgt aufgeschlüsselt: 46% Barvermögen; 28% Anlagen in Häusern; 12% in Aktien oder Reisen; 8% in Schuldverschreibungen (einschließlich eines Privatdarlehens); 6% in Land (Amsterdam, GA, Weeskamer, Div. Mem., Bd. 3, Folio 110).

Jacob Poppen, verstorben 1624, hatte rund 55% seines Vermögens in Land investiert; 33% in Schuldverschreibungen; 11% in Häusern (W. van Ravesteyn, *Onderzoeking over de ontwikkeling van Amsterdam*, Amsterdam 1906, S. 331f.).

Barthold Cromhout, verstorben 1624, hinterließ über 50% seines Vermögens in Form von Land (Ravesteyn, a.a.O., S. 276f.).

Jan Bal* (alias Huydecoper), verstorben 1624, hinterließ 66% seines Vermögens in Form von Häusern; 24% in Land; 10% in Schuldverschreibungen (Amsterdam, GA, Weeskamer, Div. Mem., Bd. 3, Folio 212).

Simon de Rijck, verstorben 1652, hatte über 70% seines Vermögens in Häuser investiert und 25% in Land (Amsterdam, GA, Register zur kollateralen Erbfolge, Bd. 1, Folio 1).

Cornelis Backer* gab bei seiner Heirat 1655 in der Steuererklärung an, 56% seines Vermögens in Land und 44% in Schuldverschreibungen angelegt zu haben (Amsterdam, GA, Backer Papiere, Nr. 77).

Im frühen 18. Jahrhundert

Zwischen 1701 und 1725 starben fünfzehn Mitglieder der Elite, ohne Kinder zu hinterlassen, weshalb die Register zur kollateralen Erbfolge eine Aufschlüsselung ihres Vermögens enthalten (heute im GA zu Amsterdam).

Name	Jahr	Aktien	Schuldver-schreibungen	Häuser	Land
A. Backer*	1701	–	41	55	4
D. Munter*	1701	50	12	20	18
C. Collen*	1704	60	40	–	–
J. Hudde*	1704	20	69	7	4
J. de Vries*	1708	23	62	9	6
F.W. van Loon*	1708	–	70	–	30
D. Bas*	1709	–	76	23	1
J. Bicker*	1713	1	95	–	4
D. Bernard*	1714	26	59	9	6
N. Witsen*	1717	10	80	5	5
J. Blocquery*	1719	71	14	15	–
A. Velters*	1719	68	25	7	0,3
N. Bambeeck*	1722	64	33	–	3
M. van Loon*	1723	9	58	22	11
J. de Haze*	1725	77	15	6	2

(Alle Angaben in Prozenten des Gesamtvermögens)

Danksagung

Die Forschungen in Venedig und Amsterdam, die für dieses Buch nötig waren, wurden mir durch den Leverhulme Trust ermöglicht, der mich 1972 zum Fellow der Faculty for European Studies machte. Ich bin dem Trust dafür außerordentlich dankbar. Daneben möchte ich mich bei den Angestellten des Archivio di Stato in Venedig und des Gemeente Archief in Amsterdam bedanken, namentlich bei Dr. F. Tiepolo und Dr. S. Hart. Mein Dank gebührt sodann Dr. Gaetano Cozzi in Venedig, dessen Veröffentlichungen so oft zitiert werden und der mir auch persönlich mit seinem Rat und seinen Kenntnissen ermutigend zur Seite stand; Dr. Brian Pullan in Manchester; Professor K. Swart in London; Professor I. Schöffer in Leyden; Professor C. H. Wilson in Cambridge sowie Riccardo Steiner. An der Universität Sussex hielt ich ein Seminar über »Aristokratien und Eliten«, aus dem sich das Thema dieses Buches ergab, und die Diskussionen mit meinen Studenten dort halfen mir bei der Klärung meiner Gedanken ein gutes Stück weiter. Dasselbe gilt für die Gespräche mit meinen Forschungskollegen in Venedig – Bill Brown, Alex Cowan, Oliver Logan, Ed Muir und Jim Williamson. Einzelne Auszüge aus dem Buch habe ich an den Universitäten von Edinburg und London und an einer Konferenz der Royal Historical Society zum Thema »Städtische Zivilisation« vorgetragen. Einige der Kommentare, die bei diesen Gelegenheiten abgegeben wurden, haben sich als außerordentlich hilfreich erwiesen. Professor John Hale, Rupert Wilkinson und Maurice Temple Smith danke ich für die sorgfältige Durchsicht des Typoskripts und für ihre Verbesserungsvorschläge.

Für die freundliche Genehmigung zum Abdruck ihrer Photographien danken Autor und Verlag dem British Museum (Abbildungen 1 und 3); dem Museum Boymans van Beuningen in Rotterdam (Abbildung 2); dem Museo Correr in Venedig (Abbildung 4), dem Rijksdienst v. d. Monumentenzorg in Den Haag (Abbildung 5), der Fotokommissie des Rijksmuseum in Amsterdam (Abbildung 8) und der Mansell Collection (Abbildungen 6 und 7).

Bibliographie

Die folgende Bibliographie beschränkt sich auf die wichtigsten Sekundärquellen. Weitere Hinweise finden sich in den Anmerkungen zu den einzelnen Kapiteln.

Es gibt meines Wissens bislang nur zwei Bücher, die sich sowohl mit Amsterdam als auch mit Venedig beschäftigen: H. Havard, *Amsterdam et Venise*, Paris 1876, ein Reisebericht, und J.C. de Jonge, *Nederland en Venetië*, Den Haag 1852, eine Untersuchung über die Beziehungen zwischen den beiden Staaten.

An Fallstudien zu einzelnen Mitgliedern der Elite sind zwei herausragende Monographien zu nennen: G. Cozzi, *Il doge Nicolò Contarini*, Venedig und Rom 1958, und H.A. Enno van Gelder, *De Levensbeschouwing van C. P. Hooft*, Amsterdam 1918.

Zur Struktur der Amsterdamer Elite ganz und gar unverzichtbar ist J. E. Elias, *De Vroedschap van Amsterdam*, 2 Bde., Haarlem 1903–05. H. van Dijk und D.J. Roorda, »Sociale mobiliteit onder regenten van de Republiek« in *Tijdschrift voor Geschiedenis* (1971) liefert eine vergleichende quantitative Studie der Regierungsmitglieder von Amsterdam, Zierikzee und Veere. Einen allgemeineren Überblick vermittelt D.J. Roorda, »The ruling class in Holland in the seventeenth century« in *Britain and the Netherlands*, hg. von J.S. Bromley und E.H. Kossmann, 2 Bde., Groningen 1964. Zur holländischen Sozialstruktur empfiehlt sich I. Schöffer, »La stratification sociale de la République des Provinces-Unies au XVIIe siècle« in *Problèmes de stratification sociale*, hg. von R. Mousnier, Paris 1968. Zur holländischen Familie siehe A.M. van de Woude in *Household and Family in Past Time*, hg. von P. Laslett, Cambridge 1972.

Zur Struktur der venezianischen Elite im allgemeinen beziehungsweise zur Gruppe der Prokuratoren im besonderen gibt es keine Veröffentlichungen; in A. da Mosto, *I dogi di Venezia*, 2. Ausgabe, Mailand 1960, finden sich jedoch Biographien der Dogen. Zum venezianischen Adel insgesamt siehe E. Rodenwalt, »Untersuchungen über die Biologie des Venezianischen Adels« in *Homo* 8 (1957), sowie J.C. Davis, *The Decline of the Venetian Nobility as a Ruling Class*, Baltimore 1962.

Zur Politik in Amsterdam siehe J.E. Elias, *Geschiedenis van het Amsterdamsche Regentenpatriciaat*, Den Haag 1923 (eine revidierte Ausgabe der

Einleitung zu seinem Buch *Vroedschap*); G.W. Kernkamp, »Historie en regeering« in *Amsterdam in de 17e eeuw*, hg. von A. Bredius, 3 Bde., Den Haag 1897, sowie Kernkamps Besprechung von Elias' »Amsterdamsche patriciërs« in *Vragen des Tijds* (1905). Zu den Institutionen der Vereinigten Provinzen siehe S.J. Fockema Andreae, *De Nederlanse Staat onder de Republiek*, Amsterdam 1961, sowie J.G. van Dillen, »Amsterdam's role in seventeenth century Dutch politics and its economic background« in *Britain and the Netherlands*, hg. von J.S. Bromley und E.H. Kossmann, Bd. 2, Groningen 1964.

Zur Politik in Venedig ist die narrative Darstellung von S. Romanin, *Storia documentata di Venezia*, Bd. 7, Venedig 1858, recht nützlich. Die politischen Institutionen Venedigs werden erörtert von G. Maranini, *La constituzione di Venezia*, Venedig 1931. Zur Krise des Interdikts und ihrem Hintergrund siehe W.J. Bouwsma, *Venice and the Defense of Republican Liberty*, Berkeley und Los Angeles 1968. Zur Seefahrt siehe M. Nani Mocenigo, *Storia della marina veneziana*. Zu den Ämtern und ihren Trägern siehe J.C. Davis, a.a.O., und B. Pullan, »Service to the Venetian state« in *Studi Secenteschi* (1964). Den besten Einblick in das politische Geschehen im Venedig des frühen siebzehnten Jahrhunderts vermittelt nach wie vor Cozzis Studie über Nicolò Contarini.

Zu den wirtschaftlichen Grundlagen der Elite Amsterdams siehe H. Brugmans, »Handel en nijverheid« in *Amsterdam in de 17e eeuw*, hg. von A. Bredius, 3 Bde., Den Haag 1897 ff.; W. van Ravesteyn, *Onderzoeking over de ontwikkeling van Amsterdam*, Amsterdam 1906, beschäftigt sich mit der Entwicklung bis ca. 1625; V. Barbour, *Capitalism in Amsterdam in the Seventeenth Century*, Baltimore 1950. Zur Vermögensentwicklung siehe N. de Roever, »Tweeërlei regenten« in *Oud-Holland* 7 (1889). Zur VOC siehe J.G. van Dillens Einführung ins *Aandeelhoudersregister* (Aktionärsverzeichnis) der VOC, Den Haag 1958; zur westindischen Kompanie siehe W.J. van Hoboken, »The Dutch West India Company« in *Britain and the Netherlands*, hg. von S.J. Bromley und E.H. Kossmann, Bd. 1, London 1960, sowie J.G. van Dillen, »De West-Indisch Compagnie, het Calvinisme en de politiek« in *Tijdschrift voor Geschiedenis* 74 (1961).

Zur venezianischen Wirtschaft: D. Beltrami, *Forze di lavoro e proprietà fondiaria nelle campagne venete*, Venedig und Rom 1961, befaßt sich mit der wirtschaftlichen Erschließung des Festlands; A. Stella, »La crisi economica veneziana della seconda metà del secolo XVI« in *Archivio Veneto* (1956), beschäftigt sich mit der Interessensverlagerung vom Handel zum Land; S.J. Woolf, »Venice and the terraferma« in *Crisis and Change in the Venetian Economy*, hg. von B. Pullan, London 1968, setzt sich kritisch mit Beltrami auseinander; derselbe Sammelband enthält den Aufsatz von D. Sella, »Crisis and transformation in Venetian trade«; vgl. zu diesem Thema außerdem U. Tucci, »The psychology of the Venetian merchant in the sixteenth century«, und B. Pullan, »The occupation and investments of the Venetian nobility in the middle and late sixteenth century«, beide in *Renaissance Venice*, hg. von J.R. Hale, London 1973. Wichtige Studien zur Landwirtschaft sind J. Georgelin, »Une grande propriété en Vénitie au 18e siècle« in *Annales E.S.C.* (1968), sowie A. Ventura, »Considerazioni sull'agricoltura veneta« in *Studi storici* (1968).

Zur Amsterdamer Kultur: K. Fremantle, *The Baroque Town Hall of Amsterdam*, Utrecht 1959, deckt mehr ab, als der Titel vermuten läßt; R.B. Evenhuis, *Ook dat was Amsterdam*, 2 Bde., Amsterdam 1965–67, befaßt sich aus calvinistischer Perspektive mit der Religion; zum Streit um die Arminianer siehe C. Bangs, »Dutch theology, trade and war« in *Church History* (1970); R. van Luttervelt, *De buitenplaatsen aan de Vecht*, Abteilung 1, 1943, beschäftigt sich mit den Landhäusern am Vecht, von denen viele in Amsterdamer Besitz waren.

Zur venezianischen Kultur: F. Haskell, *Patrons and Painters*, London 1963, konzentriert sich auf das achtzehnte Jahrhundert, enthält jedoch auch einige Informationen über das siebzehnte; S. Savini-Branca, *Il collezionismo veneziano nel '600*, Padua 1964, beschäftigt sich mit den venezianischen Kunstsammlungen; W.J. Bouwsma, a.a.O., erörtert die Einstellungen der Patrizier; eine allgemeine Kulturgeschichte der Zeit gibt P. Molmenti, *La storia di Venezia nella vita privata*, die englische Übersetzung des relevanten Bandes erschien 1908 in London.

Abkürzungen

ASV – Archivio di Stato, Venedig
Bollettino – Bollettino de storia della società e dello stato veneziano (heute: Studi Veneziani)
EIP – Esame istorico politico (anonymes Manuskript, Venedig, Biblioteca Correr, Gradenigo 15)
GA – Gemeente Archief, Amsterdam
RA – »Relazione dell'anonimo« in *Curiosità di storia Veneziana*, hg. von P. Molmenti, Bologna 1919
BMV – Biblioteca Marciana, Venedig
BCV – Biblioteca Correr, Venedig

Register

Addison, Joseph 115, 167
Agostinetti, Giacomo 84 f.
Agulhon, Maurice 19
Aitzema 158 f., 162
Albrizzi, G. B. 46
Aldobrandini 17, 121
Alexander VII, Papst 124
Alewijn, D. 39
Angarani 62
Annobuono, Salomon 80
Appelman, Balthasar 90
Aquin, Thomas von 115
Aristoteles 152
Arminius 124
Asselijn, Thomas 16
Australische Kompanie 70

Backer, Jan 150
Backer, Willem 101, 138, 150
Badoer, Alberto 48
Badoer, Ferigo 48
Baerdesen, Wilhelm 45, 67, 86, 123
Bambeeck, C. 44
Banningh, Jacob 45
Banningh Cocq, Frans 44 f., 142
Banningh, Lijsbeth 45
Barbarigo 60
Barbarigo, Agostino 134
Barbarigo, Alvise 41, 79, 85, 122
Barbarigo, Antonio 83
Barbaro, Francesco 146
Barbaro, Il 85, 97
Barbaro, Marcantonio 16, 30, 83, 133, 148, 163
Barber, Elinor 23
Barlaeus 152
Barpo, G. B. 85
Bartolotti, G. 39
Bas, Dirck 65, 86, 101, 116, 124
Basadonna, Girolamo 79
Basadonna, Cardinal Pietro 81, 103, 141, 148
Belegno, Pola Antonio 114
Bembo, Filippo 50
Bembo, Zuan 50, 56, 122, 149

Bernard, Daniel 135, 142
Bernardo, Antonio 60
Bernini, Giovanni Lorenzo 140
Bicker 26, 43, 47, 52, 69, 71, 89, 136, 166
Bicker, Andries 43, 45, 67 f., 70 f., 91, 124, 160
Bicker, Cornelis 43, 67 f., 102
Bicker, Elisabeth 43
Bicker, Gerard 160
Bicker, Gerrit 51, 89, 160
Bicker, Jacob 91
Bicker, Wendela 71
Blaeu 124
Blaeu, Joan 115, 118, 124
Blaeu, Willem 90, 118
Blasius, Professor 119
Bloch, Marc 9
Boccalini, Traiano 59
Bodin, Jean 59
Boehme, Jakob 126
Bontemantel, Hans 125
Boom, Abraham 70, 91, 142
Boom, Pieter 89 f.
Boreel, Jacob 152
Borghese 17, 121
Boschini 112
Bourdieu, Pierre 17
Bragadin, Antonio 79 f., 82
Bragadin, Daniele 41
Brahe, Tycho 118
Braudel, Fernand 164
Bressa 35, 62
Broglio 104, 106
Browne, Sir Thomas 123, 150
Bruno, Giordano 105
Buccella 121
Burgh, Albert 68, 124, 138, 143
Burgh, Coenraed 67, 69

Cant, Reynier 67 f., 91, 123 f.
Cappello, Zuan 42
Carleton, Sir Dudley 158 f.
Castellani 62
Castiglione, Baldassare 112
Cats, Jacob 15
Cavallerizza, La 100
Cavalli, Francesco 135

Cicogna 28
Cicogna, Antonio 50
Cicogna, Pasquale 50, 133
Clemente, Africo 83 f.
Cloeck, Cornelis 90
Cloeck, Nanning 90
Cloeck, Pieter 90
Collegianten von Rijnsburg 126
Colleoni, Graf Francesco Martinengo 63
Colluraffi, Antonio 99, 112, 114, 163
Commelin, Joan 115
Contarini 47 ff., 51, 60
Contarini, Alessandro 41
Contarini, Alvise 52
Contarini, Andrea 101, 132
Contarini, Anzolo 57, 101, 148
Contarini, Carlo 52, 132
Contarini, Domenico 48, 52, 80, 100, 106, 141, 148
Contarini, Ferigo 47, 83, 100, 113 f., 122, 133, 139, 163
Contarini, Francesco 100, 148
Contarini, Gasparo 39, 62
Contarini, Marco 57, 78, 100, 132, 135, 141
Contarini, Nicolò 30, 41, 50 f., 58, 60, 99 f., 105, 111, 113 ff., 120 ff., 124, 141, 147
Contarini, Simone 58, 111, 121
Contarini, Tommaso 102
Contarini, Zaccaria 134
Coppit, Jacob 89
Corner 40, 47 f., 81, 113
Corner, Cattarino 51
Corner, Elene Lucrezia 147
Corner, Cardinal Ferigo 79, 81 f., 140, 148
Corner, Francesco 85, 162
Corner, Girolamo 48, 51, 83
Corner, Nicolò 98, 101, 133
Corner, Zorzi 80
Corner, Zuan I 60 f., 80 f., 122, 132, 140
Corner, Zuan II 146

Corner, Zuanbattista 80, 101, 105, 114, 147
Coronelli 107
Correggio 35
Correr 48
Correr, Giacomo 105, 134, 140
Cortona, Pietro de 140
Corver 19, 157
Corver, Joan 16, 86, 150
Coryat, Thomas 97 f.
Coster, Martin 90, 116, 123 f., 151
Courtin, Antoine de 18
Coymans, B. 39
Cremonini, Cesare 147
Croker, John Wilson 23
Cromhout, Adriaen 44 f., 123
Cromhout, Barthold 90

Dahl, Robert A. 25 f., 69
Da Lezze, Zuan 79, 131 f.
Da Mosto 28
Da Mosto, Alvise 79, 82
Da Mula, Gerolamo 78
Da Ponte, Andrea 121
Da Ponte, Nicolò 16, 41, 111, 121, 132, 148
De Bisschop, Jan 135, 137
Dedel, Willem 44
De Geer 45, 51
De Graeff 14, 43, 136, 138, 160, 166, 169
De Graeff, Andries 30, 43, 51, 71, 86, 102, 135 ff., 142, 151, 160
De Graeff, Cornelis 43, 51, 136, 150, 153, 160
De Graeff, Jacob 43, 88, 102, 116, 139, 150, 153
De Haze, Jeronimus 87 f.
De Keyser, Thomas 137
Dekker, Rudolf 18
Delft, Gerrit 67, 89
De Raey, Professor 119, 152
Descartes, René 115, 119 f., 152
D'Este, Luigi 56
Deutz, Jean 89
De Vicq, François 151
De Vlaming, Dirck 65
De Witt, Jan 71 f., 167

Diedo, Anzelo 114
Dolfin 81
Dolfin, Andrea 134
Dolfin, Daniele IV 105, 111
Dolfin, Franceschina 80
Dolfin, Piero 100
Dolfin, Kardinal Zuan 50, 79, 81, 122, 145
Dommer, Ysbrant 123
Donà, A. 26
Donà, Francesco 51
Donà, Lunardo 30, 40 f., 50, 58, 78, 98 ff., 105, 113 ff., 121, 141, 145 f., 148, 160
Donà, Nicolò 50 f., 80
Donà, Zuanbattista 160
Dorsman, Adriaan 16
Duodo, Alvise 105, 134
Duodo, Pietro 114 f.
Durkheim, Emile, 10

Egbertszoon, Sebastian 137
Elias, J. E. 28
Elias, Norbert 17
Elliott, John 10
Erikson, Erik 150
Erizzo, Francesco 16, 50, 56 ff., 63, 100, 148

Farnese, Alessandro, Fürst von Parma 17, 56
Fini 35, 46, 140
Fini, Vincenzo 17, 132, 140
Flangini, Maria 81
Flinck, Govert 117, 142
Foscarini 79, 104
Foscarini, Giacomo 79 f., 82, 122, 148
Foscarini, Michele 164
Foscarini, Zuanbattista 79 f.
Foscoli 80
Foucault, Michel 17

Galilei, Galileo 113 f.
Geelvinck, Jan 70, 86, 91
Ghirardini 62
Ginzburg, Carlo 10
Gluckman, Max 14
Gomarus, Francis und die Gomaristen 124
Graafland 161, 169
Graafland, Cornelis 161

Graafland, Gillis 161
Graafland, Joan 161
Graeff, Dirck 86, 123, 160 f.
Graevius, J. C. 16
Gregor von Rimini 115
Grimani 40, 81, 104
Grimani, Antonio 49, 79 f., 131
Grimani, Francesco 81
Grimani, Girolamo 134
Grimani, Marco 78
Grimani, Marin 101, 122, 131 f., 134 f., 140
Grimani, Zuan 81
Grimani, Zuanbattista 81
Grotius, Hugo 152
Guicciardini, Francesco 113
Gussoni, Francesco 105

Hasselaer, Pieter 65
Hein, Admiral Piet 88, 136
Held-Stokade, Nicolaes 137
Henri III 100, 116
Hinlopen, Jacob 67, 142
Hintze, Otto 9
Hochepied, Daniel 89
Hooft 19, 166
Hooft, C. P. 15, 30, 37, 65, 67, 71, 89, 92, 103, 116, 119, 123 ff., 151 f., 161, 167 f.
Hooft, Gerrit 152
Hooft, Henrick 68
Hooft, P. C. 15, 116 f., 161
Hooghkamer, J. 47
Houbraken, Arnold 142
Hudde, Hendrick 67, 89, 125
Hudde, Joannes 16, 87, 90, 115, 118 f.
Huizinga, Johan 19, 64
Huydecoper 19, 138
Huydecoper, Joan 30, 65, 68, 102, 135, 137, 141, 143, 153
Huygens, Christiaan 118

Ivanovitch, Cristofero 105, 134, 138, 141

Jakob I. von England 101

Jordaens, Jacob 142
Joriszoon, Cornelisz 88 f.

Labadie, Jean de 126
Ladurie, Emmanuel Le Roy 23
Leibniz 118
Leicester, Graf von 38
Leti, Gregorio 116
Liberi, Pietro 140
Lipsius, Justus 153
Lisola, Habsburg 72
Longhena 141
Loredan 113
Loredan, Zuanfrancesco 105, 112, 121, 134, 141, 147
Ludwig XIII. von Frankreich 101

Macaulay, Lord 23
Macfarlane, Alan 11
Malebranche, Nicolas 115
Malipiero 47
Malombra, Pietro 104
Manin, Ottavio 46, 132
Maratta, Carlo 16
Medici 165
Medici, Cosimo 166
Medici, Lorenzo 166
Meyring 140
Michiel, Luca 83, 163
Mills, C. Wright 9, 25 f., 91
Mocenigo 49
Mocenigo, Alvise 47, 79
Mocenigo, Lazzaro 60
Mocenigo, Nani 28
Molin, Domenico 35
Molin, Francesco 35, 50, 56, 103, 133, 140, 146
Molmenti, Pompeo 28
Monteverdi, Claudio 135
Morison, Fynes 98
Morosini 47 ff.
Morosini, Andrea 105
Morosini, Angelo 19
Morosini, Francesco 41 f., 50, 56 f., 82, 98, 146, 149
Morosini, Vincenzo 133
Morosini, Zorzi 42
Muazzo, Zuanantonio 163 f.
Munter 142

Munter, Cornelis 152
Munter, Dirk 64, 135
Munter, J. 44

Nani, Agostino 51, 57, 79, 106, 121, 148
Nani, Antonio 140
Nani, Battista 51, 58, 111 ff., 146
Nassau, Johann Ernst von 56
Nassau, Moritz von 68, 70
Nicolotti 62
Noris, Zanetta 81

Ockham, William von 115
Oetgens, F. H. 66 f., 71, 91 f.
Osmanisches Reich 82, 113, 156, 163
Ostindische Gesellschaft 68 f., 88 ff., 107, 160
Ottobon 62
Ottobon, Antonio 19, 46, 99, 111
Overlander, Maria 45
Overlander, Volckert 45, 151

Padavino, Zuanbattista 61
Palladio, Andrea 83
Pallavicino, Ferrante 105
Pareto, Vilfredo 9, 24 ff., 77, 158, 166
Paruta, Paolo 30, 79, 111, 113, 121, 133
Pater, Albert 44, 142
Paul V, Papst 121
Pauw 19, 70 f., 138
Pauw, Adriaen 44, 123
Pauw, Reynier 101, 103, 125 f., 138, 165
Peretti 121
Pesaro, Lunardo 132
Pesaro, Zuan 42, 115, 122, 132 f.
Pickenoy, Nicolaes Elias 160
Pieterszoon, Aert 137
Pirenne, Henri 9
Pisani 132, 162
Pisani, Alvise 79, 101, 132, 140
Pius V, Papst 121

Poggio 97
Poppen, Jacob 44, 86, 90, 92, 161
Potter, Paul 137, 141
Poussin, Nicolas 16, 140
Priuli 47, 159
Priuli, Alvise 41
Priuli, Antonio 58, 80, 82, 114, 121 f., 140
Priuli, Girolamo 80
Priuli, Zuanfrancesco 57, 79

Quellin, Artus 16, 136, 142
Querini 47

Raeff, Marc 23
Reael 19, 138
Reael, Frans 151
Reael, Laurens, jr. 69, 115, 118, 124
Reael, Laurens, sr. 124
Rembrandt 14, 45, 64, 117, 136 f., 142
Resel, Laurens 65
Reynst, Gerrit 16, 19
Ridolfi, Carlo 16
Rijn, J. 47
Rohan, Duc de 26
Rokkan, Stein 11
Roodenburg, Herman 18
Roorda, D. J. 12
Rosa, Salvator 16
Rosenberg, Hans 23

Sagredo, Giovanni (Zuan) 98, 111 f., 132 f.
Sagredo, Nicolò 16, 50, 134, 140
Sagredo, Zaccaria 42
Sagredo, Zuanfrancesco 113
Sammicheli 131
Santorio, Dr. Santorio 114
Sarpi, Fra Paolo 63, 99, 105, 120, 141, 163
Sautijn, Gillis 91
Savorgnan 62
Scamozzi 131 f., 163
Schaep 138
Schaep, Gerard 65, 68, 102, 125, 137, 150 f.
Schaep, Pieter 125, 142, 151
Schama, Simon 18

189

Scott, Balthasar 89
Scott, Everard 89
Selden, John 159
Sidney, Henry 102
Silversen, Curt 56
Six, Jan 86, 115, 136, 138
Sixtus V, Papst 122
Slade, Matthew 150
Smith, Adam 7, 24 f., 82
Somaschi 156
Sombart 9
Soranzo, Benetto 81
Soranzo, Jacopo 42
Soranzo, Sebastian 19
Spierenburg, Pieter 18
Spinola, Andrea 13
Spinoza 38, 118 f.
Stone, Lawrence 23, 30
Suasso, Antonio Lopes 12
Surinam, Gesellschaft von 68 f., 89

Temple, Sir William 102
Ten Grootenhuis, Dr. Jan 90, 165
Tholincx, Diederick 47, 65
Thompson, E. P. 23
Tiepolo 162
Tiepolo, Almaro 80
Tiepolo, Paolo 111, 121
Tiepolo, Zuan 122
Tinelli, Tiberio 140
Tintoretto 133
Tirali 140
Tremignon 140
Trevelyan, George Macaulay 23
Trevisan, Bernardo 115
Tridentinisches Konzil 105, 123 f.
Trip 86
Trip, Anna Maria 103
Trip, Jan 150
Trip, Louys 44 f., 91, 103, 137

Tulp, Nicolaes 44 f., 90, 102, 115, 118, 126, 137 ff., 150

Uskoken 56, 162

Valckenier 68, 161
Valckenier, Gillis 43, 68, 71, 86, 102
Valckenier, Jacob 67
Valckenier, Wouter 103
Valier, Bertucci 105, 148
Valier, Silvestro 46, 105, 132, 140, 146, 156
Van Bambeeck, Nicolaes 88, 91
Van Beuningen, Coenraed 30, 115, 119 f., 126, 142, 150, 152
Van Bronckhorst, Vincent 67
Van Campen 141
Van Collen, Ferdinand 65
Van de Blocquery, Josias 87
Van de Helst 14, 64, 141 f.
Van de Poll, Harmen 89
Van de Poll, Jan 89
Van Dronckeleer, Dr. Cornelis 165
Van Hartoghvelt, Jan 90
Van Heemskerck, Klaes 44
Van Hellemont, Dr. Gerard 165
Van Huysums 141
Van Loon, Fredrik Willem 14, 87, 91
Van Loon, Marten 88
Van Loon, Nicolaes 125
Van Loon, Willem 125
Van Neck, Jacob 30, 47, 65, 90
Van Oldenbarnevelt, Jan 70
Van Outshoorn, Cornelis de Vlaming 16

Van Overbeke, Aenout 15, 18
Van Teylingen, C. 44
Van Vlooswijck, Claes 89
Van Vlooswijck, Cornelis 16, 65, 125, 139, 142
Velters, Alexander 44, 69, 87 f., 135
Vendramin 47
Venier, Piero 42
Verburch, Jan 89
Veronese, Paolo 83, 133
Vingboons, Philips 135, 141 f.
Vittoria 132
Vondel, Joost van den 117, 138 f.
Vos, Jan 138, 142
Vossius 152

Warwijck, Wijbrand 65
Weber, Max 10
Welhoek, Geraldo 52
Westindische Gesellschaft 68 ff., 88 f., 91, 107, 160
Wilhelm II., Statthalter 71
Wilhelm III. von Oranien und England 45, 71, 91
Wilhelm der Schweiger 68, 136
Witsen, Cornelis 43, 142
Witsen, Gerrit 67, 126
Witsen, Nicolaes 30, 43, 65, 67, 86, 115, 117 f., 126, 149 f., 152 f.

Yurok-Indianer 150

Zagallo, Paulo 63
Zen, Piero 79
Zen, Renier 13, 60 ff., 101, 140, 163
Zustinian 49, 113
Zustinian, Girolamo 49, 57, 134
Zustinian, Marcantonio 135

JONATHAN STEINBERG
Deutsche, Italiener und Juden

Der italienische Widerstand
gegen den Holocaust.
Aus dem Englischen
von Ilse Strasmann.
376 Seiten, Paperback, DM 38,00

*

Warum retteten italienische Diplomaten und Soldaten Juden, während ihre deutschen Kollegen sie zu ermorden halfen? Als die Deutschen 1941 in Kroatien und Griechenland mit der Deportation von Juden aus den besetzten Gebieten begannen, weigerten sich die Italiener, die Juden aus ihren Zonen auszuliefern. Jonathan Steinbergs umfangreiche Befragungen und Recherchen geben Antworten auf die Frage, welche politische Kultur in Italien, welche humanitären Tugenden der Italiener es bewirkten, daß Militärs, Beamte und Diplomaten sich dem Mordbefehl Mussolinis widersetzten.

Bitte fordern Sie das kostenlose Gesamtverzeichnis an:
Steidl Verlag · Düstere Str. 4 · 37073 Göttingen

NORMAN HAMPSON

Saint-Just – Erzengel des Todes

Aus dem Englischen
von Sabine Niewalda.
256 Seiten, Paperback, DM 38,00

*

Mit 22 Jahren wurde Saint-Just, nachdem er seine Jugend schwärmerisch und mit großen Ambitionen in der Nestwärme seiner reichen Familie verbracht hatte, zum Ideologen und Organisator des Terrors in der Französischen Revolution. Während er im Anschluß an Rousseau und Montesquieu Gewaltlosigkeit verkündete, meinte er, diese jedoch nur durch die Vernichtung aller »Feinde der Revolution« zu erreichen. Mit einer Brandrede auf König Ludwig XVI. schlug er die Abgeordneten des Parlaments rhetorisch derartig in den Bann, daß sie Saint-Justs Todesurteil für den Herrscher bestätigten. Mit unglaublicher Stringenz entwickelte sich der sanfte junge Mann, den zeitgenössische Abbildungen häufig mit einem leicht verklärten Blick zeigen, zu einem grausamen Strategen des Todes. Aber seine Vision holte ihn ein: 1794 stirbt er den Tod, zu dem er so viele Menschen verurteilt hatte: den Tod durch die Guillotine.

Bitte fordern Sie das kostenlose Gesamtverzeichnis an:
Steidl Verlag · Düstere Str. 4 · 37073 Göttingen